JN200139

台湾総督府文書の史料論

中京大学社会科学研究所台湾史研究センター 編

創泉堂出版

刊行にあたって

中京大学社会科学研究所長兼台湾史研究センター長　檜山　幸夫

本書は、中京大学社会科学研究所の附属機関である台湾史研究センターの企画、社研叢書43・44「台湾史研究シリーズⅠ・Ⅱ」として、本研究所が一九八一年から行ってきた台湾総督府文書を中心とする台湾史研究の一つの纏めとして刊行するものである。その主題は、『台湾総督府文書目録』に掲載した台湾総督府文書の史料論と台湾総督府文書を基にした台湾統治政策論にかかわる論考を選びそれに若干の修正を加えた論説と、この台湾総督府文書を用いて新たに執筆した論考とを収録したものである。

そもそも、本研究所は一九八一年から台湾総督府文書に関する研究を行ってきた。この「台湾総督府文書」とは、一九四五年の敗戦に伴い日本帝国が台湾を支配するために外地統治機関として設置された台湾総督府の公文書の総体をいうが、その基幹文書は「台湾総督府公文類纂」である。このため本研究所は、この基幹文書である「台湾総督府公文類纂」の調査・収集・分析を研究の中核に据え、一九八二年八月から二〇一七年一二月までの間に、第三六次第七〇回にわたって渡台し、台湾総督府文書を収蔵している台湾省文献委員会（二〇〇二年に国史館台湾文献館と改称。以下、前者を文献委員会、後者を文献館と表記）において文書史料の収集とこれに基づく研究を行い、その成果として台湾総督府文書目録の編纂・刊行と台湾史料の翻刻・編纂・刊行を行ってきた。(1)このなかで、中心的な研究として行ってきているのが、『台湾総督府文書目録』の編纂刊行である。

だが、本研究所における台湾史研究の目的は、台湾総督府文書目録の編纂ではなかった。一九八一年に開始した台湾史研究とは、台湾統治の基本的史料である台湾総督府文書を収集し、それに基づく統治政策を原史料を用いて実証的に明らかにすることを目的としたものであったからである。しかし、一九八〇年代の台湾は、国共内戦による臨戦態勢下にあって、国家政策として大陸反攻・大陸光復を掲げる中国国民党の独裁政権が一九四七年五月二〇日に施行した戒厳令下に置かれていたという政治的環境と、一九七一年の国連追放と一九七二年の日華国交断絶という国際政治的な環境のなかで反日的雰囲気が強く、さらに中国国民党政権に対する批判と台湾独立に繋がる可能性の高い「台湾史研究」が禁止されていたことと、日本統治時代の残影を払拭するための反日教育の渦中にあった。かかる政治的環境のなかで、歴史史料である台湾総督府文書の「台湾総督府公文類纂」は国家機密文書として扱われており、日本人はもとより台湾人への閲覧は厳に制限されていたといった状況下に置かれていたのである。勿論、日本も同様で、中華民国の国連追放と国交断絶という政治的関係性の中で、公務員の台湾への渡航は厳に禁じられていたことと、そもそも渡台すること自体が台湾ロビーのレッテルが貼られるといった偏見の中にあったことから、多くの研究者は台湾史を研究すること自体を避ける傾向さえあった。このようななかで、台湾総督府文書そのものに対する当時の歴史学界の理解は、台湾総督府文書の存在そのものは知られてはいたものの、その内容は概要を含めて全く分かっていないというレベルでしかなかったのである。

さらに、台湾史研究が置かれていた状況は、これだけではない。そこには、大きく二つの問題があった。第一は、台湾史という研究領域が、戦後日本の政治的環境の変化により、植民地史としての台湾史・朝鮮史が新しい領域として築かれ日本史から外されたこと、次いで台湾史については中国への返還という立場と国民党及び共産党が共通して掲げていた中台統一論とのかかわりから、中国史の領域に組み込まれてきたことにより、独自の独立した学問領域として築かれなかったことにより、極めて奇形的な状態にあったことだ。したがって、日本で言えば台湾史を研究する者の大半が中国史を専門とする研究者であったり、植民地史研究という特殊な領域の研究に組み込まれていたことである。このことから、特に日本史研究者からは意図的にも台湾史を遠ざける雰囲気がつくられ、その結果として日本の台湾支配について日本史研究者から日本史の立場からのアプローチが殆どないという状況があった。実は、これは未だ解決されていない日本近代史研究の最大の問題でもある。

第二は、史料的問題であるが、「台湾総督府文書」という外地統治機関文書に対する学問的な研究が全くなかったことである。これは、日本史研究者が台湾史に関わらなかったというだけではなく、そもそも、外地統治機関の公文書に対する研究そのものが全くなかったという学問的問題でもある。勿論、それは単に外地統治機関文書だけのものではない。日本近代史研究の最大の欠陥は、歴史研究資料として公文書が用いられてこなかったことにある。日本近代史史料として公文書を体系的に研究したものとして挙げなければならないのは、三上昭美が中心となった『日本古文書学講座』の近代編であったが(2)、それでもその内容は公文書学と言えるようなものではなく、資料紹介的な水準にとどまっていた点である。勿論、それは歴史研究者に問題があったのではなく、日本の公文書の公開状況に起因していた。当時の日本の公文書公開状況は、政府機関文書の公開は殆どなく、内閣文書と外交文書(外務省文書または外務省記録ではない)・旧陸海軍文書(自衛隊文書ではない)といった一部の歴史化した文書と、東京都公文書館や広島市公文書館などの若干の地方自治体公文書館所蔵の地方行政文書でしかなかった。しかも、その多くは決裁文書であって、政策決定過程を詳細に把握することのできるものは皆無であった。このため、日本近代政治史研究者の一般的で常識的な認識は、研究に用いる史料は私文書(私家文書)であるとし、その主要な史料は国立国会図書館憲政資料室が所蔵していた一級の私文書であった。このため、近代史料としての公文書に関する利用は極めて少なく、従って公文書に関する文書史料学的研究も殆どなされることはなかった。

かかる状況の中で、本研究所が台湾総督府文書に関する研究を実施することになったが、そこでは台湾におけるナショナリズムによる大きな障害を乗り越えていく必要があった。そもそも、台湾総督府文書は中華民国政府が対日戦争の戦利品とした獲得した日本資産の一つであるとの認識が当時の台湾の歴史研究者の間にあり、それ故、純粋な歴史史料としての理解ではなく、あくまでも中華民国乃至は台湾人の貴重な財産であるとして、日本人がこの文書に拘わることを極力拒もうとする雰囲気が強かった。このため、台湾総督府文書に関する研究はさまざまな障害を乗り越えて行わなければならなかった。それが、この研究が長期間にわたった原因であり、それが第三六次第七〇回にいたった最大の理由にほかならない。

そもそも、本研究所が「台湾総督府文書目録」の編纂を行ったのは、それが台湾総督府文書に接近するための唯一の閲覧条件であったからだが、それでもかなりの紆余曲折があった。一九八二年八月に開始した省文献委員会での調査の際の行き違いから、台湾総督府文書に関する研究は「台湾総督府公文類纂」の全容を把握するという基礎研究を行うことになり、そこでの作業は「台湾総督府公文類纂」の原本に綴られている「原本目次」を筆写するという気の遠くなるものであった。このため、文書の全容解明には多くの時間と労力と資金が必要になり、日本私学振興財団をはじめ科研費・トヨタ財団・日本財団・日本台湾交流協会などからの研究助成金の支援を受けることになる。

しかし、「原本目次」は行政文書であることから、通常の史料目録とは異なり、行政用語とその機関の独自の記載法で書かれていることから、近代公文書学の専門的知識が必要であったが、それだけではなく、台湾総督府から台湾総督府文書を接収した中華民国政府は、台湾総督府庁舎から保管場所を移した際にその場所で水漏れ事故を起こし、多くの文書が水に漬かったため大量の文書が破損したことと、その上に国共内戦の関係で保管場所を数次にわたって移転させたが、その際に多くの文書は麻袋に詰められ、そのまま放置されるといった劣悪な環境の下に置かれたという保管上の問題も重なり、多くの文書が破損し、なかには板状や綿状になったものから、腐って壊れてしまったものまであった（これらの状態は、『台湾総督府文書目録』第一巻の口絵に撮影した写真を載せている）。水に漬かった文書の場合は、漬かり方にもよるが表紙など外側に位置していた文書のダメージが大きいため、表紙と目次と初めに綴られている文書の殆どが破壊されてしまった。つまり、当時文書課によって作成された文書目次の多くはこの影響を受けたことになり、原本目次をそのまま利用するのはその点からしても困難であった。つまり、文書目録の編纂では、原本目録に依拠することは殆ど出来ないと言うことになる。このため、本研究所における目録編纂作業は、綴られている文書の全てを解読して改めて目録を作成するという、まさしく文書目録の編纂をすることにある。このため、この作業には古文書解読の能力だけではなく、近代公文書の知識を持ち且つ台湾統治に対する統治理論と統治法制度論の知識を持った専門家や研究者の参加が不可欠であった。

そこに、大きな変化が起こった。一九八七年七月一五日に戒厳令が解除され自由化と民主化が進み、合わせて台湾人アイデンティティが叫ばれ、台湾史研究の必要性が唱えられていったからである。これは、現在の台湾を築き上げる源になるもので、台湾にとっては最も重要な変化であった。かかる状況下で、省文献委員会から正確な『台湾総督府文書目録』の作成が依頼され、それを行う交換条件として台湾総督府文書原本の閲覧と収集を認めるということが付けられた。ここに、本研究所における本格的な台湾総督府文書目録編纂事業を開始することになる。もっとも、「台湾総督府公文類纂」の原本文書目録については、一九八四年から「台湾総督府公文類纂目録」として編纂し、それを本研究所の紀要である『社会科学研究』第四巻第一号から一二回にわたって掲載してきたが、省文献委員会からの依頼は本格的な台湾総督府文書目録の編纂であることから、「台湾総督府公文類纂目録」とはまったく異なる次元の目録編纂とせざるをえなかった。それは、省文献委員会が将来的には台湾総督府文書を電子化しそれに対応できるような目録を求めていたからで、電子検索文書目録という新しい領域を開拓しなければならなかったからでもある。

それは、従来の伝統的な文書目録情報と電子情報化した文書の電子検索システムにおける文書目録情報とは考え方がまったく異なるばかりか、そこでの検索の判断基準が、伝統的な目録が概括的で不確実性を前提にしていたのに対して、電子情報化では正負の絶対的確実性によるものであることから、目録情報は簡略化した詳細なものでなければならない。勿論、作成するものが電子情報としてであれば目録情報量は無制限的なものになるが、編纂作業を開始した当時はまだ電子情報化していたわけではなく、それに対応できる目録情報というものであったため、内容的には電子情報化に対応できるものでありながら、現実的には『台湾総督府文書目録』にみられるように紙媒体の文書目録であるという、非常に難解な条件が課せられていた。さらに、この目録作成のもう一つの目的に、台湾の若い研究者に台湾総督府文書を使えるようにするために目録情報を工夫するということがあったことから、文書に記載されていて重要な内容にかかわる判読が難しいくずし文字については、解読して目録情報の中に記載するというものがあった。いずれにせよ、かかる事情からこの目録は通常の目録とは異なるかたちとなっているのは、このような事情があったからである。

このようにして編纂した目録は、ゆまに書房から一九八四年に『台湾総督府文書目録』第一巻（明治二八年）として編纂刊行し、以降、二〇一六年三月までに第三〇巻（大正四年）を刊行してきた。なお、明治二八年から大正三年までの『台湾総督府文書目録』の文書目録情報については、紙媒体とは別に、科学研究費助成研究成果公開促進費の助成を受け、電子情報版の「台湾総督府文書目録検索データーベース」として編纂し、これらはＣＤ版として作製し無料で配布している。

さて、台湾総督府文書の目録編纂であるが、その作業は容易なものではなかった。それは、正確な目録という条件とともに、台湾総督府文書の電子化に合わせて電子検索データーベースに対応する文書目録の編纂を行わなければならなくなったからである。当時は、まだ電子化資料情報の検索目録についての理論がなかったことと、それを満たすための目録入力情報の基準も決まっていなかったという技術的な課題とともに、それを目録情報に組み込んでいくためには文書の原本を解読する近代古文書の知識と、台湾総督府という行政機関の組織機構及び法制度といった台湾統治史の基礎知識とが必要であったからである。このため、国内では二〇〇一年九月から二〇〇四年六月まで九回にわたって目録編纂に関わる日本人の若手研究者や大学院生を対象に台湾総督府文書研修会を、次いで研究会を七回開いて人材の育成を行った。台湾では、編纂作業の協力者に対するものだけではなく台湾での理解を得ることと、この文書の利用を促すという、より積極的な目的で台湾文献館や国立台湾師範大学・国立台湾大学・国立政治大学の教員の協力を得て、二〇〇一年八月から二〇〇七年三月まで六回にわたって台湾文献館において台湾総督府文書学講習会を開き、台湾史研究の基礎講座と日本近代古文書の解読の講習を行った。

このような、台湾総督府文書を基にした台湾統治史研究の基盤形成を行わなければならなかったのは、さらに日本及び台湾における研究環境への対応に迫られていたからでもある。本研究所が研究を始めた頃は、台湾総督府文書の史料的価値を理解している台湾の歴史研究者は殆どいなかった。それは、知られていなかったからだけではない。当時、省文献委員会からは、台湾総督府文書の中から抗日関係の文書を中国語に翻訳したものが刊行されていたからだが、これを学問的に評価した研究者はいなかったことにも表されていた。勿論、それは省文献委員会の翻(3)

訳本の資料的信頼度に関わっていたからでもある。

だが、問題はそれだけではなかった。日本近代公文書の歴史史料としての理解も殆どなかったことにもある。このため、台湾人研究者の協力を得るためには、先ず台湾総督府文書の歴史史料的価値を説明し理解を得ていく必要があった。特に、若い研究者については、台湾総督府文書が公開されてもそれを使えるようにしなければならないことから、先ず日本近代古文書を読めるようにすることだけではなく、歴史史料としての公文書の使い方（文書構造を含めて）を教える必要があった。実は、それは日本でも同様で、当時の歴史学研究では私文書を使った研究は一般的に行われていたものの、公文書を中心に分析した研究（一般の行政文書）は外交文書と旧陸海軍文書を除き殆どなかったからである。その理由は、国立公文書館に所蔵されている文書が内閣文書の閣議書が中心であったため、実際に各省庁段階で立案されていく政策にかかわる決定過程を記した文書がない限り文書資料群としては全く意味がないからである。つまり、公文書（政府文書）の殆どが国民に提供されていないという我が国の政治体制そのものの問題から、近代政治史の研究では公文書史料は殆ど役に立っていないといった状態にある。これは、極めて異常なことであるが、日本の歴史学界は未だそれに気づいているとは思えない。いずれにせよ、多くの研究者は私家文書・私文書に重点を置く研究がなされてきたが、それが却って研究の水準を大きく高めるという皮肉な現象が起こっている。

このなかにあって、台湾総督府文書という文書資料群の全てが公開されたということは、極めて重要な意味を持っていた。それは、台湾総督府文書という文書群は、内地でいう省庁文書に準じた政府機関文書であるからで、それまでの公文書資料群とは比べものにならない高いレベルのものであったからにほかならない。それは同時に、それであるが故に、それまでの歴史史料論や文書史料論では取り扱えないことから、新たな公文書史料論を構築していかなければならなかった。

かかる状況のなかで、省文献委員会からも台湾総督府文書の歴史史料論と文書史料を使うための実践論的な論考の執筆を求められたが、短期間で明治二八年から昭和二〇年までの全ての文書を分析し、それに基づいて論理を構成するというのは物理的にも不可能であったため、編纂した対象年度に収録されている文書を分析し、それに従って文書構造論と公文書史料論（本国政府文書との関係を含めて）並びに文書史料実践論に関わる論考を執筆することにして、それを編纂刊行する『台湾総督府文書目録』に収録するという異例の措置を講じることになったのである。

このため、『台湾総督府文書目録』第一巻は、まず電子情報化を想定した目録編纂の考え方を述べるとともに、「台湾総督府公文類纂」の基本構造と公文書としての基礎的な問題について具体的な記述を行い、さらに、そのなかから台湾総督府文書が近代日本政治史にとっても重要な資料群であることを指摘するとともに、そもそも電子情報化における文書検索システムにおける文書目録情報に関わる一般的な考えをも記した。第二巻以降は、収録している文書を基に、文書構造論と歴史史料論を踏まえた実践的論考を載せることによって、台湾総督府文書の歴史史料的価値を示していくことにした。それが、次のものである。

第一巻（一九九三年）

1、「台湾総督府文書と目録編纂について」（一七頁～一五四頁）

檜山幸夫・中京大学法学部教授

第二巻（一九九五年）

2、「台湾統治の機構改革と官紀振粛問題―明治三〇年の台湾統治―」（三二五頁～四四〇頁）

第三巻（一九九六年）
3、「台湾総督府の刷新と統治政策の転換―明治三一年の台湾統治―」（三五一頁～四五九頁）
檜山幸夫・中京大学法学部教授
第四巻（一九九八年）
4、「明治三二年を中心にした台湾総督府の文書管理制度―検索利用上の視点をまじえて―」（三七九頁～四三六頁）
水野　保・東京都公文書館学芸員
5、「台湾における軍事的統合の諸前提」（四三七頁～四七〇頁）
本康宏史・石川県立歴史博物館学芸員
6、「台湾総督の律令制定権と外地統治論―『匪徒刑罰令』の制定と『台湾総督府臨時法院条例改正』を例として―」（四七一頁～五七〇頁）
檜山幸夫・中京大学法学部教授
7、附録「明治三二年匪徒刑罰令による死刑執行一覧」（五七一頁～六四四頁）
東山京子・中京大学社会科学研究所研究員
第五巻（一九九八年）
8、「清朝時代における台湾地方経済に関する調査報告書―『旧慣調査』前史として―」（三三九頁～三九七頁）
大友昌子・中京大学社会学部教授

9、『台湾教科用書国民読本』の編纂と公学校教科用図書審査会」（三三九頁～四六三頁）
酒井恵美子・中京大学国際教養学部教授

10、「台湾における監獄制度の確立」（四六五頁～五一三頁）
檜山幸夫・中京大学法学部教授

11、附録「明治三三年匪徒刑罰令による死刑執行一覧」（五一七頁～六一〇頁）
東山京子・中京大学社会科学研究所研究員

このように、目録に収録した論考は一一点であるが、これと同時に附録として匪徒刑罰令による死刑執行に関わる行政手続きを纏めた一覧を載せた。これにより、おおむね、台湾総督府文書の歴史史料的価値と基本的な文書構造が理解されるようになったこととから、その使命は終わったものとして、『台湾総督府文書目録』での収録を止め、別に台湾総督府文書史料論と台湾統治論を纏めることにして、それ以降は口絵解説と「匪徒刑罰令による死刑執行一覧」のみを収録することにした。

しかし、これらの論考は、あくまでも『台湾総督府文書目録』という限定され、しかもその発行部数も僅かなものに収録されたものであることから、広く一般に提供することが出来なかった。このため、別刷りでの再録が求められてきたものの、経費の関係もあり実現できなかったが、このたび台湾史研究の一区切りとして、目録に収録した論考の中から要望の多かった数点を選んで再録した。もっとも、再録に際しては執筆当時とは状況が異なることから一部を大幅に修正したため、元原稿とは一致しないこともある。

だが、本研究所の台湾史研究は新しい世代に受け継がれ、さらに発展している。『台湾総督府文書目録』の編纂も、規模は縮小したものの引き続き行われており、さらに台湾文献館から新たな依頼として「台湾総督府公文類纂」の十五年保存文書の公開にあたっての目録編纂事業に協力することになったことや、数年前から本研究所と本学大学院の複数の研究科が台湾の国立政治大学及び国立歴史博物館との学術交流も行われ、研究の幅が戦後の日台関係を含めて広がってきていることから、新しい研究論文も合わせて収録することにした。

このため、本書は社研叢書43『台湾総督府文書の史料論』として、檜山幸夫「台湾統治の機構改革と官紀振粛問題」（目録第二巻2の再録）、大友昌子「清朝時代における台湾地方経済に関する調査報告書『前政府時代ニ於ケル地方経済ニ属スル事業費調査ノ件』の史料的考察―『旧慣調査』前史として―」（目録第五巻8の再録）と、新しい論考として酒井恵美子「台湾総督府文書と日本語教育史研究―『台湾教科用書国民読本』の編纂を例に―」と、東山京子「台湾総督府における文書管理体制の構築と崩壊」を収録した。

註

（1）本研究所が刊行してきたものは、次のものである。

1　台湾総督府文書目録

(1)『台湾総督府公文類纂目録』(1)～(12)（『社会科学研究』第四巻第一号から第一〇巻第二号・一九八四年から一九八九年に収録）。

(2)『台湾総督府文書目録』全三〇巻（第一巻・明治二八年～第三〇巻・大正四年、一九九三年～二〇一六年、ゆまに書房）。

2　台湾史史料編纂

(1)『台湾史料綱文』全三巻、一九八六年・一九八八年・一九八九年、成文堂。

(2)『日本領有初期の台湾―台湾総督府文書が語る原像』、二〇〇五年、中京大学社会科学研究所。

(3)『日本領有初期の台湾―台湾総督府文書が語る原像Ⅱ』、二〇〇八年、中京大学社会科学研究所。
(4)『台湾行啓記録』、二〇〇九年、中京大学社会科学研究所。
(5)『明石元二郎関係資料』、二〇一〇年、中京大学社会科学研究所。
(6)「後藤新平文書―後藤新平書翰集」、二〇〇九年、雄松堂。

3　台湾史研究

(1)『台湾の近代と日本』、二〇〇三年、中京大学社会科学研究所。
(2)『台湾総督府文書の史料学的研究―日本近代公文書学研究序説』、二〇〇三年、ゆまに書房。
(3)『日本統治下台湾の支配と展開』、二〇〇四年、中京大学社会科学研究所。
(4)『現代の公文書史料学への視座』、二〇〇六年、中京大学社会科学研究所。
(5)『転換期の台湾史研究』、二〇一五年、中京大学社会科学研究所。

（2）『日本古文書学講座』9～11・近代編Ⅰ～Ⅲ、雄山閣出版、一九七九年。
（3）『臺灣北部前期抗日運動檔案』（郭嘉雄主編・陳德文・吳家憲編譯、臺灣省文獻委員會、民国六八年・一九七九年）、『臺灣南部武力抗日人士誘降檔案』第二冊（洪敏麟主編・吳定葉・吳柏村編譯、臺灣省文獻委員會、民国六七年・一九七八年）、『臺灣南部武力抗日人士誘降檔案』（洪敏麟主編、吳定葉・吳柏村編譯、臺灣省文獻委員會、民国六七年・一九七八年）、『雲林、六甲等抗日事件關係檔案』（洪敏麟主編・吳家憲・許錫專編、臺灣省文獻委員會、民国六七年・一九七八年）、『臺灣前期武裝抗日運動有關檔案』（陳澤主編・程大學編譯、臺灣省文獻委員會、民国六六年・一九七七年）。

目　次

台湾統治の機構改革と官紀振粛問題
―明治三〇年の台湾統治―

檜山　幸夫

はじめに

ここで述べるのは、『台湾総督府文書目録』第二巻に収録した、『明治三〇年台湾総督府公文類纂』に綴られている文書のなかで、主なる文書を中心に、明治三〇年の台湾統治政策の特徴とそれが抱えていた問題について、台湾統治史という視点からの分析を試みたもので、基本的には公文書という史料群の歴史資料的な立場からの検証という目的を持ったものである。

『台湾総督府文書目録』第二巻に収録したのは、『明治三〇年台湾総督府公文類纂』の永久甲種第一巻から第二五巻と永久乙種第一巻から第四七巻、第二門官規官職進退の第一巻から第一九巻、追加文書の追加第一巻から追加第一二巻、甲種追加第一巻から甲種追加第五巻、乙種追加第一巻から乙種追加と、「明治三〇年明治三四年台湾総督府公文類纂」第二四巻とした永久保存文書で第二門進退の一巻の一一八巻分の文書目録である。このように文書が複雑になっているのは、草創期の台湾総督府の文書管理体制が未完成であったことと、その多くが進退文書、つまり人事関係文書であったことから、総督府の人事そのものが混乱的状況にあるとともにその関係文書の管理が制度化し切れていなかったことにある。

一　明治三〇年の台湾統治の概要

(1)　初期統治の混乱

草創期明治三〇年の主要人事は、総督は第三代総督乃木希典（明治二九年一〇月一四日から同三一年二月二六日）で、民政局長には初代民政局長官水野遵（二八年五月七日から三〇年七月二〇日、但し、二九年四月一日からは民政局長）と第二代民政局長曽根静夫（三〇年七月二〇日から三一年三月二日）の二人が就任していた。つまり、総督では乃木希典、民政局長では水野遵・曽根静夫と、初代総督樺山資紀（二八年五月一〇日から二九年六月二日）の初期統治時代から台湾統治の基礎を確立した児玉源太郎総督・後藤新平民政長官時代の狭間、つまり台湾初期統治の後半に位置する時期にあたる。

台湾総督府民政部は、この明治三〇年を「本島ニ於ケル民政事務ニ就テ最モ紀念スヘキ更革ヲ断行シタル秋ナリ」(1)としているが、実際は「軍隊万能の積弊、文武官僚の反目、司法、行政両機関のあつれき」(2)が激化し、内紛的状況にあった。事実、児玉総督が赴任した明治三一年六月に地方長官を招集して演述したなかで、この明治三〇年の問題を「本島施政ニ関スル批難ハ紛々擾々ノ有様」(3)と敢えて指摘せざるを得ない程深刻な状況にあったからにほかならない。この児玉の指摘は、司法問題に対するものではあったものの、この地方長官への演述は明治三〇年の乃木総督時代への総括を踏まえてのものであった。

確かに、明治三〇年は台湾総督府官制が制定され民政の権限を拡大させるとともに、地方自治権を確立させる台湾総督府地方官官制の改正がなされ、台湾総督府の新たな統治機構・制度の改革が行われる一方で、台湾人（台湾原住民と漢民族系台湾移住民を合わせて表記する際に「台湾人」と記載した）に対する教育勅語の棒読や台湾に徴兵令を施行するための試みとして護郷兵の編制や台湾人の内地旅行にみられるような、積極的日本人化政策が開始された時期でもある。積極的な日本人化政策が施された背景には、この年の明治三〇年五月八日が日清講和条約第五条の規定「日本国へ割与セラレタル地方ノ住民ニシテ右割与セラレタル地方ノ外ニ住居セシムト欲スル者ハ自由ニ其ノ所有不動産ヲ売却シテ退去スルコトヲ得ヘシ其ノ為メ本約批准交換ノ日ヨリ二箇年間ヲ猶予スヘシ但シ右年限ノ満チタルトキハ未タ該地方ヲ去ラサル住民ヲ日本国ノ都合ニ因リ日本国臣民ト視為スコトアルヘシ」に従い、漢族系台湾移住民にとって最後の国籍撰択の期限（台湾住民分限）であったため、それ以降台湾に残留した漢民族系住民と本来の住民である台湾原住民が法的に日本国籍住民として確定（帝国臣民化）したことにある。こうして、明治二八年六月二日の樺山総督と李経芳清国全権との間で行われた台湾引渡によって国際法的な台湾領有権の確定につづいて、台湾に居住している全ての住民の日本国籍化が確定したことから、台湾統治は新たなる段階に入った。

しかし、その反面、台湾住民の激しい武力抵抗を強力な軍事力により鎮圧した経験が、軍人はもとより総督府官吏にまで占領地下的感覚を醸成させていくが、それは同時に中央政府においても台湾の特殊性を過大に評価し台湾特例的な法秩序体制を築かせていくことにもなる。その結果、内地延長主義による統治理念と現実状況による統治理論との間に大きな隔りが生まれ、台湾支配そのものが混迷していく。こうして、明治三〇年の台湾統治は天皇と軍との軋轢が表面化し、政府や総督府の指導力の欠如が顕著化し、総督府と台湾駐屯軍の腐敗により政府を震撼させた総督府の内紛と官吏の疑獄事件の発生によって、日本の台湾支配の本質的矛盾が一挙に吹き出した時期であったともいえる。

この本質的矛盾の噴出とは、総督人事及び制度にかかわる重大な問題、総督府を揺るがす台湾総督府の大疑獄事件や総督府官吏の腐敗、台湾統治の根幹を問い直さざるを得ない深刻な行政と司法の対立問題にほかならない。これを具体的に示すと、総督乃木の統治権者としての指導能力に対する不信から吹き出してきた薩長藩閥支配の矛盾と乃木総督更迭問題であり、日清戦後の軍備拡張化と台湾総督府の腐敗に激昂した天皇が頑に文官総督制の導入を計らんとして政府及び軍と対立した総督資格問題、拓殖務省廃止にみられる中央政府の台湾統治政策の混乱であり、行政と司法とが激しく対立した高野孟矩罷免問題であり、総督府中枢や鳳山県官吏の大疑獄事件や埔里社支庁長檜山鉄三郎事件に代表された深刻な疑獄・腐敗問題、台北県知事橋口文蔵と第一混成旅団長の懲戒処分を起こし総督府民政局の怠慢が批判された大稲埋土匪襲撃事件がそれである。

勿論、これらは植民地支配という総体としての問題に起因していたことはいうまでもない。如何に内地延長主義を唱えようが、所詮、日清戦争の戦捷の賠償として獲得した異民族の異境の地を強引に支配する際の統治論にすぎず、理念としての統治論が現実的統治論を越えることは不可能であった。さらに、初期統治の問題がここに複雑にかかわってくる。日台戦争において激しく抵抗した漢族系住民や、新たな支配者となった日本人の侵入に抵抗する台湾原住民が、容易に日本の支配を受け入れることはない。加えて、激しい抵抗を排除してその支配領域を拡大し、且つ強権的に統治を行っていったことから、その実行にあたっていた軍人や総督府官吏・警察官の意識が容易に変革することはできなかった。天皇が如何に「人民の撫育」を求めても、彼等の多くは支配者としての意識の下で差別と強権を捨て去ることはできなかったのである。もっとも、彼等植民地官吏の質の悪さもあった。『台湾総督府文書目録』第一巻の解説で述べた如く、台湾総督府官吏の質の悪さは文書作成能力だけのものではなかった。『万朝報』が、総督府の官吏や渡台日本人をして「台湾は非免官吏の沈殿地なり、無頼有志の買収所なりとは、久く世人の喧伝する所なり(4)」と酷評しているように、台湾官吏の醜態は世論を驚嘆させていた。

ここで叫ばれていた台政刷新は、朝野の一致した見解であったが、当事者の台湾総督府も制度的改革を試行していなかったわけではなかった。少なくとも、軍隊万能の積弊や文武官僚の反目を解消させる一方で、地方行政を充実させることは、総督府にとって統治政策を遂行していくためには重要な課題であった。行政機関の改革としては、先ず明治三〇年五月二七日勅令第一五二号を以て改正された台湾総督府地方官官制(5)により、従来の台北県・台中県・台南県に新たに新竹県・嘉義県・鳳山県を加え、次いで支庁を廃して庁に昇格させて宜蘭庁・澎湖庁・台東庁を置いて六県三庁とし、さらに県及び庁の下級行政機関として弁務署を設置(台北県一三署・新竹県七署・台中県一五署・嘉義県一四署・台南県六署・鳳山県一一署・宜蘭庁四署・台東庁三署・澎湖庁五署が設置されたが、その後管轄区域の変更・改正が行われ全島で八六署となる)するとともに、地方行政を細部において掌握するために本

第1表　明治30年警察官定員

	警　部	巡　査
台北県	55	668
新竹県	24	※275(30)
台中県	46	570
嘉義県	40	527
台南県	22	221
鳳山県	36	463
宜蘭県	14	※196(50)
澎湖庁	9	97
台東庁	4	※※　20
合　計	250	3,100

※　　定員外臨時増員
※※　当分配置せず
出典:『台湾総督府民政事務成蹟提要』第三編、67頁

国の町村に該当する街庄社乃至複数の街庄社に長を置き庁長の指揮命令下に管内の行政事務を補助執行させるという地方行政機構を築いていった。警察署も、外国人雑居地であった大稲埕と安平を除き弁務署の管轄区域と同一に名称・位置・管轄区域が定められ、台北県に一六署（水上警察署二署）・新竹県に七署・台中県に一五署・嘉義県に一四署・台南県に八署（水上警察署一署）・鳳山県に一二署（水上警察署一署）・宜蘭庁に四署・台東庁に三署・澎湖庁に五署というように、合計八〇の警察署と四の水上警察署が設置され(6)、第１表の如く警部二五〇名・巡査三一〇〇名の定員が定められた。

しかし、島内の治安は依然として不安定であった。大稲埕土匪襲撃事件が「台北附近ノ匪賊ハ漸ク兵力ヲ以テ反抗シ難キヲ覚リ危害ヲ外国人ニ加ヘ外国トノ交渉事件ヲ惹起セシメントスルカ如キ状況アルヲ以テ外国人雑居地ハ勿論旅行外国人ニ対シテ一層厳密ニ保護スヘキ旨通達セリ(7)」と、欧米従属下の日本にとっては深刻な事態となっていたこともある。なかでもこの年は、不完全ではあったものの宿願の改正条約が施行されることになっており、さらに将来的に完全なる条約改正を志向する日本政府の立場からすると、かかる事態は最も警戒すべきものであったといえよう。こうしたなかで、銃砲火薬取締が厳格さを増し、四月に律令第五号「銃砲取締規則」・同第六号「火薬取締規則」と府報第一三号「銃砲取締規則施行細則」・同第一四号「火薬取締規則施行細則」を、六月には訓令第五八号「銃砲検印ノ旨制定」を公布して、武器の押収を徹底させることになる。だが、「土匪生蕃ノ凶暴ヲ逞フ

スル所以ハ主トシテ南清地方ヨリ銃器弾薬密輸入行ハル丶ニ在」[8]ることから、海岸一帯における銃器弾薬密輸入を一層厳重にしなければならなかった。軍政から民政に移行し、島内の治安を維持するためには警察力の拡充が求められたが、実際は「巡査ノ欠員非常ニ多ク警察力ニ不足ヲ告ケ」ていたことから、第1表のように明治三〇年では巡査一六一三人を募集することになるが、財政的問題からその募集は四月三一日に九〇〇人を、一二月三一日に七一三人を採用するといった状況にあった。[9]

こうした警察力の不足は、警察官吏の質の低下を齎し、その結果台湾住民の反感を増大させていく。治安維持の任にあたる地方庁にとって、巡査の不足は切実な問題であったことから、地方庁は明治三〇年九月の新竹県知事よりの巡査欠員補充のための臨時採用方上申や、翌一〇月の鳳山県知事からの明治三〇年訓令第四一号「巡査採用規則」第二条の制限にかかわらず巡査を特別採用したき旨の上申にみられるように、急場を凌がんとする。それ程、巡査の補充は極めて切迫した問題であった。だが、これらの上申は総督府によって一度は規則に従い却下されたが、現実は総督府の思惑どおりにはいかなかった。「巡査採用規則」第二条では、地方庁において精勤証書を有する者又は台湾総督府巡査の前職を有し退職以後満五年の者の外は採用できないとされていることから、巡査の補充は巡査看守教習所より行わなければならない。しかし、「実際地方ノ状況上夥多ノ欠員アリテ今之ヲ教習所ヨリ補充セントセハ教習ノ暇ナキカ為自然教育不充分ノ者ヲ配置セサルヲ得ス依テ当分ノ内規則第二条ノ制限ニ関セス便宜補欠採用ノ権限ヲ地方庁ニ分与セラレ」[10]ることになった。

当時の警察官の職務は、基本的には一般的な犯罪への対処と治安維持に衛生管理であったが、原住民の抵抗と「土匪」への対応は到底警察力では抑えきれるものではなかった。このため、明治二九年に「生蕃ノ凶暴及土匪ノ防備」のため、清国統治時代の慣習的制度を踏襲して銃器で武装した住民の自衛組織である壮丁団を編成したが、

第2表　月別麻剌利亜・ペスト・赤痢患者数

明治30年3月～同31年2月

月　次	麻剌利亜	割合	ペスト	割合	赤　痢	月合	月合計
3月	891	98.6	12	1.3	1	0.1	904
4月	916	98.7	11	1.2	1	0.1	928
5月	1,230	98.8	9	0.7	6	0.5	1,245
6月	1,531	95.7	45	2.8	24	1.5	1,600
7月	2,058	98.2	8	0.4	29	1.4	2,095
8月	2,094	99.4	0	0	12	0.6	2,106
9月	1,768	99.5	0	0	8	0.5	1,776
10月	1,570	99.4	0	0	9	0.6	1,579
11月	1,303	99.2	0	0	10	0.8	1,313
12月	1,139	99.0	0	0	12	1.0	1,151
1月	890	99.7	0	0	3	0.3	893
2月	534	100	0	0	0	0	534
合　計	15,924	98.8	85	0.5	115	0.7	16,124

出典:『台湾総督府民政事務成蹟提要』第三編、104頁

「団体薄弱ニシテ固ニ敏活ナル能ハス」ため、翌三〇年一一月一一日に「匪賊生蕃ノ凶暴及火災水害ノ警戒防御ヲ為スヲ以テ目的トス」「壮丁団ハ街庄社ニ放任セス警察官干渉シテ其基礎ヲ鞏固ナラシムルコト」「団体ハ警察官指揮ノ下ニ行動シ防禦ノ実ヲ挙ケシムルコト」「団員ハ賞罰ヲ明ニシ又扶助法ヲ立テ其職員ノ奨励ヲ図ルコト」とした壮丁団編成標準を定め、次いで同一七日壮丁団編成に伴う銃剣弾薬取締及び報告事項を定めている。これにより、壮丁団はより明確な総督府警察機構の末端に位置づけられていった。しかし、街庄社のみでは原住民との抗争や匪賊の鎮圧は不可能であったことから、同一一月「蕃人ノ凶暴及土匪鎮圧ノ目的ヲ以テ蕃界附近其他土匪ノ跋扈スル地方」に、警察署に附属させ警察官の監督下に置いた警丁を傭使することになり、この年、新竹県に二五〇人、宜蘭県に一五〇人の警丁を配備したのである。(11)

衛生の問題は、極めて深刻であった。第2表は、明治三〇年三月から翌三一年二月までの間におけるマラリア・ペスト・赤痢患者の発生状況を纏めたものであるが、マラリアが猛威を振るっていること（平均で九八・八パーセント）、マラリア患者の年間平均患者数一三二七人を越えるのが六月から一〇月迄の夏場であること、それはペス

トや赤痢の発生期とほぼ同じであること、この間の平均降雨量は八月の一四・〇二ミリ（この年の平均降雨量は六・〇九ミリで八月が最高値）を頂点に、九月が七・二六ミリとなり六月から一〇月の五ヶ月間の平均合計降雨量は三七ミリで年間雨量の五〇・六パーセントを占める高温多雨の時期のなかでも八月が最も多くのマラリア患者が発生（二〇九四人）していること等が分かる。

当時は未だ精密な人口調査が行われていないことから、これら罹病者の人口に占める割合を正確にみることができないが、幸い、明治三〇年三月から翌三一年二月までの民政局と総督府製薬所の高等官以下傭員までの職員数とそのなかのマラリア患者数を示した統計があるのでそれを纏めたのが第3表である。民政局及び総督府製薬所職員のなかには、日本人以外の漢民族系住民も含まれていることから、日本人のみの罹病率をみることはできないが、該機関では圧倒的に日本人が多いことから日本人の罹病率を推測する手掛かりにはなろう。それを踏まえて第3表をみると、月別平均職員数七二九・七人中平均患者数五一・五人で平均罹病者の割合は七・〇六パーセントとなる。該機関におけるマラリア患者は、第2表と異なり最も多くの罹病者を出したのが一二月（九〇人で一三・六六パーセント）であったが、全体としては年間罹病率平均七・〇六％を越えたのは、九月を除く七月から一二月までの間であり、概ね第2表と同じ傾向にあった。いずれにせよ、常に職員の七パーセン

第3表　民政局及び総督府製薬所職員中の月別麻刺利亜患者数

明治30年3月～同31年2月

月　次	職員数	患者数	罹病者割合
3月	711	27	3.80
4月	734	37	5.04
5月	752	26	3.46
6月	983	55	5.60
7月	799	58	7.26
8月	764	75	9.82
9月	719	47	6.54
10月	694	68	9.80
11月	654	55	8.41
12月	659	90	13.66
1月	657	39	5.94
2月	630	41	6.51
合　計	8,756	618	
平　均	729.7	51.5	7.06

出典:『台湾総督府民政事務成蹟提要』第三編、89～90頁

トがマラリアに罹っていることは、台湾統治が如何に困難であったかを示している。

正確な数値ではないが、ここに光緒二一（明治二八）年に作成された「台湾通志稿本」に収録された台北・台湾・台南と台東直隷州の総戸数と人口統計数がある。それによると、台湾の総戸数五〇万七一〇五戸、総人口二五四万七三一人とある。[12] 又、明治二九年に行われた簡易戸口調査によると、台湾の人口は二五八万七六八八人で、このなかの日本人は一万五八四人（〇・四一パーセント）、本島人（台湾人）二五七万七一〇四人（九九・五九パーセント）であったことから、概ね台湾原住民を除く台湾の住民（平埔族の一部は含まれているものと思われる）は二五〇万人程度であったとみられるため、[13] 在台日本人は二五〇分の一となろう。翌三一年に病院・公医が取り扱った患者は一五万一三二人（この内のマラリア患者は三万九六一六人で全体の二六・四パーセント）で、総督府及びその他の官衙職員の患者一万七五二四人（患者全体の一一・七パーセントで死亡した者は七九人、患者総数の〇・四五パーセント、この内マラリア患者は九四三二人で患者総数の五三・八パーセント）、総督府及びその他の官衙職員総数八三九二人中の死亡者は〇・九パーセントとなっていた。[14] これらを基にマラリアの罹病率を推定すると、台湾人の僅か〇・四パーセントしかいない在台日本人が一一・七％も罹病していることから、衛生問題の解決が台湾統治を成功させるか否かの鍵になっていたことが分かる。

原住民政策では、先ず各撫墾署において各部族の風俗習慣・言語等の調査を行い、原住民の実態を把握することに努めていた。紅頭嶼には、吏員を三回派遣してその実態を調査せしめているが、[15]『台湾総督府文書目録』第二巻の口絵にその報告書に綴られた絵を載せてある。

総督府の主な原住民政策は、撫育・授産・取締であったが、撫育は「其鎖国的感情ヲ矯正スルト同時ニ妄想的迷信ヲ打破シ且其智識ヲ啓発スル」こと、そのためには「医薬ヲ施与スルハ撫育上特殊ノ効アルノミナラス彼ノ生命ヲ保全セシムルニ於テ欠クヘカラサル要件ナルカ故可成的医術修得者ヲ署員ニ採用スルノ方針ヲ取ラシメ」るとともに、さらに進んで文明の威圧を以て原住民を懐柔せんとして、「蕃人ヲシテ内地ノ光景ヲ観セシムルハ化育上ノ一手段ナルヲ以テ署員ヲシテ副士目以上ノ資格アル者ヲ誘導セシメ」んとして、一三名の副士目以上の者を誘導して長崎・大阪・東京・横須賀等を巡覧させている。授産では、定住化と農耕化を計るために撫墾署の構内やその附近に試作場を設けて、原住民に農具の使用法や耕作方法、採取採集の方法を教えるとともに実地講習を施し、原住民の女性には裁縫具を与えて裁縫の普及を計った。取締りでは、「蕃人取締ノ要ハ其殺人ノ悪風ヲ矯正スルニ在リ」として、先ず原住民社会の制裁法を稽査しそのなかで「人情風俗ニ投合スルモノヲ選」びそれを基に取締りをなさんとする一方で、警察力を増強して強権的な取締りを行った。「新竹県下及宜蘭庁下ノ如キハ凶蕃ノ暴行最甚シキ」と記されているように、原住民の抵抗は激しさを増していたのである。(16)

第4表は、明治三〇年における原住民による被害者数を纏めたものであるが、ここでの被害者数は前年に比べてかなり多くなっていることが分かる。その理由を『民政事務成績提要』は、撫墾署が明治二九年七月に開設されたため原住民の加害数が正確に掌握されていなかったこと、同年に認可された樟脳製造業者が二九年から三〇年にかけて彼らの生活圏乃至その境界に入り込んだことや彼らとの利益上の紛争が起こったこと、清国の敗残兵が多くの銃器火薬を原住民に売却（物資と交換）したことから原住民の近代的武装化が急速に進んだことの三点を

第4表　明治30年原住民加害表

明治30年3月～同31年2月

撫　墾　署	被害者数	割合%
叭哩社撫墾署	205	35.2
大嵙崁撫墾署	74	12.7
五指山撫墾署	68	11.7
大湖撫墾署	73	12.5
南庄撫墾署	36	6.2
埔里社撫墾署	47	8.1
東勢角撫墾署	39	6.7
林圮埔撫墾署	0	0
蕃薯寮撫墾署	6	1.0
恒春撫墾署	26	4.5
台東撫墾署	9	1.5
合　計	583	100.1

出典:『台湾総督府民政事務成績提要』第三編、154頁

挙げて説明している。[17] しかし、原住民による加害数の増大は、基本的には「蕃地行政」として撫墾署を設置して積極的に原住民を懐柔せんとした政策の結果であった。それまでの台湾は、漢民族系移住民の居住区域・同住民と原住民との混合乃至接触地区・原住民居住区域と明確に分化され棲み分けがなされていたわけで、それを「帝国の版図化」という政策目標に従い、且つ撫育と殖産の目的で原住民居住区域に強引に侵入したことによる摩擦であった。勿論、明清時代に漢民族が常に原住民支配に消極的であったわけではない。鄭成功は、威圧政策と綏撫政策を併行するとともにタイヤル族やパイワン族に対しては弾圧政策を用いており、一八八五年に台湾巡撫として赴任した劉銘伝は八七年に東勢角方面を、八九年には南澳と大料撈方面のガオガン蕃を、翌九〇年から九二年には南部パイワン族の討伐を行うとともに、一八八六年に埔里社と宜蘭に蕃族教化所を設置し次いで九二年には台北城内に蕃学堂を設置して原住民への積極的な漢化を謀っていた。[18] それは、清朝政府による台湾植民地化政策の近代的実践の一つであった。台湾原住民の立場からすれば、彼らを支配する者が状況に応じて弾圧と綏撫とを行ったにすぎない。日清講和条約による日本の台湾領有は、彼らの知らない所で勝手に日本と清国が国際法に従って台湾を取引しただけのことで、支配者が漢民族から日本人に代わったにすぎなく、彼らの抵抗は当然な権利の主張であったといえよう。

こうしたなかで、「軍隊、憲兵、警察の三者間の行動に連絡統一を欠き、円滑なる行政の運用を欠きし事実存せり」[19] という状況を解決し、台湾原住民等の武装抵抗を阻止せんがため、楠瀬幸彦参謀が「台地ヲ其進化ニ応シテ之ヲ数区ニ分チ、各区毎ニ適当ノ統治策ヲ施スコトヲ促シ」[20] として立案した統治策の意見書が乃木総督に提出され、この意見を容れた乃木が各旅団長・参謀長・憲兵隊長・警察部課長を招集してその実施案を検討させて導入されたのが、所謂三段警備制にほかならない。この統治策は、「東印度で施行した『ラネツサン』法の如き所謂三段警備の法」[21] であるが、これによると各旅団（三個旅団）をその管轄地区毎にそれぞれ管区の静謐の度合いに応じて三等に分け、最大の兵力を配置する山地（危険地）を一等地として憲兵と軍隊が警備し、中間地（不穏界）を二等地として憲兵と警察が協力して警備し、村落都邑等（安全界）を三等地として警察が警備するというものであった。その結果、明治三〇年六月二六日水野民政局長名を以て三段警備制の綱目を通牒して実施されることになる。[22]だが、この三段警備制は兵力の分散という愚行をなすものであり、機能や職責を異にする憲兵と警察との関係が却って齟齬をきたし、一般行政事務をも阻害するという、根本的な問題が包含されていた。このため、翌三一年二月二六日に第四代台湾総督に任じ、同三月二八日に赴任した児玉源太郎総督は、六月五日に地方長官を招集して施政方針を訓示するが、この訓示のなかで児玉は「設備以来半歳ニモ至ラサルノ今日ニ於テ三段警備ノ廃止ヲ企図スル如キ朝令暮改ノ嫌ナキニアラスト雖其可ナラサルヲ知テ之ヲ改メサルハ快シトセサル所ナリ只当サニ漸ヲ以テ之ヲ行フヘシ[23]」と述べてこの三段警備制を廃止してしまった。

(2) 教育政策

台湾を「帝国の版図」とし、台湾に居住していた原住民や漢民族系住民を支配するためには、日本語を普及させることが求められる。このため、総督府は積極的に国語学校及び国語伝習所とその分校を設置した。明治三〇年における設置状況は第5表の通りであるが、明治二九年に設置されたのは国語学校一校・国語学校附属学校三校・国語伝習所一四校・国語伝習所分教場三校であったが、翌三〇年にはこれを基に国語学校附属学校一校・国語伝習所二校・国語伝習所分教場三三校が新設されている。明治二九年三月三一日勅令第九四号台湾総督府直轄諸学校官制[24]が布告され、その第一条の「台湾総督府直轄諸学校ハ国語学校及国語伝習所トシ国語学校ニ附属学校ヲ附設ス」(第一条）により、国語学校・国語学校附属学校・国語伝習所を設置するとされ、その管轄は第三条第一項で「国

第5表　明治30年国語学校・同附属学校・国語伝習所・同分教場

	名　称	設置・認可・開校等
国語学校及び同附属学校	台湾総督府国語学校(台北)	明治29年5月21日・6月2日校長任命
	国語学校第一附属学校(八芝林)	明治29年5月21日・6月入学式
	国語学校第二附属学校(艋舺)	明治29年5月21日・11月授業開始
	国語学校第三附属学校(大稲埕)	明治29年5月21日・8月開校式
	国語学校第四附属学校(台北)	明治30年6月25日・府令第27号・第28号
国語伝習所	台北国語伝習所(台北)	明治29年5月21日・7月授業開始
	基隆国語伝習所(基隆)	明治29年5月21日・5月生徒募集9月開始
	淡水国語伝習所(滬尾)	明治29年5月21日・7月授業開始
	新竹国語伝習所(新竹)	明治29年5月21日・11月開校式
	苗栗国語伝習所(苗栗)	明治29年5月21日・9月開校式
	台中国語伝習所(台中)	明治29年5月21日・10月開校式
	鹿港国語伝習所(鹿港)彰化移転 彰化国語伝習所(彰化)	明治29年5月21日・9月授業開始・改称 明治30年5月15日・府令第18号
	埔里社国語伝習所(埔里社)	明治30年4月・府令第11号
	嘉義国語伝習所(嘉義)	明治29年5月21日・9月授業開始
	雲林国語伝習所(北港に仮設)	明治29年5月21日・6月開校準備9月開校
	台南国語伝習所(台南)	明治29年5月21日・9月授業開始
	鳳山国語伝習所(鳳山)	明治29年5月21日・9月授業開始
	恒春国語伝習所(恒春)	明治29年5月21日・9月開校式
	恒春国語伝習所猪朥束社分教室	下生蕃猪朥束社に明治29年9月設置
	宜蘭国語伝習所(宜蘭)	明治29年5月21日・8月事業開始
	台東国語伝習所(卑南)	明治30年4月・府令第11号
	澎湖島国語伝習所(媽宮城)	明治29年5月21日・9月授業開始
国語伝習所	台北国語伝習所桃仔園分教場	明治30年1日認可
	台北国語伝習所大稲埕分教場	明治30年10月21日認可
	台北国語伝習所大嵙崁分教場	明治30年11月19日認可
	台北国語伝習所新庄分教場	明治31年2月9日認可
	台北国語伝習所樹林街分教場	明治31年3月19日認可
	基隆国語伝習所景尾街分教場	明治30年12月10日認可
	基隆国語伝習所金包里分教場	明治31年3月2日認可
	基隆国語伝習所頂双渓分教場	明治31年3月2日認可
	基隆国語伝習所水返脚分教場	明治31年3月28日認可
	淡水国語伝習所新庄山脚庄分教場	明治30年12月9日認可
	淡水国語伝習所和尚洲分教場	明治30年12月10日認可
	新竹国語伝習所新埔分教場	明治30年12月21日認可
	新竹国語伝習所中港分教場	明治31年1月25日認可
	新竹国語伝習所北埔分教場	明治31年3月12日認可
	苗栗国語伝習所大甲分教場	明治30年11月22日認可
	苗栗国語伝習所苑里分教場	明治31年1月13日認可

分教場	台中国語伝習所梧棲分教場	明治30年12月8日認可
	台中国語伝習所胡蘆墩分教場	明治31年3月1日認可
	台中国語伝習所東勢角分教場	明治31年3月7日認可
	彰化国語伝習所鹿港分教場	明治30年12月14日認可
	彰化国語伝習所北斗街分教場	明治31年3月16日認可
	埔里社国語伝習所集々街分教場	明治31年3月28日認可
	埔里社国語伝習所魚池庄分教場	明治31年3月28日認可
	台南国語伝習所噍吧哖分教場	明治31年3月1日認可
	鳳山国語伝習所内埔分教場	明治30年5月15日認可
	宜蘭国語伝習所羅東分教場	明治31年3月28日認可
	宜蘭国語伝習所頭囲分教場	明治31年3月28日認可
	台東国語伝習所馬蘭社分教場	明治30年5月18日認可
	台東国語伝習所卑南社分教場	明治30年5月18日認可
	台東国語伝習所奇莱分教場	明治30年12月8日認可
	澎湖島国語伝習所大赤崁分教場	明治30年11月19日認可
	澎湖島国語伝習所小池角分教場	明治31年3月23日認可
	澎湖島国語伝習所隘門分教場	明治31年3月23日認可

出典:『台湾総督府民政事務成蹟提要』第二編、(146頁~152頁)及び第三編(115頁~118頁)より作成。

語学校長ハ一人奏任トス台湾総督府民政局長ノ命ヲ承ケ校務ヲ掌理シ所属職員ヲ監督ス」と国語学校は民政局直轄とされ、同条第二項「国語伝習所長ハ各所ヲ通シテ十四人トシ県庁島庁又ハ支庁ノ官吏ヲシテ之ヲ兼子シム台湾総督府民政局長又ハ所属知事、島司、支庁長ノ命ヲ承ケ所務ヲ掌理シ所属職員ヲ監督ス」によって国語伝習所は県庁島庁支庁官吏が兼任する所長の下で事実上県知事・島司・支庁長が監督するものとされた。

　こうして台湾総督府直轄諸学校が布告され、次いで同年九月二五日府令第三八号国語学校規則と六月二二日府令第一五号国語伝習所規則が定められた。この規則により、国語学校には師範部と語学部の二部が置かれ、師範部が国語伝習所と師範学校の教員及び小学校の校長・教員の養成機関と台湾における普通教育の方法を研究する研究機関とされ、語学部は日本語及び台湾語を教授して台湾統治にかかわる者に必要な教育を行う機関とされた。又、国語学校の附属学校は、台湾における普通教育の模範を示すとともに師範部生徒の教育実習をも行うものとして、日本人児童と台湾人の幼年者・青年者を教育する機関として設置された。国語伝習所は、年齢一五歳以上三〇歳以下の者を甲科生徒、年齢八歳以上一五歳以下の者を乙科生徒に分けて、彼らに日本語教育と日本人化教育を施す機関として設置されたのである。これに基づき、民政局事務官であった町田則文が明治二九年六月二日芝山巌学堂に仮設された国語学校長に任命され、その後台北艋舺書院辺街旧学海書院に移転された国語学校（正式の本校舎は台北城内南門街の敷地に建設され明治三〇年九月に竣工した）が、その附属学校として八芝林の芝山巌学堂（「学堂」の名称を廃して）に第一附属学校が、艋舺の旧学海書院（元の義学文甲書院）に第二附属学校が、大稲埕（大龍峒保安宮内）に第三附属学校が設置された。国語伝習所は、台北県立日本語学校が使用した民有家屋を校舎として生徒一二人で授業を開始した台北国語伝習所をはじめ、基隆支庁の保管家屋を校舎として甲科生徒三五人・乙科生徒四八人で開校した基隆国語伝習所、土匪騒擾のために生徒の応募が僅少で僅か一人の生徒で授業を開始した嘉義国語伝習所、城内の古廟を校舎に充てて甲科生徒五六人・乙科生徒九人で開校した鳳山国語伝習所等が開校された[25]。その結果、明治二九年一二月現在で、国語学校・附属学校・国語伝習所の生徒数一〇二六人[26]、明治三一年三月末の調査によると卒業生四六八人[27]を得るにいたっている。

このように、台湾における教育は文部省管轄ではなく台湾総督府民政局管轄の植民地的統治政策の一つとして異型の制度として行われることになる。これは、帝国という国家において大きな矛盾を含むことになる。その結果、各種学校は台湾総督府民政局各部分課規定[28]の第二九条により民政局学務部教務課により監督された。この学務部は教務課、編纂課の二課に分かれ（同規定第二八条）、教務課は「一　諸学校ニ関スル事項」「二　児童就学ニ関スル事項」「三　教員資格ニ関スル事項」（同第二九条）を、編纂課は「一　教科図書ノ編纂ニ関スル事項」「二　教科図書ノ刊行販売ニ関スル事項」（同第三〇条）と定められていた。同化政策としての学校教育が主目的であったことから、教育行政は必然的に日本語の普及に大半が注がれる。明治二九年に設置された各種の学校を基に、翌三〇年はその充実を図らんとする。このため、明治三〇年はきめの細かい教育体制を築くために積極的に国語伝習所分教場を設置していく。明治三〇年において新設された学校が、国語学校附属学校一校・国語伝習所二校であるのに比し、翌三一年に三三校の国語伝習所分教場が新設されたのは、全島的に設置された国語学校にさらに分教場を配置させることによって、日本語教育の普及を広範化させるためのものであった。

勿論、日本語教育は台湾を支配するための基礎でしかなく、早急な皇民化は到底望めない。そこで、乃木総督は学校制度の普及に合わせて皇民化を計るために教育勅語を活用することになる。『明治三〇年台湾総督府公文類纂二二』に収められている「八　教育ニ関スル勅語漢訳文　読方訓令」(29)は、天皇制教育の神髄として教育勅語を台湾住民に浸透させる目的で、未だ日本語を解せない台湾住民に対して勅語を中国語に翻訳して普及させんとした文書である。(30)この問題の詳細は、紙幅の関係で別稿に譲るが、台湾総督府文書目録を編纂した立場からいうと原文書に綴られている目録原本の結了年月日欄に疑問があるので、この点について予め記しておく。

該日付欄は、目録原本では「明治三〇年二月一八日」とのみ記載されているが、実際にこの案件が起こったのは次のように前年の明治二九年一二月一日付の乃木総督から高嶋鞆之助拓殖相に宛てた稟議書からであった。このため目録における日付欄には特に年を越えて処理された案件には起案日と結了日とを並記すべきであると考えるため、本目録では年を跨がった案件として「明治二九年一二月一日」を加筆して記載した。この稟議書とは、

〔欄外〕「拓殖務省廿九年十二月十六日受　台甲第一七九号」（朱印）

「民学第二一〇号」（朱印）

教育勅語ノ　聖旨ヲ本島人民ニ遵奉セシムルハ目下教育上最緊要ニ有之候処右人民中国語ヲ解スル者猶僅少ニ

有之本文ノマヽニテハ御旨意貫徹難致虞モ有之候ニ付本島諸学校ニ於テ勅語本文捧読ニ続テ別紙漢訳文ヲ拝読為致候条右上奏方可然御取計相成度此段及稟議候也

明治二十九年十二月一日

台湾総督男爵　乃木希典　朱印（台湾総督之印）

拓殖務大臣子爵　高島鞆之助殿

（台湾総督府民政局用一三×2茶罫紙一枚に墨筆）

である。これにより、教育勅語の漢訳文が起草され国語学校や国語伝習所で台湾人に勅語捧読が施されることになるが、勅語の全訳がなされたわけではない。乃木の稟議を受けた拓殖務省は中央政府の関係機関と協議を行い、翌三〇年一月二八日北垣国道拓殖務次官が乃木総督に「国文ノ外漢文ノ勅語」が存在することになり、それは「勅語ハ一アリテ二ナキ筈ノモノナルニ自然二体ノ勅語トナルノ嫌モ有之聊カ穏当ヲ欠ク」として、漢訳の註釈文とすべきであると指示してきた。天皇の神格化と形式主義のなかで、教育勅語の全訳は許可されなかった。結局、総督府は勅語を要約した註釈文としてこれを各種学校に配付することになる。

台湾における教育は、統治政策の一貫としてなされたことから、必然的に在台日本人子女の教育がおろそかになっていた。当時在台日本人子女の教育は、篤志家による教育機関の設置や、台北の内地人組合が大稲埕に校舎を設けて豊島清一を教師に教育を行ったり、明治三〇年四月頃に艋舺で松浦綱治が神宮教縋岬学校を経営したりして、民間の自主性に依存していたからにほかならない(31)。かかる状況のなかで、総督府も日本人子女の教育機関の設置を急務とし、明治三〇年六月二五日府令第二七号を以て国語学校に第四附属学校を台北城内に設置した。前述の『明治三〇年台湾総督府公文類纂　二二』の第一〇文書として、「国語学校附属学校中追加」「第四附属学校規程」の文書が綴られているが、それは次のものであった。

〔A文書〕

民学第二四〇号　明治　年　六月　十四日受領　　公文書掛　朱印（紀内）
明治　年　六月二十五日　朱印「裁定」
明治三十年　六月　十四日立案　朱印（本下）
学務部長　朱印（児玉）　教務課長　朱印（□□不明）
総督　朱印（乃本希典）　民政局長　朱印（水野）　総務部長　朱印（水野）（木村匡）「参事官」（大島）

内地人ノ児童ヲ教育スヘキ附属学校ニ関スル件

右ハ昨年来国語学校ノ附属トシテ内地人ノ児童ヲ教育スヘキ附属学校ヲ設置セラルヘキ御詮議ニ相成補（リ）
校舎モ新築ニ御取掛リ相成居候処今般校舎ノ新築落成致シ且開校ノ準備モ相整候間甲案ヲ以テ其名称位置ノ件
相達セラレ乙案ヲ以テ該学校ノ規程御達相成リ可然哉此段仰高批

甲　案

府令第二十七号
補《明治二十九年補（五月）府令第五号》台湾総督府国語学校附属学校ニ左ノ一校ヲ訂（加設）（追加）シ其名称位
置左ノ通相定ム
年　月　日

総督

名称　　　　　　　　位置

台湾総督府国語学校第四附属学校　　　　台　北

乙　案

府令第二十八号

台湾総督府国語学校第四附属学校規程左ノ通相定ム

年　月　日

総督

（台湾総督府民政局用提案用紙一枚及び同用一三行×2茶罫紙一枚に墨筆）

〔B文書〕

台湾総督府国語学校第四附属学校削〔小学科及補習科〕規程

第一章　通則

第一条　本校ハ台湾総督府国語学校規則第四条ニ依リ本島ニ在ル内地人ノ児童ヲ教育スル所トス

第二条　補〔本校ニ小学科及補習科ヲ置キ其〕修業年限ハ小学科ヲ六箇年トシ補習科ヲ二箇年トス

第三条　小学科ノ教科目ハ修身読書作文習字算術日本地理日本歴史理科図書唱歌体操裁縫（女児）トス

第四条　補習科ノ教科目ハ修身読書作文土語（男児）習字算術訂〔体操（男児）裁縫及家事（女児）〕（家事及

裁縫（女児）体操（男児））トス但読書ハ国文及漢文ニ分チ漢文ハ男児ニノミ之ヲ課ス
第五条　学級ノ編制ハ五十名ヲ以テ一学級トス但小学科第四学年マテハ男女トモ同一ノ学級ニ編入シ第五学年以上及補習科ニアリテハ之ヲ区別ス
第六条　入学ノ許可ヲ得タル者ハ保証人ヲ定メ入学証書（書式第一号）一通ヲ差出スヘシ
第七条　各学年修業ノ完キ者ニハ修業証書（書式第二号）ヲ与ヘ小学科卒業ノ者ニハ卒業証書（書式第三号）ヲ与フ

第二章　教授ノ要旨及程度

第八条　修身ハ教育ニ関スル　勅語ノ旨趣ニ基キ児童ノ良心ヲ啓培シテ其徳性ヲ涵養シ人道実践ノ方法ヲ授ケ且日常ノ礼儀作法ニ嫺ハシムルヲ以テ要旨トス
此科ニ於テハ孝悌友愛仁慈信実礼敬義勇恭倹等ノ諸徳ニ関シテ其実践ノ方法ヲ授ケ殊ニ忠君愛国ノ志気ヲ養ハンコトヲ務メ又国家ニ対スル責務ノ大要ヲ指示シ兼テ社会ノ制裁廉耻ノ重ンスヘキコトヲ知ラシメ児童ヲ誘キテ純正ナル風俗品位ニ趨カシメ殊ニ女児ニアリテハ貞淑ノ美徳ヲ養ハシメンコトニ注意スヘシ
修身ヲ授クルニハ近易ノ俚諺及先哲ノ格言善行等ヲ例証シテ勧戒ヲ示シ教員躬親ラ児童ノ模範トナリ児童ヲシテ浸潤薫染セシメンコトヲ要ス
第九条　読書作文ハ普通ノ言語並日常須知ノ文字文句文章ノ読方綴方及意義ヲ知ラシメ之ヲ応用シテ適当正確ニ思想ヲ表彰スルノ能力ヲ養ヒ兼テ智徳ヲ啓発スルヲ以テ要旨トス初年ニ於テハ近易適切ナル事物ニ就キ平易ニ談話シ其言語ヲ練習シテ仮字ノ読方書方綴方ヲ知ラシメ次ニ仮字ノ短文及近易ナル漢字交リノ

短文ヲ授ケ第三学年以上ニ於テハ読書作文ノ教授時間ヲ分チ読書ハ普通ノ漢字交リ文及日用書類等ヲ授クヘシ読書作文ヲ授クル際単語短句短文等ヲ書取ラシメ若クハ改作セシメテ仮字及語句ノ用法ニ熟セシムヘシ読書中修身地理歴史理科等ニ関スル事項ハ成ルヘク実物図画標本等ヲ示シ児童ヲシテ明瞭ニ理解セシメンコトヲ要ス言語ハ常ニ注意シテ練習セシメンコトヲ要ス

第十条　習字ハ先ツ仮字ノ書方ヲ習ハシメ漸ク楷行草ノ三体ニ及シ其運筆ニ習熟セシムルヲ以テ要旨トス初年ニ於テハ片仮字及平仮字近易ナル漢字交リノ短句通常ノ人名苗字物名地名等ヲ授ケ漸ク進ミテ日用文字及日用書類等ヲ習ハシムヘシ

習字ヲ授クル際ハ殊ニ姿勢ヲ整ヘ執筆及運筆ヲ正シク字行ノ整正ヲ尚ヒ運筆ハ務メテ敏活ナラシメンコトヲ要ス他ノ教科目ノ教授ニ於テ文字ヲ書カシムルコトアルトキハ亦常ニ其字形及字行ヲ正クセシムルコトニ注意スヘシ

第十一条　算術ハ日常ノ計算ニ習熟セシメ兼テ思想ヲ精密ニシ傍ラ生業上有益ナル知識ヲ与フルヲ以テ要旨トス初年ニ於テハ先ツ十以下ノ数ノ範囲内ニ於ケル計ヘ方及加減乗除ヲ授ケ漸ク数ノ範囲ヲ拡メテ万以下ノ数ノ範囲内ニ於ケル加減乗除ヲ授ケ第五学年以上ニ於テハ前学年ノ練習及度量衡貨幣及時刻ノ計算通常ノ分数小数及比例問題ヲ授算術ヲ授クルニハ理会精密ニ運算習熟シテ応用自在ナラシメンコトヲ務メ又常ニ言語若クハ算式ヲ用ヒテ運算ノ方法及順序ヲ正確ニ表明セシメ殊ニ諸算ニ熟達セシメンコトヲ要ス珠算ハ主トシテ運算ノ熟達敏捷ナランコトヲ要トスルモノナレハ常ニ筆算ヨリ一歩ツヽ後レテ之ニ追随セシメ及反覆練習シテ日用ノ計算ニ熟達セシムヘシ

算術ノ問題ハ他ノ教科目ニ於テ授ケタル事項ヲ適用シ又ハ本島ノ情況ニ適シタル日常緊要ノモノヲ撰フ

ヘシ
第十二条　日本地理ハ本邦地理ノ大要ヲ授ケテ人民ノ生活ニ関スル重要ナル事項ヲ理会セシメ兼テ愛国ノ精神ヲ養フヲ以テ要旨トス
第五学年ニ於テハ先ツ学校附近ノ地理ヲ授ケ以テ此科ノ基礎タルヘキ知識ヲ与ヘ漸ク進ミテ本島及本邦ノ地形気象著名ノ都会人民ノ生業等ノ概畧ヲ授ケ更ニ地球ノ形状水陸ノ別其他重要ニシテ児童ノ理解シ易キ事項ヲ知ラシムヘシ第六学年ニ於テハ更ニ日本地理ノ要項ヲ授ケ関係諸外国ノ地理ノ大要ニ及フ
地理ヲ授クルニハ実施ノ観察ニ基キ又地球儀地図写真標本等ヲ示シ児童ノ熟知セル事物ニ依リ比較類推セシメテ確実ナル知識ヲ得シメ又常ニ歴史上ノ事実ニ連絡セシメ兼テ簡畧ナル地図ヲ画カシメンコトヲ要ス
第十三条　日本歴史ハ本邦国体ノ大要ヲ知ラシメテ国民タルノ志操ヲ養フヲ以テ要旨トス
此科ニ於テハ建国体制　皇統ノ無窮　歴代天皇ノ盛業忠良賢哲ノ事蹟国民ノ武勇文化ノ由来等ノ概畧ヲ授ケテ国初ヨリ現時ニ至ルマテノ事歴ノ大要ヲ知ラシムヘシ
日本歴史ヲ授クルニハ成ルヘク地図図画等ヲ示シ児童ヲシテ当時ノ実状ヲ想像シ易カラシメ人物ノ言行等ニ就キテハ之ヲ修身ニ於テ授ケタル格言等ニ照シテ正邪是非ヲ弁別セシメンコトヲ要ス
第十四条　理科ハ通常ノ天然物及現象ノ観察ヲ精密ニシ其相互及人生ニ対スル関係ノ大要ヲ理会セシメ兼テ天然物ヲ愛スルイ心ヲ養フヲ以テ要旨トス
最初ハ主トシテ学校所在ノ地方ニ於ケル植物動物鉱物及自然ノ現象ニ就キ児童ノ目撃シ得ル事実ヲ授ケ就中重要ナル植物動物ノ形状構造及生活発育ノ状態ヲ観察セシメテ其大要ヲ理会セシメ更ニ植物動物ノ

相互及人生ニ対スル関係通常ノ物理上化学上ノ現象通常児童ノ目撃シ得ル器械ノ構造作用等ヲ理会セシメ兼テ人身ノ生理及衛生ノ大要ヲ授クヘシ

理科ニ於テハ務メテ農業工業其他人民ノ生活上ニ適切ナル事項ヲ授ケ殊ニ植物動物等ヲ授クル際之ヲ以テ製スル重要ナル人工物ノ製法効用等之概畧ヲ知ラシムヘシ

理科ヲ授クルニハ実地ノ観察ニ基キ若クハ標本模型図画等ヲ示シ又ハ簡易ナル試験ヲ施シ明瞭ニ理解セシメンコトヲ要ス

第十五条　図画ハ眼及手ヲ練習シテ通常ノ形体ヲ看取シ正ク之ヲ画クノ能ヲ養ヒ兼テ意匠ヲ練り形体ノ美ヲ弁知セシムルヲ以テ要旨トス

初年ニ於テハ直線曲線及其単形ヨリ始メ時々直線曲線ニ基キタル諸形ヲ工夫シテ之ヲ画カシメ漸ク進ミテハ簡単ナル形体ヨリ諸般ノ形体ニ移リ実物若クハ手本ニ就キテ画カシム

図画ヲ授クルニハ他ノ教科目ニ於テ授ケタル物体及訂〔日常〕（児童）ノ日常目撃セル物体中ニ就キテ之ヲ画カシメ兼テ清潔ヲ好ミ綿密ヲ尚フノ習慣ヲ養ハンコトヲ要ス

第十六条　唱歌ハ耳及発声器ヲ練習シテ容易キ歌曲ヲ唱フルコトヲ得シメ兼テ音楽ノ美ヲ弁知セシメ徳性ヲ涵養スルヲ以テ要旨トス

第四学年以下ニ在リテハ容易キ単音唱歌ヲ授ケ第五学年以上ニ在リテハ前学年ノ練習ヲナシ併セテ譜表ヲ用ヒ単音唱歌ヲ授クヘシ

歌詞及楽譜ハ成ルヘク本邦古今ノ名家ノ作ニ係ルモノヨリ之ヲ撰ヒ雅正ニシテ児童ノ心情ヲ快活純美ナラシムルモノタルヘシ

第十七条　体操ハ身体ノ成長ヲ均斉ニシテ健康ナラシメ精神ヲ快活ニシテ剛毅ナラシメ兼テ規律ヲ守ルノ習慣ヲ養フヲ以テ要旨トス
初年ニ於テハ適宜ノ遊戯ヲナサシメ漸ク進ンテ普通体操ヲ加ヘ男児ニハ兵式体操ノ一部ヲ授ク第五学年以上ニ至リテハ男児ニハ主トシテ兵式体操ヲ授ケ女児ニハ普通体操若クハ遊戯ヲ授クヘシ
体操ノ教授ニ依リテ習成シタル姿勢ハ常ニ之ヲ保タシメンコトヲ要ス
第十八条　裁縫ハ眼及手ヲ練習シテ通常ノ衣服ノ縫方及裁方ニ習熟セシムルヲ以テ要旨トス
初年ニ於テハ先ツ運針法ヨリ始メテ簡易ナル衣服ノ縫方ヲ授ケ又便宜通常ノ衣服ノ繕方等ヲ授クヘシ漸ク進ミテハ通常ノ衣服ノ縫方裁方等ヲ授クヘシ
裁縫ノ品類ハ成ルヘク日常所用ノモノヲ撰ヒ之ヲ授クル際用具ノ種類衣服ノ保存方及洗濯方等ヲ教示シ常ニ節約利用ノ習慣ヲ養ハンコトヲ要ス
第十九条　補習科ハ小学科卒業ノ後本島ニ於テ直ニ実業ニ就クモノヽ為ニ設ケタルモノナレハ小学科ニ於テ学習シタル事項ヲ補充スルノ外更ニ男児ニハ近易ナル漢文及土語女児ニハ家事ノ大要ヲ授ケ処世ニ資セシムルヲ以テ要旨トス
第二十条　補習科ノ漢文ハ読書ノ中ニ於テ之ヲ授ケ古文及時文中平易雅馴ナルモノヲ講読セシム漢文ヲ授クルニハ音訓ヲ正クシ句読ニ注意シテ句意章意ヲ明ニシ兼テ文理結構ヲ講究セシメンコトヲ要ス
第二十一条　補習科ノ土語ハ広ク本島内ニ行ハルヽ口音ニ依リ音韻ノ性質言語ノ種類会話ノ実習及話文公文ノ読方作文等ヲ授ク
土語ヲ授クルニハ常ニ口音及語勢ノ正否ニ注意シ其意義ヲ正ク国語ニ訳シテ速ニ他人ノ思想ヲ解釈シ且

自己ノ思想ヲ表出スルコトニ熟通セシメンコトヲ要ス

第二十二条　補習料ノ家事ハ衣食住家計簿記家事衛生育児其他一家ノ整理経済等ニ関スル事項ヲ授ク

家事ヲ授クルニハ成ルヘク実習セシメ努メテ実用ニ適セシメンコトニ注意スヘシ

第二十三条　小学料及補習科ノ教科課程ハ別表ノ如シ

（台湾総督府民政局用一三行×2茶罫紙八枚に黒筆）

小学科教科課程表

教科目／学年	毎週教授時間	第一学年	毎週教授時間	第二学年	毎週教授時間	第三学年	毎週教授時間	第四学年	毎週教授時間	第五学年	毎週教授時間	第六学年
修身	三	人道実践ノ方法 日常ノ礼儀作法	三	同上	三	同上	三	同上	二	同上	二	同上
読書	八	仮字 仮字文 漢字交リ文	八	同上	六	漢字交リ文	六	同上	三	同上	四	同上
作文					三	漢字交リ文 口上書類	三	漢字交リ文 日用書類	三	同上	三	同上
習字	六	仮字 日用文字	六	日用文字	五	日用文字 口上書類	五	日用文字 日用書類	三	同上	三	同上
算術	三	二十以下ノ数ノ範囲内ニ於ケル加減乗除	三	百以下ノ数ノ範囲内ニ於ケル加減乗除	四	千以下ノ数ノ範囲内ニ於ケル加減乗除 通常ノ小数ノ計ヘ方	四	万以下ノ数ノ範囲内ニ於ケル加減乗除 通常ノ小数ノ計ヘ方 (筆珠算併用)	男五 女二	度量衡貨幣時刻ノ計算 通常ノ分数小数 (筆珠算併用) / 度量衡貨幣時刻ノ計算 (筆珠算併用)	男五 女二	通常ノ分数小数及比例問題 (筆珠算併用) / 仝上及簡易ナル分数小数 (筆珠算併用)
日本地理									二	学校付近ノ地理、本島及日本地理ノ大要	二	日本地理及関係諸外国ノ地理ノ大要
日本歴史									二	国初ヨリ応仁ノ乱ニ至ルマテノ事歴ノ大要	二	戦国ノ世ヨリ今代ニ至ルマテノ事歴ノ大要
理科									三	学校所在ノ地方ニ於ケル植物動物鉱物及自然ノ現象	三	同上及人身ノ生理衛生ノ大要
図画	二	直線曲線及其単形	二	直線曲線ノ単形	二	簡単ナル形体	二	同上	二	同上	二	同上
唱歌	三	単音唱歌	三	同上	二	同上	二	同上	一	同上	一	同上
体操	三	遊戯	三	遊戯 普通体操	男三 女二	普通体操 兵式体操 / 普通体操若クハ遊戯	男三 女二	同上 / 同上	男三 女二	同上 / 同上	男三 女二	同上 / 同上
裁縫					女三	運針法	女三	簡易ナル衣服ノ縫方	女四	通常ノ衣服ノ裁縫等	女四	同上
計	二八		二八		男二八 女三〇		男二八 女三〇		三〇		三〇	

(美濃紙一枚に墨筆)

補習科教科課程表

教科目＼学年	毎週教授時間	第一学年	毎週教授時間	第二学年
修身	二	人道実践ノ方法 日常ノ礼儀作法	二	同上
読書	男八 女三	国文、漢文 国文	男八 女三	同上 同上
作文	三	漢文交リ文 日用書類	三	同上
土語	男八	音韻ノ性質及会話	男八	音韻ノ性質及会話並作文
習字	三	日用書類	三	同上
算術	男三 女二	小学校ノ補習及百分算 小学校ノ補習	男三 女二	同上及求積 同上及比例問題
家事	女三	衣食住 家事衛生	女三	家計簿記育児
裁縫	女一二	衣服ノ裁縫等	女一二	同上
体操	男三	普通体操 兵式体操	男三	同上
計	男三〇 女二八		男三〇 女二八	

注：原本の表中に訂正があるが全て省略した。

（美濃紙一枚に墨筆）

書式第一号（用紙半紙）

入学証書

何府県華士族平民誰何男（女）弟（姉妹）或ハ戸主

何　某

生年月

右之者今般御校第四附属学校ヘ入学御許可相成候ニ就テハ本人身上ニ付一切ノ事件拙者引受可申依テ証書差出候也

明治　年　月　日

族籍住所

右保証人　何　某　印

台湾総督府国語学校長　何　某　殿

逐テ向後転居改印等致候節ハ直ニ御届可申候也

書式第二号

修学証書

族籍

何　某

生年月

校印

右者本校第四附属学校ニ於テ小学科補習科第何学年ノ課程ヲ履修セシコトヲ証ス

明治　年　月　日

台湾総督府国語学校

番号

書式第三号

卒業証書

族籍　何　某
生　年　月

右者本校第四附属学校ニ於テ小学科ヲ卒業セリ仍テ之ヲ証ス

校印

明治　年　月　日

台湾総督府国語学校長　何　某　印

番号

参照一、

第一条　国語学校ハ分チテ師範部及語学部トシ且附属学校ヲ加設ス

参昭二、

第四条　国語学校附属学校ハ内地人ノ学齢児童並本島ノ幼年者及青年者ニ須要ナル教育ヲ施シテ本島ニ於ケル普通補(教育)ノ模範ヲ示シ且師範部ノ生徒実地教授ノ用ニ供スルモノトス

参照三、

現設附属学校（悉皆本島土人補(ノミ)ヲ教育ス）

名称	位置
第一附属学校	八芝林
第二附属学校	艋舺

第三附属学校

大稲埕

参照四、

第十一条　附属学校ニ於ケル青年科補習料並内地人ノ児童ノ教育ニ関スル規程ハ別ニ之ヲ定ム

（台湾総督府民政局用一三行×2茶罫紙三枚に墨筆）

（注）本稿で用いる修正記号は次の基準による。

元文字は〔　〕、改められたり加筆された文字は（　）で表記し、二重三重や重複の訂正には〈　〉《　》や【　】〔〕を用いてそれぞれその頭に訂正を訂、補筆を補、削除を削の文字を付して表記した。詳細は、『台湾総督府文書目録』の解説を参照されたい。

こうして、六年の小学料と二年の補習科が設置され、小学科では修身・読書・作文・習字・算術・日本地理・日本歴史・理科・図書・唱歌・体操・裁縫が、補習科では修身・読書・作文・土語・習字・算術・家事及び裁縫・体操の教科目が置かれた。このなかの裁縫と家事及び裁縫は女子のみに、補修科の土語と体操は男子のみに課せられたもので、さらに補修科の読書は国文と漢文とに分けられ漢文のみ男子に課せられた。このなかで注目されるのは、第一が修業年数と教授時間数であり、第二が男子のみではあったが土語が課せられている点であろう。

第一については、台湾における学校教育の問題として別稿で述べるのでここでは詳述しないが、内地における小学校教育（当時は明治二四年一一月一七日に布告された文部省令に従っている）が小学科が四年、補習科が三年（同日文部省令第八号）とされていたことからみて、小学科六年・補習科二年の修学年数は内地におけるそれよりも長いことが分かる。つまり、第四附属学校における小学校教育は内地の教育制度の充実より前に先取り的になされていたといえよう。これは教授時間数においても、同様のことがいえる。同日布告の文部省令第一三号によると、毎週の教授時間数は尋常小学校が一八時間から三〇時間、小学校補習料が四時間から一八時間、高等小学校が二四時間から三六時間とされており、台湾のそれは小学科が尋常小学校の最大を、補習科は高等小学校の中間を指定していた。つまり、第四附属学校での教育は尋常小学校と高等小学校を掛け合わせたような、かなり進んだ内容であったことになる。

それは、教科内容にもいえることで、普通学務局長より府県知事に通牒（前掲同日）された「小学校各教科目毎週教授時間配当一例」と比較してみると、小学科で修身・体操が同じ時間数、読書・作文・習字が一時間少なく、算術で二時間乃至三時間少なくなっているにすぎない。これは、内地の学校と比べて少ないのは、修学年限との関係からみるべきであると思われるので、台湾における教育が劣っていたとはいえず、却って児童の発育に合わせた先駆的なものとみるべきであろう。しかし、補習科と高等小学校とはかなりの相違がみられる。

高等小学校と同じものは、修身と男子の体操だけで、それ以外は大幅に異なっていた。算術は、男女とも二時間少なく、裁縫にいたっては内地に比べて八時間も台湾の方が多くなっている。又、小学科の五年生と六年生で既に学ばせていたこともあり、高等小学校で学ぶ日本地理・日本歴史・外国地理・理科・図画・唱歌は補習科では課せられていなかった。このため、小学科五年生・六年生と比較する必要があるが、それによると日本地理・日本歴史・外国地理は男子が二時間・女子が一時間、唱歌で男女共一時間それぞれ少なく、却って理科は男女共一時間多くなっている。図画は、同じである。以上の結果、高等小学校についてみると総時間数では男女共に三〇時間であるのに比して、補習科では男子三〇時間・女子二八時間と女子教育での差別が極端に出ていることがうかがえるであろう。なかでも、裁縫に一二時間と内地に比べて八時間も多い時間を割いていることからみると、この差は単なる時間数だけのものではない。

これは、第二の点ともかかわってくるが、男子においても高等小学校とはかなりの違いがある。確かに総時間数では三〇時間と同じではあるが、そのなかに土語が八時間割かれていることからみて、実際の教科時間は二二時間であった。土語が課せられた分だけ、普通教育の時間が少なくなっており、女子の裁縫と同様に、全体としての普通教育時間数にかなりのひらきが生じていた。この土語とは、台湾語を指していることから、時間配分もかなりあった。男子の補習科で割り当てられた授業時間数は、一学年・二学年とも共通して毎週三〇時間（女子二八時間）であったが、その二六・六％にあたる八時間がこの台湾語教育に充てられていた。この八時間というのは、かなりの割合（読書八時間、作文・習字・算術・体操がそれぞれ三時間、修身二時間）であった。つまり、男女共補習科は実業教育的性格を強くもっていたことになろう。

総督府は、台湾住民に対して日本語教育を積極的に行うと同時に、統治支配の必要性から日本人に台湾語の習得を求めていたのである。総督府にとっては、台湾語を解せる通訳が不足しておりそれを早急に補うことはかなり困難であった。統治政策を徹底させるためにも、語学の障害は取り除かなければならない。土語教育は、かかる政策的要求から在台日本人男子児童に課せられた教育目標であった。しかし、このような多くの時間を割いて台湾語教育を行ったことから、後日内地教育を受けた者と台湾での教育を受けた者との学力差の問題が生じることになる。なお、ここで敢て「中国語」とせずに「土語」と表記されているのは、「中国語」を北京語系言語に用いてこれと区別する意味から福建語系と広東語系の住民が用いていた言語を一括して（厳密には、福建語、広東語乃至その混合が台湾で定着した言語と看做されることから、これを台湾語とすべきであろう）「土語」と表現したものと思われる。

(3) 阿片問題

台湾統治にとって、最初の大きな課題は阿片問題であった。そもそも、台湾統治に際して日本政府は内地同様に台湾における阿片禁止を基本方針にしていたが、その実行はかなり困難であった。清朝統治下において、福建巡撫王凱泰・閩浙総督何環・福建巡撫沈葆楨・台湾巡撫劉銘伝・台湾巡撫唐景崧等も烟賭の陋習を禁止すべくさまざまな施策を用いたものの全く効果はなく、却って厳禁政策が住民の強い反撥をまねいた経験から、台湾総督府も台湾島民のなかで阿片吸食の悪癖ある者に限って薬用としてこれを使用することを許可し、漸次吸食者を減らすという方針を用いざるを得なかった。この薬用阿片の製造を行うためには、それを製造する機関が必要になり明治二九年三月三〇日に勅令第九八号を以て台湾総督府製薬所官制を布告して、[32]「阿片其ノ他ノ製煉分析等」(同官制第四条)を目的として台湾総督府製薬所が設置されることになった。これに基づき、翌三〇年一月から台北城内西門街宿舎数棟が仮製造所に充てられ製膏に着手し、[33]製造の態勢が整えられたことから、同年一月二一日律令第二号を以て左の台湾阿片令を公布することになる。

台湾阿片令

第一条　本令ニ阿片ト称スルハ生阿片、阿片煙膏及粉末阿片ヲ云フ

第二条　阿片煙膏及粉末阿片ハ官ヨリ之ヲ売下クルモノトス

阿片又ハ阿片煙膏ト同一ノ効力ヲ生セシメンカ為阿片ノ成分ヲ含有セシメタル製剤ハ之ヲ輸入シ製造シ又ハ特許ヲ得スシテ之ヲ売買授受シ若ハ所有スルコトヲ得ス

第三条　阿片煙膏ハ阿片癮ニ陥リタリト認ムル者ニ限リ其購買及吸食ヲ特許シ鑑札ヲ付与ス
第四条　左ノ営業ハ之ヲ特許シ鑑札ヲ付与ス
　一　阿片煙膏ノ請売
　二　阿片煙吸食器具ノ製造販売
　三　阿片煙吸食器具ノ請売
　四　阿片煙吸食所ノ開設
　五　粉末阿片ノ卸売但薬剤師又ハ薬種商ニ限ル
第五条　医師、薬剤師、薬種商、製薬者ニ限リ官許ヲ得スト雖粉末阿片ヲ所有シ又ハ売買授受スルコトヲ得
第六条　第三条第四条ノ特許ヲ得タル者ハ特許料ヲ納ムヘシ其金額ハ府令ヲ以テ之ヲ定ム
第七条　阿片煙膏請売吸食又ハ阿片煙吸食所開設ノ特許ヲ得タル者ハ阿片煙吸食器具ヲ購買及所有スルコトヲ得
第八条　阿片煙膏請売ノ特許ヲ得タル者阿片煙膏購買吸食特許鑑札ヲ所持セサル者ニ阿片煙膏ヲ売渡シ若ハ譲渡シタルトキハ有期徒刑ニ処シ又ハ五千円以下ノ罰金ニ処ス
第九条　阿片煙吸食所開設ノ特許ヲ得タル者阿片煙膏購買吸食特許鑑札ヲ所持セサル者ニ吸食ノ場所又ハ器具ヲ供給シタルトキハ軽懲役ニ処シ又ハ二千円以下ノ罰金ニ処ス
第一〇条　阿片煙吸食器具ノ製造販売若ハ請売ノ特許ヲ得タル者阿片煙膏購買吸食特許鑑札又ハ阿片煙吸食所開設特許鑑札ヲ所持セサル者ニ阿片煙吸食器具ヲ売渡シ若ハ譲渡シタルトキハ軽懲役ニ処シ又ハ二千円以下ノ罰金ニ処ス

第一一条　生阿片、粉末阿片又ハ阿片煙膏ト同効力ノ製剤ヲ輸入シ又ハ製造シタル者ハ重懲役ニ処シ又ハ三千円以下ノ罰金ニ処ス
生阿片又ハ阿片煙膏ト同効力ノ製剤ヲ売買授受シ又ハ所有シタル者ハ四年以下ノ重禁錮ニ処シ又ハ千三百円以下ノ罰金ニ処ス
特許ヲ得スシテ粉末阿片ヲ卸売シタル者又ハ医師、薬剤師、薬種商、製薬者ニアラスシテ粉末阿片ヲ売買授受シ又ハ所有シタル者ハ罰前項ニ同シ
前三項ノ場合ニ於テハ其物品ヲ没収シ既ニ其物品ヲ売捌キタルトキハ其代価ヲ追徴ス

附　則

第一二条　本令ニ規定シタル阿片煙膏及粉末阿片ノ売下並特許鑑札ノ付与ハ便宜ニ従ヒ地方ヲ区画シ一地方毎ニ順次之ヲ行フコトヲ得
第一三条　本令施行ノ後ト雖本令ニ基キ特許鑑札ヲ付与セサル間ハ左ノ規定ニ従フ
一　従来阿片煙吸食ノ習慣アル者ニ限リ阿片煙膏及阿片煙吸食器具ヲ購買シ所有シ又ハ吸食スルコトヲ得
二　従来阿片煙膏又ハ阿片煙吸食器具ノ製造販売若ハ請売業ヲ営ム者ハ尚其業ヲ営ムコトヲ得
三　従来阿片煙吸食所ノ業ヲ営ム者ハ尚其業ヲ営ミ阿片煙吸食器具ヲ所有シ又ハ購入スルコトヲ得
四　営業者ニアラサル者ニ於テ従来所有スル生阿片、阿片煙膏又ハ阿片煙吸食器具ハ尚之ヲ所有シ又ハ営業者ニ売渡スコトヲ得
第一四条　特許鑑札ノ下付並阿片煙膏及粉末阿片ノ売下ヲ行ヒタル地方ニ於テハ特許鑑札ヲ有スル者ヲ除ク外各人所有ノ阿片及阿片煙吸食器具ハ之ヲ官ニ納ムヘシ官ニ於テ価ヲ有スル物品ト認メタルトキハ相当ノ

代価ヲ下付スヘシ

前項ノ規定ニ背キ官ニ納メサル者ハ一年以下ノ重禁錮ニ処シ又ハ三百五十円以下ノ罰金ニ処ス其阿片又ハ器具ハ之ヲ没収シ既ニ売捌キタルトキハ其代価ヲ追徴ス(34)

更に、三月四日府令第六号を以て全四三条からなる次の台湾阿片令施行規則が制定され、先ず四月一日から台北県下に施行され、次いで一二月一日に台湾全島で実施された。

台湾阿片令施行規則

第一章　阿片煙膏及吸食

第一条　官ニ於テ製造売下クル阿片煙膏ハ左ノ三等トス

一等阿片煙膏（大土製）

二等阿片煙膏

三等阿片煙膏

第二条　阿片煙膏ハ地方庁ニ於テ指定シタル阿片煙膏取次人ヲシテ阿片煙膏請売人ニ売下ケシムヘシ

第三条　台湾阿片令第三条ニ依リ阿片癮ニ陥リタル故ヲ以テ阿片煙膏購買吸食ノ特許ヲ得ントスル者ハ地方庁ニ於テ指定スル医師ノ証明書ヲ添ヘ地方庁ニ願出テ阿片煙膏購買吸食特許鑑札ヲ受クヘシ

第四条　前条ノ鑑札ヲ受ケタル者ハ左ノ区別ニ依リ特許料ヲ納ムヘシ

一等阿片煙膏購買吸食特許鑑札（紅色）

一等乃至三等阿片煙膏ノ購買吸食ヲ得ルモノ　　一箇月金三円

二等阿片煙膏購買吸食特許鑑札（藍色）

二等乃至三等阿片煙膏ノ購買吸食ヲ得ルモノ　一箇月金一円五十銭
三等阿片煙膏購買吸食特許鑑札（黄色）
三等阿片煙膏ノ購買吸食ヲ得ルモノ　一箇月金二十銭
（以下省略）(35)

こうして、台湾における阿片政策は先ず阿片を薬用として限定し、次いで阿片患者を特定し保護観察を加えることにより他の者への阿片吸食を防ぎ、他方で阿片業を営んでいた者に鑑札を付与することによって業者を特定して密売を禁止するとともに、その営業利益を保護することによって、漸次阿片の一掃を図らんとしたのである。前述の如く、台湾における阿片政策は清朝統治時代における早急な撲滅政策は彼らの強い反撥を受けて悉く失敗し統治政策そのものに大きな影響を及ぼしてきたという教訓から、懐柔策を基本とした政策を採用せざるを得なかった。しかし、如何に懐柔策とはいえ阿片吸食の悪弊を残すことは統治政策にとっても大きな弊害となることから、阿片患者と阿片業者を総督府の厳しい監視下においてその蔓延を阻止することを第一義にすることになる。特に、日本国内に阿片が浸透することと、渡台した日本人に阿片が広まることは、最も警戒しなければならない点であった。

勿論、国内世論は阿片撲滅論や厳禁論が大勢を占め政府にその実施を迫っていたが、台湾の現状から到底厳禁政策を用いることはできなかった。さらに、この阿片令が公布されたからといってその効力が直ちに出たわけでもない。阿片癮者を網羅し一六万九〇六四人の阿片吸食者に特許鑑札を付与できたのは、阿片令公布の三年後の明治三三年九月であり、さらに阿片吸食者の名簿が整理できたのは二年後の同三五年であったからにほかならない。一方で、阿片癮者の矯正の試みも続けられたが、その成果は昭和一九年末現在で阿片吸食特許者を一五一二人にまで減少させることになったものの、完全撲滅は達成できなかった。(36)

もっとも、かかる阿片政策を実施するためには予め外交的問題を解決しておかなければならなかった。清朝統治下の台湾では、欧州列国の阿片商人が阿片を台湾に輸出していたことから、明治二九年二月の阿片輸入禁止によってこれら列国の阿片商人が大きな損害を受け外交問題に発展したからにほかならない(37)。このため、政府は阿片輸入禁止の通知を発する以前に船積出帆したセールス号・フォルモサ号・コンモウ号と和記洋行の阿片を特許してその輸入買い上げをなすが、さらに該通知以前に契約をなした独国商人マンニッヒ商会の阿片を買い上げるとともに、投機的に所有した欧州阿片商人所有の阿片も買い上げ、次いで税関買い上げ価格によって生じた赤字の補填をも容認するという従属的外交的によって処理せざるを得なかった。

(4) 統治基盤の整備

理蕃政策としては、撫墾署の設置がある。台湾の山地には、日本と台湾でしか産出していない樟脳や有望な鉱山資源があり、総督府はその確保を目指した。しかし、これらの地域は台湾原住民の居住区域であることから、その確保のためには積極的に原住民とかかわらざるを得ないが、清朝統治期の漢民族支配下の時代においても困難であった対原住民政策は当面懐柔策を採らざるを得なかった。台湾総督府は、先ず清朝時代の劉銘伝が設置した撫墾局制度を参酌し、劉銘伝が行った「撫墾局ヲ設ケ其分局ヲ各蕃地ニ配置シ生蕃ヲ撫恤シ開墾ヲ奨励シ時ニ酋長ヲ会シテ酒肉ヲ饗シ或ハ弟子ニ言語学術ヲ教ユル等頗ル意ヲ教化ニ用ヰタリ(38)」との考えを踏襲して、普通行政と分離した独立の官衙を設置せんとした。

明治二九年三月三一日勅令第九三号により、次の台湾総督府撫墾署官制が布告され撫墾署が設置されることになる。

台湾総督府撫墾署官制

第一条　台湾総督府撫墾署ハ台湾総督ノ管理ニ属シ左ノ事務ヲ掌ル
一　蕃民ノ撫育、授産、取締ニ関スル事項
二　蕃地ノ開墾ニ関スル事項
三　山林、樟脳製造ニ関スル事項
第二条　各撫墾署ヲ通シテ左ノ職員ヲ置ク
主　事　八人　奏任
技　手　二十二人　判任
書　記　二十二人　判任
通訳生　十一人　判任
第三条　主事ハ各撫墾署長トナリ台湾総督府民政局長ノ指揮監督ヲ承ケ署中一切ノ事務ヲ管理ス
第四条　技手ハ署長ノ指揮ヲ承ケ署務ニ従事ス
第五条　書記ハ署長ノ指揮ヲ承ケ庶務ニ従事ス
第六条　通訳生ハ上官ノ指揮ヲ承ケ通訳ニ従事ス
第七条　撫墾署ノ名称、位置及其ノ管轄区域ハ台湾総督之ヲ定ム
附　則
第八条　本令ハ明治二十九年四月一日ヨリ施行ス(39)

これにより、五月府令第一二号によって叭哩沙撫墾署・大嵙崁撫墾署・五指山撫墾署・南庄撫墾署・林圯埔撫墾署・大湖撫墾署・東勢角撫墾署・恒春撫墾署・埔里社撫墾署・蕃薯寮撫墾署・台東撫墾署が設けられたが(40)、この官

制には矛盾があった。設置された撫墾署は一一署でありながら、撫墾署長となる主事の定員は八名であるためで、全ての撫墾署に署長を赴任させることができないからにほかならない。加えて、地方官官制の改正に伴い「従来総督ノ管理ニ属シ来リシ撫墾署ヲ県知事庁長ノ管理ニ移シ以テ地方弁務署トノ権衡ヲ保ツノ必要ヲ生ゼリ」(41)ことから、翌三〇年五月二七日勅令第一六三号を以て撫墾署官制は下記のように改正されることになる。

台湾総督府撫墾署官制

第一条　台湾総督府撫墾署ハ左ノ事務ヲ掌ル

一　蕃民ノ撫育、授産、取締ニ関スル事項

二　蕃地ノ開墾ニ関スル事項

三　蕃地ノ山林、樟脳製造ニ関スル事項

第二条　各撫墾署ヲ通シテ左ノ職員ヲ置ク

主　事	十一人	奏任
主事補	百四人	判任

第三条　主事ハ各撫墾署長トナリ知事、庁長ノ指揮監督ヲ承ケ署中一切ノ事務ヲ管理ス

第四条　主事補ハ署長ノ指揮ヲ承ケ庶務、技術、通訳ニ従事ス

第五条　撫墾署ノ名称、位置及管理区域ハ台湾総督之ヲ定ム

第六条　知事、庁長ハ台湾総督ノ認可ヲ経テ須要ノ地ニ撫墾署ノ出張所ヲ置クコトヲ得(42)

この改正の最も大きな点は、撫墾署に対する監督権であった。旧官制では第一条で「撫墾署ハ台湾総督ノ管理」とされていたがこれが削除され、さらに第三条で各撫墾署長となる主事は旧官制では「民政局長ノ指揮監督ヲ承

ケ」となっていたのを、「知事、庁長ノ指揮監督ヲ承ケ」と改められた。この改正は、地方行政機構の充実と権限拡大に伴う台湾総督府地方官官制の改正と同質のものとみられる。又、この改正稟議案によると、「主事ハ撫墾署ノ数、従来十一箇所ナルニ拘ハラス兼務者ヲ差引キ八人ヲ定員トシタルヲ改メテ十一人ト為シ、又従来書記、技手、通訳ノ名義ヲ附シタル判任官ヲ悉ク主事補ニ改メ而シテ更ニ業務拡張ノ目的ヲ以テ出張所ヲ置ク[43]」とのことから、細部における改正がなされたのであった。主事は実態に合わせて一一人に増員され、さらに書記・技手・通訳生の名義を廃止して主事補に一括して五五人の定員をほぼ倍の一〇四人に増員して組織の拡大を図っている。

又、第一条第三項の管掌事項に旧官制が「山林樟脳製造ニ関スル事項」と分掌が不明確であったのを「蕃地ノ」を加筆することによって、撫墾署の目的をより明確に定めている。そして、第六条を加えることによって「各撫墾署ハ広漠タル土地ヲ支配シ概シテ蕃社ヲ距ル遠隔ナルカ故ニ蕃界若ハ蕃社内恰当ノ地」に出張所を設けることになり、五指山撫墾署に十股庄出張所・内湾出張所・上坪出張所・大河底出張所が、大湖撫墾署に獅潭底出張所・八角林出張所・水尾出張所・南湖出張所が、南庄撫墾署に加礼出張所・大東河出張所を、叭哩沙撫墾署に天送埤出張所と白米庄出張所を、東勢角撫墾署に大茅埔出張所を、埔里社撫墾署に蜈蚣崙出張所を、台東撫墾署に花蓮港出張所を、大嵙崁撫墾署に屈尺出張所を、恒春撫墾署に内埔出張所がそれぞれ開設された[44]。

もっとも、撫墾署は「弁務署と同一地に重複設置せらるゝもの尠からざる[45]」ため、設置当初から弁務署との関係が問題となっていた。さらに、山林樟脳についても、この官制の改革によって「蕃地」と限定されたことから撫墾署の管轄が明確になった反面、却って「蕃地」以外の山林樟脳の製造についての取扱が問題となる。新竹県知事が民政局長に照会した「蕃地ニ属セザル山林樟脳製造ニ関スル事務全然撫墾署ノ支配ヲ離レ地方庁ニ於テ管理スベキ儀ト被存候処管内蕃地ニ属セザル山林ニシテ樟脳ノ製造スルモノ極メテ多シ[46]」とあるように、却って問題を大きくしていたことが分かる。撫墾署は、撫育では「蕃人が来署する毎に簡易な作法を教へ、或は署員に敬礼せしめ、又は洗面入浴等を習はしめ」たり、「林圯埔撫墾署の如きは蕃地内の派出所で蕃人の化育、授産の実務に当らしめ、或は蕃童を署に招来し、定式の教育を試(47)」みるという僅かな成果を挙げたに留まり、撫墾署の成績としてみるべきものもなく、結局早晩廃止される運命にあった。

この他の特筆すべきものとしては、運輸交通・新高山改称があげられよう。海運では、この年の三月で御用船と基隆・打狗間を月三回往復させていた伊万里運輸会社所属船(48)を廃止する一方で、台湾総督府命令航路として明治二九年五月一日から内地台湾間定期航路の鼻祖となる大阪—神戸—鹿児島—大島—沖縄—基隆間は、翌三〇年四月一日より台湾直航線（神戸—宇品—門司—長崎—基隆、月三便）・沖縄経由台湾線（神戸—鹿児島—大島—沖縄—基隆・神戸—門司—三角—沖縄—基隆・神戸—鹿児島—沖縄—八重山—基隆の三線、月三便）・台湾東廻沿岸線（基隆—蘇澳—花蓮港—卑南—南湾—車城—打狗—安平—澎湖島—基隆、月三便）・台湾西廻沿岸線（基隆—澎湖島—安平—打狗—車城—南湾—卑南—花蓮港—蘇澳—基隆、月三便）・基隆支線（基隆—淡水—大安—塗葛窟、月四便）の五線を開いた(49)。又、明治二九年八月一九日に基隆出張所を開設していた日本郵船株式会社も、総督府と強く結びついた大阪商船に対抗して翌三〇年四月から神戸—門司—基隆航路の台湾総督府命令航路（月二回）を新設している(50)。

鉄道では、清朝時代に敷設されていた基隆—台北—新竹間の鉄道を二九年七月から営業運転させていたが、翌三〇年四月一日より陸軍臨時台湾鉄道隊からその業務が民政局に移管され(51)、ここに台湾鉄道事業が本格的に開始されることになった。

台湾最高峰のモリソン山は、明治三〇年六月二七日天皇が参謀本部に新高山に改称すべき旨を沙汰し、翌日徳大寺実則侍従長がその旨を高嶋拓殖相に通知(52)し、ここに「新高山」の名称が生まれたのである。

このように、明治三〇年の台湾統治は、対外領土拡張主義による植民地支配という本質的問題を根本原因としつつ、その必然的結果としての諸矛盾が噴出し、それらの症状として官吏の汚職から堕落・悪行が起こった時期であった。天皇の文官総督制導入論や高野孟矩免官事件は、帝国憲法が本質的に抱えていた矛盾が表出したものであり、総督府官吏の疑獄や腐敗は藩閥支配と植民地官吏の実態を露呈したものであり、設置から僅か一年半程で廃止された拓殖務省問題は中央政府に統治能力が殆どなかったことを示したものといえよう。

二　台湾総督府官制の制定と文官総督制問題

明治三〇年は、台湾統治史上大きな転換点になり得た秋であった。それは、台湾総督府地方官官制の改正に伴い、台湾総督府条例に代わって台湾総督府官制が制定されたからにほかならない。しかし、台湾総督府官制の制定すら容易になされたものではなかった。

後述の如く、台湾総督府は台湾総督府地方官官制の布告後に中央統治組織たる台湾総督府の組織を改革すべく七月二〇日に台湾総督府官制の制定案を決定して拓殖務大臣に稟議している。この稟議に基づき、政府は概ね総督府案に沿って七月二六日に閣議決定をしていた。だが、台湾総督府官制は一〇月一三日になってやっと勅令第三六二号(53)として公布されている。総督府が七月二〇日に官制案を決定し、政府も同月二六日に閣議決定していたものが、なぜ三ヶ月近くも遅れて公布されたのであろうか。実は、そこには帝国憲法の本質的矛盾と天皇と軍との軋轢があった。

ここで、『明治天皇紀』の記述をみることにする。同紀の明治三〇年一〇月二日・同五日・同九日の各条に、次のような記述がある。

一〇月二日の条
是れより先、台湾総督男爵乃本希典台湾総督府官制案に意見を付して上る、叡覧の後、之れを内閣総理大臣伯爵松方正義に付す、是の日更に叡覧あらせられんとし、侍従長侯爵徳大寺実則をして正義に牒して之れを返上せしめらる(54)

一〇月五日の条
是の月一日、閣僚等海軍大臣侯爵西郷従道邸に参集、台湾総督府官制制定のことを議す、二日、陸軍大臣子爵高島鞆之助其の案を携へて参内し、詳かに之れを奏上す、尚聖旨に愜はざるものあり、仍りて内閣総理大臣伯爵松方正義を召して親しく旨を諭したまはんとし、侍従長侯爵徳大寺実則をして之れを告げしむ、偶〻正義病あり、参朝する能はず、実則に依りて奏請して曰く、台湾総督府官制は陸海軍に関すること多きを以て、陸海軍大臣を召して御沙汰あらせられんことをと、天皇曰く、然らず、拓殖務省既に廃せられ、台湾総督府は内閣総理大臣の管轄に属す、先づ管轄外の大臣に諮るの理なし、正義病あらば其の参朝を待たんと、是の日実則、書を以て之れを正義に報じ、病軽快に及ばば速かに参朝すべしと告ぐ(55)

一〇月九日の条
内閣総理大臣伯爵松方正義に謁を賜ひ、曩に上る所の台湾総督府官制案を下附し、親しく旨を告げ、速かに案を決定して上奏せしむ、是の時に当り、閣臣統一を闕き、政策一に帰せず、正義其の進止に就き頗る苦慮する所あり、乃ち侍従長侯爵徳大寺実則を訪ひ、其の苦衷を愬ふ、曰く、台湾総督の任、将官又は文官を以て任用のことに就きては、既に京都御駐輦中親しく命を拝せり、然るに之れを閣議に諮る、衆議紛々今に至りて決するなし、聖旨に背くこと大なり、是れ予が微力の致す所、恐懼惜く能はざるなり、客歳優詔を拝するや、自ら省みて再三固辞したてまつる、聴されず、纔かに大命を拝すと雖も、今や内外頗る多端、予亦老いたり、陛下予を以て其の任にあらずと為したまはば、速かに之れを免じ、侯爵伊藤博文・同山県有朋・伯爵井上馨等を以て代へたまふも亦可なり、予自ら辞表を奉呈せざるも、敢へて其の地位に懇々たるものにあらず、我が進退は一に聖旨にあり、請ふらくは卿聖旨を候して内々告ぐる所あれと、涕泣して語る(56)

とある。台湾総督府官制をめぐる『明治天皇紀』のこの記述は何であったのであろうか。

これを知るために、事実関係を検討する必要があろう。先ず一〇月二日の条では、第一に乃木総督が「是れより先、台湾総督府官制案に意見を付して上る」ということから、乃木が官制案を天皇に捧呈した日にちが問題となるが、『明治天皇紀』によると京都御所に居た天皇に乃木が拝謁したのは、台湾総督府が官制案を決定した七月二〇日から帰台帰任のため八月一五日に東京を出発(57)して帰任途中京都に寄る迄の間で、八月二日と同一六日の二回であったこと、第二はこの二回の中のいずれかの時に官制案を乃木が天皇に捧呈したこと、第三が乃木謁見の後に天皇から松方首相に官制案が返上させられたことが判る。この間の松方の拝謁は、八月三日・二四日・二六日・二八日・三〇日の五回であったが、『明治天皇紀』の八月三〇日の条に官制案に対して「曩に京都御所に在すの時、旨を内閣総理大臣伯爵松方正義に授け、官制を考定せしむ(58)」とあることから、松方への返上は天皇が京都より東京に還幸した八月二三日以前であったことになろう。このことからみると、乃木の捧呈後松方に返上されたことから、それは八月三日ではなかったかと推測されよう。次の一〇月二日に天皇は「叡慮あらせられんとし、侍従長侯爵徳大寺実則をして正義に牒して之れを返上せしめらる」とあることから、それ以前に上奏された官制案に天皇は同意できず差し戻していることが判る。

一〇月五日の条では、一〇月一日に西郷従道海軍大臣邸に参集した閣僚が官制案について協議しその結果を高嶋鞆之助陸軍大臣が翌二日に奏上したが、「尚聖旨に愜はざるものあり」たるため、松方を召して「親しく旨を諭さんとして徳大寺を松方のもとに差遣するが、「偶〻正義病あり、参朝する能はず」ことから「台湾総督府官制は陸海軍に関すること多きを以て」陸海大臣を召して沙汰されんことを求めたが、天皇は「拓殖務省既に廃せられ、台湾総督府は内閣総理大臣の管轄に属す、先づ管轄外の大臣に諮るの理なし」と陸海軍大臣がこの問題に深く係わることを不快に思っている旨を松方に伝えていた。天皇の主張は理論的には正当であったが、その底意には横暴な陸海軍への憤懣があったことがうかがわれよう。又、一〇月九日の条では、「是の時に当り、閣臣統一を闕き、政策一に帰せず、正義其の進止に就き頗る苦慮する」松方は、辞表をほのめかす。それは「既に京都御駐輦中親しく命を拝」していながら、松方の指導力不足から「閣議に諮る、衆議紛々今に至りて決するなし、聖旨に背くこと大なり」のためであった。閣内の紛議が、松方内閣を辞職に追い込んでいく。

松方をしてかくなる状況に陥らせたのは、閣議が天皇の「聖旨」に従った決定をしなかったことにあるが、それは台湾総督府官制改正に際して天皇が文官総督制の導入を指示したことに起因する。ここでの「聖旨」とは、まさに文官総督制導入を指していた。乃木の官制改正案奏上を機に、天皇は武官総督制を廃して文官総督制の導入を図らんとして松方に指示、松方もまた天皇の意を受けて閣議に同意を求めるものの、陸海軍大臣の反対により閣議の承認を得られず、結局八月三日以降政府部内は文官総督制をめぐって延々と粉糾することになる。台湾総督府官吏の疑獄事件や腐敗の原因に、天皇の委任を受けた監督権者としての総督の能力的問題にあると考えた明治天皇は、有能な人材を求めることが台政刷新に不可欠であるとして文官総督制の導入を松方に命じたのである。しかし、統帥権の独立という憲法上の理由から陸海軍は頑に文官総督制を拒否する。ここに、天皇と軍との軋轢が生じたのであった。

そもそも、文官総督の議論は日清戦後の対外戦略における軍備拡張政策が推進されていくなかで、古参の将官が欠乏して陸海軍大将乃至中将から総督の適任者を選考するのが困難な状況にあったという背景が、直接的要因である。勿論、その根底には民政を主軸とする異民族支配の行政機関の責任者に、民政事務や一般行政事務に不得手な軍人が総督となって統治ができるのかといった、武官総督制に対する実質的で本質的な疑義あったことはいうまでもない。この点を軫念した天皇が、「台湾総督の任たるや、文武の職を奉じ、上下望を属す、統治の責任係りて其の人にあり、識見技能の卓越する者にあらずんば、能く其の任に堪へず、仍りて任用の範囲を広め、文武を問はず、親任に依りて博く適材を求めて之れを採用するに如かず[59]」として、文官総督制による官制案を考定させる。

だが、文官総督には軍隊指揮権がなく非常時に対処するのに大きな弊害があるとして、陸海軍大臣の異論により閣議は容易に決定することができずに二案を草して上奏するが、天皇はこれを却下し改めて八月三〇日徳大寺侍従長を通じて松方首相に「総督を親任官とし、文官之れに任ぜらるゝ時は、軍隊を指揮するを得ざるを以て、別に武官の職を設け、陸海軍中将を之れに補して軍隊を監督せしめ、非常事変あるに際しては、総督をして武官と議り、軍隊を動作せしむる事を得べきか、又武官之れに任ぜらるゝ時は現条例にて不可なきや」とした聖旨覚書を下し、閣議の決定に異議を唱える。この日、天皇は松方と二時間にわたって話し合っているように、天皇の意志は鞏固であった。天皇の強い意志に従って松方は再度これを閣議に諮るが、閣議は再度文官総督について検討するものの、陸海軍大臣は頑にこれを拒否し決定することができなかった[60]。

だが、文官総督制の導入に固執する天皇は、九月二九日徳大寺侍従長を川上操六参謀本部次長の許に差遣し、

「文官総督たるときは、司令長官を置き、中将を以て之れに補し、非常時の変に応ぜしむることと為すは如何」と説くが、川上は「文官総督にして毫も支障なかるべし、然れども現行の如く武官総督なるも、亦敢へて不都合なかるべし」(61)と奉答して、現行の武官総督という既得権を固守して飽く迄も文官総督制導入に反対していた。

松方は、翌三〇日天皇にかかる軍の意嚮を踏まえた奏上を行うが(62)、松方の奏上は文官総督制の導入に際しては軍を説得する以外に方法はないとする考えを示したものであった。それは、一〇月二日天皇が小松宮彰仁参謀総長・川上参謀本部次長・高嶋陸相と謁見しているからであり、その際に高嶋陸相が総督府官制について奏上していたからにほかならない(63)。しかし、天皇は却って軍の主張を認めず、文官総督制導入を執拗に求めていく。だが、陸海軍の頑な態度に憤懣を抱く天皇ではあったが、それによって松方が苦境に陥ったことから天皇も妥協せざるを得ず、遂に一〇月一三日台湾総督府官制の制定を裁可することになった。

統帥権独立問題は、後日の統帥権干犯問題を待たず、憲法制定から僅か八年にして重大な局面を迎え、最高権力者たる天皇の大権をも侵犯する存在としての軍が生まれていたのであった。日清戦争の勝利によって社会的認知を受けた軍は、さらに偉大なる英雄的存在として擡頭してきていた。当時の国内輿論をみても、後述の如く軍を聖域化する風潮が充満してきており、政府に肉薄していた言論界と雖も軍批判は容易ではなく、況んや前述の川上操六の奉答は驕傲な軍の態度を露したものでもある。仮に優れた軍の指導者であっても、それが何故に優れた行政官たり得るのかとの問いに、軍は何等答えていない。結局、文官総督制の実現は、軍の威圧が低下した大正デモクラシーの出現を待たなければならなかったのである。抑々、文官総督制が思考されたのは乃木希典という無能な将軍が総督になり総督府官吏を全く統括できず、総督府をして腐敗堕落させたことにあった。つまり、無能な軍人が総督になったことから生じた問題を、何等本質的に解決し得ずに既得権にしがみついた軍の横暴で結末を迎えることになる。軍人が全てに万能だとする思い上がりが、既にこの時期に出ていたことは留意しておくべきであろう。それが、特に昭和期の悲惨な歴史の遠因になったことはいうまでもない。その結果、場所は異なるがアジア太平洋戦争の終戦直後の朝鮮で混乱を引き起こし、朝鮮居留日本人の顰蹙を買った阿部信行朝鮮総督のような無恥無能の人物を生みだすことになった。

さて、この問題を文書からみてみると次のようになる。台湾総督府官制を決定した閣議案は、

〔欄外〕「局甲五一」　「法制局閣第四六〇号」（朱印）

明治三十年　月　日　内閣書記官

内閣総理大臣　花押（松方正義）　内閣書記官長　朱印（平山）

外務大臣　朱印（大隈）　内務大臣　花押（樺山資紀）　大蔵大臣　陸軍大臣　花押（高嶋鞆之助）

海軍大臣　花押（西郷従道）　司法大臣　花押（清浦奎吾）　文部大臣　花押（蜂須賀茂韶）

農商務大臣　逓信大臣　花押（野村靖）　黒田議長　花押（黒田清隆）

台湾総督府官制制定ノ件別紙ノ通閣議決定相成可然ト認ム

勅　令　案

朕台湾総督府官制ヲ裁可シ茲ニ之ヲ公布セシム

御名　御璽

明治三十年十月十三日

内閣総理大臣

海軍大臣

陸軍大臣

勅令第三百六十二号

別紙ノ通

〔別紙〕

台湾総督府官制

第一条　台湾総督府ニ台湾総督ヲ置ク

総督ハ台湾及澎湖列島ヲ管轄ス

第二条　総督ハ親任トス陸海軍大将若ハ中将ヲ以テ之ニ充ツ

第三条　総督ハ委任ノ範囲内ニ於テ陸海軍ヲ統率シ内閣総理大臣ノ監督ヲ承ケ諸般ノ政務ヲ統理ス

第四条　総督ハ軍政及陸海軍軍人軍属ノ人事ニ関シテハ陸軍大臣若ハ海軍大臣、防禦作戦並動員計画ニ関シテハ参謀総長若ハ海軍軍令部長、陸軍軍隊教育ニ関シテハ監軍ノ区処ヲ承ク

第五条　総督ハ其ノ職権若ハ特別ノ委任ニ依リ総督府令ヲ発シ之ニ禁錮一年以下又ハ罰金二百円以内ノ罰則ヲ附スルコトヲ得

第六条　総督ハ其ノ管轄区域内ノ防備ノ事ヲ掌ル

第七条　総督ハ其ノ管轄区域内ノ安寧秩序ヲ保持スル為メニ必要ト認ムルトキハ兵力ヲ使用スルコトヲ得

前項ノ場合ニ於テハ直ニ内閣総理大臣陸軍大臣海軍大臣参謀総長及海軍軍令部長ニ之ヲ報告スヘシ

第八条　明治二十九年法律第六十三号第二条又ハ第四条ノ勅裁ヲ請フトキハ内閣総理大臣ヲ経由スヘシ

第九条　総督ハ必要ト認ムル地方内ニ於テ其ノ地ノ守備隊長若ハ駐在武官ヲシテ民政事務ヲ兼掌セシムルコト

ヲ得

第十条　総督ハ知事若ハ庁長ノ命令又ハ処分ニシテ成規ニ違ヒ公益ヲ害シ又ハ権限ヲ犯スモノアリト認ムルトキハ其ノ命令又ハ処分ヲ停止シ又ハ取消スコトヲ得

第十一条　総督ハ所部ノ官吏ヲ統督シ奏任文官ノ進退ハ内閣総理大臣ヲ経テ之ヲ上奏シ判任官以下ハ之ヲ専行ス

第十二条　総督ハ内閣総理大臣ヲ経テ所部文官ノ叙任叙勲ヲ上奏ス

第十三条　総督ハ所部文官ヲ懲戒ス其ノ勅任官ニ係ルモノ并ニ奏任官ノ免官ハ内閣総理大臣ヲ経テ上奏シ其ノ他ハ之ヲ専行ス

第十四条　総督府ニ総督官房ヲ置ク

総督官房ニ副官二人及専任秘書官二人ヲ置ク機密事務及文書ノ取扱ヲ掌ル

副官ハ陸海軍佐尉官ノ内各一人ヲ以テ之ニ充ツ

秘書官ハ奏任トス

第十五条　総督府ニ陸軍幕僚海軍幕僚民政局財務局ヲ置ク

陸海軍幕僚条例ハ別ニ之ヲ定ム

第十六条　訂〔総督府民政局ハ行〕（民政局ハ民）政及司法ニ関スル一般ノ事務ヲ掌ル

第十七条　訂〔総督府財務局ハ〕（財務局ハ）財務ニ関スル事務ヲ掌ル

第十八条　各局中ノ部課ハ総督之ヲ定ム

第十九条　総督府ニ左ノ職員ヲ置ク

民政局長
財務局長
事務官
参事官
技　師
通訳官
属
技　手
通訂〔訳〕（訳官）補

第二十条　民政局長財務局長ハ各一人勅任トス総督ノ命ヲ承ケ局務ヲ整理ス

第二十一条　事務官ハ専任十八人勅任又ハ奏任トス民政局又ハ財務局ニ属シ総督又ハ局長ノ命ヲ承ケ各部課ノ事務ヲ掌ル

第二十二条　参事官ハ専任二人勅任又ハ奏任トス総督又ハ民政局長ノ命ヲ承ケ審議立案ヲ掌リ及臨時命ヲ承ケ各部課ノ事務ヲ助ク

第二十二条　技師ハ二十人奏任トス上官ノ命ヲ承ケ技術ニ関スル事ヲ掌ル

第二十四条　通訳官ハ専任二人奏任トス上官ノ命ヲ承ケ文書翻訳及通訳ノ事ヲ掌ル

第二十五条　属、技手及通訳訂〔補ハ通〕（官補ハ通）シテ三百人判任トス上官ノ指揮ヲ承ケ庶務技術及通訳等ニ従事ス

補〔附　則〕

訂〔附　則〕（第二十六条　本令ハ明治三十年十一月一日ヨリ施行ス）

第二十訂〔六〕（七）条　明治二十九年勅令第八十八号台湾総督府条例同年勅令第九十号台湾総督府民政局官制同年勅令第百十六号台湾総督府軍務局官制并ニ同年勅令第百六十九号台湾総督府民政局臨時土木部官制ハ本令施行ノ日ヨリ之ヲ廃止ス

（内閣用閣議提案用紙及び一〇行×2朱罫紙五枚に墨筆）

である。

ここで注目したいのは、第一は閣議提案用紙に日付の記載がないこと、第二が天皇の裁可は一〇月一三日であること、第三は裁可の日付と勅令番号の記載は朱筆であること、第四は副署は内閣総理大臣・海軍大臣・陸軍大臣であることである。第一の理由は判らないが、第二は通例の標記であり特に問題はないが、第四は注意すべきであろう。副署が内閣総理大臣の他が陸海軍大臣で拓殖務大臣が除外されていることから、該閣議書は拓殖務省廃止後に起案されたことを示しているからである。つまり、第二と第四から、該閣議書の作成は九月二日以降一〇月一三日の間であったことになる。第一の閣議提出乃至決定日の未記載を踏まえ、天皇と軍との軋轢を考慮するならば、七月二六日には閣議決定していた官制案は、天皇との関係から二転三転して書き直されたものであったとの推測が成り立つ。そのため、敢えて閣議決定の日付を記入しない閣議書があっても不思議ではない。

そこで、この問題を解明するために台湾総督府文書に綴られている七月二〇日の台湾総督府の官制原案と七月二六日の閣議決定案をみる必要があろう。台湾総督府では、七月二〇日に台湾総督府官制案とこれに伴う台湾総督府職員官等俸給令案・関係勅令改正案・台湾総督府臨時土木部官制案・台湾総督府臨時土木部長及事務官官等俸給令案を決定し拓殖相に稟議していた。この原案に対して、政府が閣議決定したことから台湾総督府官制と台湾総督府職員官等俸給令及び関係勅令改正の内容を曽根民政局長が七月二六日総督府に通知してきたのである。前者が『明治三〇年台湾総督府公文類纂』１２２文書（一二一—97—A—2—1—1—0—2）の第一三文書「台湾総督府官制、台湾総督府職員官等俸給令、台湾総督府臨時土木部官制及台湾総督府臨特土木部長及事務官官等俸給令改正」(64)であり、後者が同じ簿冊の第二一文書「台湾総督府官制外二勅令案台湾総督府職員官等俸給令閣議決定通知」である。なお、第二一文書件名中原本目次には「官制外二勅令案」とあるが、実際に綴られているのは加筆した「台湾総督府職員官等俸給令」のみで、他の一件は綴られていない。

まず、第一三文書をみると、

〔A文書〕

明治三十年七月二十日

総督　朱印（乃木希典）　民政局長　花押（曽根静夫）　参事官　朱印（大島）

出秘第二十号

官制改正稟議案

台湾総督府官制外勅令案四件制定ノ必要ヲ認メ候ニ付御発布相成候様致度此段及稟議候也

年　月　日　　　　総　督

拓殖務大臣宛

（台湾総督府用一三行×２茶罫紙一枚に墨筆）

〔B文書〕

台湾総督府官制

第一条　台湾総督府ニ台湾総督ヲ置ク親任トス陸海軍大将若クハ中将ヲ以テ之ニ充ツ

第二条　総督ハ台湾島及澎湖列島ヲ管轄ス

第三条　総督ハ委任ノ範囲内ニ於テ陸海軍ヲ統率シ拓殖務大臣ノ監督ヲ承ケ諸般ノ政務ヲ統理ス

補〔第四条　総督ハ削〔府内〕軍政及補〔陸海軍軍人軍属ノ〕人事ニ関シテハ陸海軍大臣、防禦作戦并ニ動員計画ニ関シテハ参謀総長若クハ海軍軍令部長補〔陸軍〕軍隊教育ニ関シテハ監軍ノ区処ヲ受ク〕

第訂〔四〕（五）条　総督ハ其ノ職権若クハ特別ノ委任ニ依リ総督府令ヲ発シ之ニ禁錮一年以下又ハ罰金弐百円以内ノ罰則ヲ附スルコトヲ得

第訂〔五〕（六）条　総督ハ其ノ管轄区域内ノ補〔守備〕防備ノ事ヲ掌ル

第訂〔六〕（七）条　総督ハ其ノ管轄区域内ノ安寧秩序ヲ保持スル為ニ必要ト認ムルトキハ兵力ヲ使用スルコトヲ得

前項ノ場合ニ於テハ総督ハ直ニ陸軍大臣海軍大臣拓殖務大臣参謀総長及海軍軍令部長ニ通報スルモノトス

第訂〔七〕（八）条　総督ハ必要ト認ムル地域内ニ於テ其ノ地ノ守備隊長若クハ駐在武官ヲシテ行政事務ヲ兼掌セシムルコトヲ得

第訂〔八〕（九）条　総督ハ知事若クハ庁長ノ命令又ハ処分ノ成規ニ違ヒ公益ヲ害シ又ハ権限ヲ犯スモノアリト認ムルトキハ其ノ命令又ハ処分ヲ停止シ又ハ取消スコトヲ得

第訂〔九〕（十）条　総督ハ所部ノ官吏ヲ統督シ奏任文官ノ進退ハ拓殖務大臣ニ由リ内閣総理大臣ヲ経テ之ヲ上奏シ判任官以下ハ之ヲ専行ス

第訂〔十〕（十一）条　総督ハ拓殖務大臣ニ由リ内閣総理大臣ヲ経テ所部文官ノ叙任叙勲ヲ上奏ス

第訂〔十二（十二）条　総督ハ所部文官ヲ懲戒ス其ノ勅任官ニ係ルモノ並ニ奏任官ノ免官ニ係ルモノハ拓殖務大臣ニ由リ内閣総理大臣ヲ経テ上奏シ其ノ他ハ之ヲ専行ス

削〔第十訂〔二〕（三）条　総督事故アルトキハ民政ニ関スル事項ニ付テハ事務官長軍訂〔務〕【訂〔政〕（政務）】ニ関スル事項ニ付テハ補（各）参謀長ニ其補（ノ）職務ヲ代理セシムルコトヲ得〕

第十訂〔三〕（訂〔四〕（三））条　総督ハ総督府中民政事務ヲ分掌セシムル為官房及部課ヲ置クコトヲ得

第十訂〔四〕【訂〔五〕（四）】条　総督府ニ訂〔総督〕（陸軍）幕僚補（及海軍幕僚）ヲ置ク其ノ条例ハ別ニ之ヲ定ム

第十訂〔五〕【訂〔六〕（五）】条　総督府ニ左ノ民政職員ヲ置ク

事務官長
事務官
参事官
秘書官
技　師
削〔衛生巡察官〕
通訳官
属

技手

削〔衛生巡察〕

通訳

第十訂〔六〕【訂〔七〕（六）】条　事務官長ハ一人勅任トス総督補（ノ命）ヲ訂〔佐〕（承）ケ行政及司法ニ関スル事務ヲ整理シ削〔各〕部補（課）ノ事務ヲ監督ス

第十訂〔七〕【訂〔八〕（七）】条　事務官ハ専任二十人勅任又ハ奏任トス総督訂〔ノ〕（ノ）命ヲ承ケ各部課ノ事務ヲ掌理ス

第十訂〔八〕【訂〔九〕（八）】）条　参事官ハ専任二人勅任又ハ奏任トス総督ノ命ヲ承ケ審議立案ヲ掌リ又ハ臨時命ヲ承ケ各部課ノ事補（務）ヲ助ク

第訂〔十九〕（訂〔二十〕（十九））条　秘書官ハ専任二人奏任トス総督ノ命ヲ承ケ機密事務ヲ掌リ又ハ臨時命ヲ承ケ各部課ノ事務ヲ助ク

第二十補（削〔一〕）条　技師ハ訂〔十四〕（二十）人奏任トス上官ノ命ヲ承ケ技術ニ関スル事ヲ掌ル

削〔第二十訂〔一〕（二）条　衛生巡察官ハ専任二人奏任トス上官ノ命ヲ承ケ衛生巡察ノ事ヲ掌ル〕

第二十訂〔訂〔二〕〕（訂〔三〕（一））条　通訳官ハ専任二人奏任トス上官ノ命ヲ承ケ文書翻訳及通訳ノ事ヲ掌ル

第二十訂〔三〕【訂〔四〕（二）】条　属訂〔ハ二百人〕（技手通訳ハ通シテ三百十五人）判任トス上官ノ指揮ヲ承ケ庶務補（技術通訳等ニ）ニ従事ス

補（各官ノ定員ハ総督之ヲ定ム）

削《第二十訂〔四〕（五）条　技手ハ二十人判任トス上官ノ指揮ヲ承ケ技術ニ従事ス》

削《第二十訂〔五〕（六）条　衛生巡察ハ五十人判任トス上官ノ指揮ヲ承ケ衛生巡察ニ従事ス》
削《第二十訂〔六〕（七）〕条　通訳ハ二十人判任トス上官ノ指揮ヲ承ケ通訳ニ従事ス》

附　則

第二十訂〔七〕【訂〔八〕（訂〔四〕（三）】条　明治二十九年勅令第八十八号台湾総督府条例訂〔及〕（并）仝年勅令第九十号台湾総督府民政局官制訂〔八〕（同年勅令第百十六号台湾総督府軍務局官制並同年勅令第百六十九号台湾総督府民政局臨時土木部官制ハ）本令施行ノ日ヨリ之ヲ廃止ス

（台湾総督府用一三行×2茶罫紙四枚に墨筆）

〔C文書〕

台湾総督府訂〔条例改正〕（官制制定）理由

従来台湾総督府ニ民政軍務ノ二局ヲ置キ総督ノ命ヲ承ケ各局長ヲシテ其主任ノ事務ニ当ラシメタルモ民政ニ付テハ地方官官制ノ改正ニ依リ従来民政局ニ於テ取扱ヒタル行政事務モ之ヲ地方庁ニ移シ総督府ハ単ニ一般行政ノ計画ト監督トニ当ルノ目的ナルヲ以テ特ニ一局ヲ置クノ必要ヲ認メス且中間措段ノ多々ナルハ事務ノ敏捷ヲ欠クノ虞アルカ故ニ民政局ヲ廃シ同局ノ各部ヲ総督ニ直隷シ別ニ事務官長ヲ置キ総督補佐ノ責ニ当ラシメ以テ其目的ニ副ハシメントス又軍務ニ付テモ其事務タル主トシテ土匪鎮圧等作戦ノ計画ニ係リ日常ノ事務ハ僅カニ其一部ニ過キサルヲ以テ軍務局ヲ廃シ補（新ニ）幕僚ヲ置キ以テ作戦計画ノ敏活ヲ謀ラントス
総督府令ニ禁錮一年以下又ハ罰金二百円以内ノ罰則ヲ附スルコトヲ得セシメントスルハ従来ノ実験ニ徴シ府令ノ罰則軽キニ過キ其効果ヲ完フスルコトヲ得サル場合アルヲ認メタルカ為メニシテ其他衛生削〔巡察官、衛生巡察〕、通訳官ヲ新設シタルハ一ハ補（本島）阿片ニ関スル取締上其他一般衛生ニ関シ其必要ヲ認メ一ハ公文書ノ翻訳等技能最モ秀俊ナル通訳者ヲ要スルカ為メナリ

（台湾総督府用一三行×2茶罫紙一枚に墨筆）

〔D文書〕

台湾総督府職員官等俸給令

第一条　台湾総督府高等文官ノ官等ハ高等文官官等表ニ依ル

第二条　台湾総督ノ年俸ハ六千円事務官長ノ年俸ハ四千円又ハ四千五百円勅任事務官訂〔同〕（勅任）参事官ノ年俸ハ三千円又ハ三千五百円トス

第三条　左ニ掲クル者ノ俸給ハ第一号俸給表ニ依ル但税関長ハ九級俸以上製薬所事務官ハ四級俸以下トス

奏任事務官
奏任参事官
秘書官
技　師
税関長
税関鑑定官
製薬所長
製薬所事務官

第四条　左ニ掲クル者ノ俸給ハ第二号俸給表ニ依ル但通訳官二等郵便電信局長ハ六級俸以下トス
　　通訳官
　　国語学校高等官
　　郵便及電信局高等官
第五条　判任官ノ俸給ハ判任官俸給表ニ依ル補【但一級俸ヲ受ケ一補(箇)年ヲ踰ヘ事務練熟優等ナル者ハ漸次百円マテ増俸スルコトアルヘシ】
第六条　同一ノ官職ニシテ官等ニ依リ其俸給ヲ異ニスル者ハ高等文官官等相当俸給表ニ依リ各其ノ官等ニ照シ之ヲ給ス
第七条　地方高等官官等俸給ハ明治三十年勅令第百五十三号及同年勅令第百五十六号ノ定ムル所ニ依ル
第八条　本令ニ規定セサルモノハ明治二十五年勅令第九十六号高等官官等俸給令同二十四年勅令第八十三号判任官俸給令ヲ適用ス
　　附　則
第九条　明治二十九年勅令第九十九号台湾総督府職員官等俸給令同年勅令第百七十号削〔台湾総督府民政局臨時土木部部長及事務官官等俸給〕并明治三十年勅令第百六十八号削〔台湾総督府判任文官特別俸支給ノ件〕ハ本令施行ノ日ヨリ之ヲ廃止ス

（台湾総督府用一三行×2茶罫紙二枚に墨筆、高等文官官等表・判任官俸給表・高等文官官等相当俸給表は略す）

〔E文書〕

台湾総督府職員官等俸給令改正理由

台湾ニ於ケル政務ノ刷新ヲ謀ラントセハ堪能ナル官吏ヲ要スルヤ論ヲ俟タス然ルニ技能秀俊ナル者ハ往〻台湾ノ官吏タランコトヲ忌避スルノ弊アリ是レ台湾ノ風土気候健康ニ適セザ《ママ》ルヲ恐ルヽト内地ニ於ケル一家団欒ノ楽ヲ亨《ママ》クルコト能ハサルトニ因ラスンハアラス故ニ之ニ名誉ト利益ヲ与ヘ其優待ノ法ヲ講スルコト刻下最モ緊要ノコトナリトス乃チ本案ハ俸給ヲ増額シテ之ニ利益ヲ与ヘントスルモノナリ夫ノ明治二十九年勅令第百号ニ依リ加俸ヲ支給スルハ台湾ノ物価高貴ニシテ内地ノ比ニアラサルカ為メニシテ本案トハ全ク其精神ヲ異ニスルモノナリ

従来内地ニ於ケル高等官ヲ総督府職員ニ任用セントスルトキハ特ニ其官等ヲ進ムルコト能ハサルヲ以テ往々是カ採用ニ苦ミタルモ補（本）案ノ如ク同一官吏ニシテ俸給ヲ増額スルトキハ別ニ官等ヲ進ムルヲ要セスシテ堪能ナル官吏ヲ容易ニ採用スルコトヲ得ヘシ又従来判任官ハ一級若クハ二級ヲ進メ之ヲ採用シタルモ本案ノ如ク同級ニシテ俸給ヲ増額スルトキハ従来ノ例ヲ廃シテ現級ヲ以テ之ヲ採用スルヲ得ヘシ是レ内地及台湾ニ於ケル官吏ノ採用上彼是便利ヲ得ルコト少ナカラサルヤ明白ナリトス

（台湾総督府用一三行×2茶罫紙一枚に墨筆）

〔F文書〕

明治二十九年勅令第九十二号台湾総督府税関官制第六条同年勅令第九十五号台湾総督府郵便及電信局官制第五条同年勅令第九十六号台湾総督府灯台所官制第三条同年勅令九十七号台湾総督府測候所官制第三条明治三十年

勅令第九十三号台湾総督府巡査看守教習所官制第三条第二項第四条同年勅令第百六十二号台湾総督府製薬所官制第三条同年勅令第二百四十二号台湾総督府国語学校官制第三条第八条中「台湾総督府民政局長」又ハ「民政局長」トアルヲ「台湾総督」ト改メ明治二十九年勅令第九十五号台湾総督府郵便及電信局官制第七条第二項中「台湾総督府民政局長又ハ」ノ十一字明治三十年勅令第九十三号台湾総督府巡査看守教習所官制第三条第一項中「民政局」ノ三字ヲ削ル

（台湾総督府用一三行×2茶罫紙一枚に墨筆）

〔G文書〕

草案ノ分

秘書官
技　師
削〔衛生巡察官〕
通訳官
属
技　手
削〔衛生巡察〕
通　訳

第十七条　事務官長ハ一人勅任トス総督ヲ佐ケ行政及司法ニ関スル事務ヲ整理シ各部ノ事務ヲ監督ス

第十八条　事務官ハ専任二十人勅任又ハ奏任トス総督ノ命ヲ承ケ各部課ノ事務ヲ掌理ス
第十九条　参事官ハ専任二人勅任又ハ奏任トス総督ノ命ヲ承ケ審議立案ヲ掌リ又ハ臨時命ヲ承ケ各部課ノ事務
　ヲ助ク
第二十条　秘書官ハ専任二人奏任トス総督ノ命ヲ承ケ機密事務ヲ掌リ又ハ臨時命ヲ承ケ各部課ノ事務ヲ助ク
第二十一条　技師ハ補（二）十削〔四〕人奏任トス上官ノ命ヲ承ケ技術ニ関スル事ヲ掌ル
削〔第二十二条　衛生巡察官ハ専任二人奏任トス上官ノ命ヲ承ケ衛生巡察ノ事ヲ掌ル〕
第二十訂〔三〕（二）条　通訳官ハ専任二人奏任トス上官ノ命ヲ承ケ文書飜訳及通訳ノ事ヲ掌ル
第二十訂〔四〕（三）条　属訂〔ハ二百人判任トス〕（技手及通訳ハ通シテ三百十五人判任トス）上官ノ指揮ヲ承
　ケ庶務補（技術通訳等）ニ従事ス
　補（各官ノ定員ハ総督之ヲ定ム）
削〔第二十五条　技手ハ二十人判任トス上官ノ指揮ヲ承ケ技術ニ従事ス〕
削〔第二十六条　衛生巡察ハ五十人判任トス上官ノ指揮ヲ承ケ衛生巡察ニ従事ス〕
削〔第二十七条　通訳ハ二十人判任トス上官ノ指揮ヲ承ケ通訳ニ従事ス〕

附　則

第二十訂〔八〕【訂〔五〕（四）】条　明治二十九年勅令第八十八号台湾総督府条例削〔并〕仝年勅令第九十号台湾総
　督府民政局官制補（并仝年勅令第百六十九号台湾総督府民政局臨時土木局官制ハ）ハ本令施行ノ日ヨリ
　之ヲ廃止ス

（台湾総督府用一三行×2茶罫紙二枚に墨筆）

〔H文書〕

台湾総督府官制制定理由

従来台湾総督府ニ民政軍務ノ二局ヲ置キ総督ノ命ヲ承ケ各局長ヲシテ其主任ノ事務ニ当ラシメタルモ民政ニ付テハ地方官官制ノ改正ニ依リ従来民政局ニ於テ取扱ヒタル行政事務モ之ヲ地方庁ニ移シ総督府ハ単ニ一般行政ノ計画ト監督トニ当ルノ目的ナルヲ以テ特ニ一局ヲ置クノ必要ヲ認メス且中間揩段ノ多々ナルハ事務ノ敏捷ヲ欠クノ虞アルカ故ニ民政局ヲ廃シ同局ノ各部ヲ総督ニ直隷シ別ニ事務官長ヲ置キ総督補佐ノ責ニ当ラシメ以テ其ノ目的ニ副ハシ訂〔メントス〕（而シテ民政局ヲ廃スルノ結果ニ依リ民政局土木部ハ之ヲ廃シテ臨時土木工事ニ関スル事務ハ之ヲ総督府内ニ収メントス）又軍務ニ付テモ其ノ事務タル主トシテ土匪鎮圧等作戦ノ計画ニ係リ日常ノ事務ハ僅カニ其一部ニ過キサルヲ以テ軍務局ヲ廃シ新ニ幕僚ヲ置キ以テ作戦計画ノ敏活ヲ謀ラントス総督府令ニ禁錮一年以下又ハ罰金二百円以内ノ罰則ヲ附スルコトヲ得セシメントスルハ従来ノ実験ニ徴シ府令ノ罰則軽キニ過キ其ノ効果ヲ完フスルコトヲ得サル場合アルヲ認メタルカ為メニシテ其他衛生訂〔巡察官衛生巡察〕（ノ技師技手ヲ増加シ通訳官ヲ新設シタルハ）削〔通訳官ヲ新設シタルハ〕一ハ本島阿片ニ関スル取締上其他一般衛生ニ関シ其必要ヲ認メ一ハ公文書ノ飜訳等技能最モ秀俊ナル通訳者ヲ要スルカ為メナリ

（台湾総督府用一三行×2茶罫紙一枚に墨筆）

〔I文書〕

台湾総督府職員官等俸給令

第一条　台湾総督府高等文官ノ官等ハ高等文官官等表ニ依ル

第二条　台湾総督ノ年俸ハ六千円事務官長ノ補(年俸)ハ四千円又ハ四千五百円勅任事務官同参事官補(ノ年俸)ハ三千円又ハ三千五百円トス

第三条　左ニ掲クル者ノ俸給ハ第一号俸給表ニ依ル但税関長ハ訂〔七〕(九)級俸以上製薬所事務官ハ四級俸以下トス

奏任事務官
奏任参事官
秘書官
技　師
税関長
税関鑑定官
製薬所長
製薬所事務官

第四条　左ニ掲クル者ノ俸給ハ第二号俸給表ニ依ル但削〔衛生巡察官〕通訳官二等郵便電信局長ハ訂〔五〕(六)級俸以下トス

削〔衛生巡察官〕
通訳官
国語学校高等官
郵便及電信局高等官

第五条　判任官ノ俸給ハ判任官俸給表ニ依ル
第六条　同一ノ官職ニシテ官等ニ依リ其ノ俸給ヲ異ニスル者ハ高等文官官等相当俸給表ニ依リ各其ノ官等ニ照シ之ヲ給ス
第七条　地方高等官官等俸給ハ明治三十年勅令第百五十三号及同年勅令第百五十六号ノ定ムル所ニ依ル
第八条　本令ニ規定セサルモノハ明治二十五年勅令第九十六号高等官官等俸給令同二十四年勅令第八十三号判任官俸給令ヲ適用ス

附　則

第九条　明治二十九年勅令第九十九号台湾総督府職員官等俸給令補(同年勅令第百七十号台ワン《ママ》総督府民政局臨時土木部部長及事務官官等俸給台ワン《ママ》総督府判任文官特別俸支給ノ件并明治三十年勅令第百六十八号ハ)　本令施行ノ日ヨリ補(之ヲ)　廃止ス

（台湾総督府用一三行×2茶罫紙二枚に墨筆）

〔J文書〕

台湾総督府職員官等俸給令

第一条　台湾総督府高等文官ノ官等ハ高等文官官等表ニ依ル
第二条　台湾総督ノ年俸ハ六千円訂(民政次官)（事務官長ノ年俸）ハ四千円又ハ四千五百円勅任事務官同参事官補(ノ年俸)　ハ三千円又ハ三千五百円トス
第三条　左ニ掲クル者ノ俸給ハ第一号俸給表ニ依ル但税関長ハ訂〔七〕（九）級俸以上製薬所事務官ハ訂〔二〕

（四）級俸以下トス

奏任事務官
奏任参事官
秘書官
技　師
税関長
税関鑑定官
製薬所長
製薬所事務官

第四条　左ニ掲クル者ノ俸給ハ第二号俸給表ニ依ル但衛生巡察官通訳官二等郵便電信局長ハ訂（五）（六）級俸以下トス

衛生巡察官
通訳官
国語学校高等官
郵便及電信局高等官

第五条　判任官ノ俸給ハ判任官俸給表ニ依ル

第六条　同一ノ官職ニシテ官等ニ依リ其補（ノ）俸給ヲ異ニスル者ハ高等文官官等相当俸給表ニ依リ各其補（ノ）官等ニ照シ之ヲ給ス

第七条　地方高等官官等俸給ハ明治三十年勅令第百五十三号及同年勅令第百五十六号ノ定ムル所ニ依ル

第八条　本令ニ規定セサルモノハ明治二十五年勅令第九十六号高等官官等俸給令同二十四年勅令第八十三号判任官俸給令ヲ適用ス

附　則

第九条　明治二十九年勅令第九十九号台湾総督府職員官等俸給令補(并明治三十年勅令第百六十八号）ハ本令施行ノ日ヨリ補(之ヲ）廃止ス

（台湾総督府用一三行×2茶罫紙二枚に墨筆、高等文官官等表・判任官俸給表は略す）

〔K文書〕

台湾総督府職員官等俸給令改正理由

台湾ニ於ケル政務ノ刷新ヲ謀ラントセハ堪能ナル官吏ヲ要スルヤ論ヲ俟タス然ルニ技能秀俊ナル者ハ往々台湾ノ官吏タランコトヲ忌避スルノ弊アリ是レ台湾ノ風土気候健康ニ適セサルヲ恐ルルト内地ニ於ケル一家団欒ノ楽ヲ亨《ママ》クルコト能ハサルトニ因ラスンハアラス故ニ之ニ名誉ト利益ヲ与ヘ其優待ノ法ヲ講スルコト刻下最モ緊要ノコトナリトス乃チ本案ハ俸給ヲ増額シテ之ニ利益ヲ与ヘントスルモノナリ夫ノ明治二十九年勅令第百号ニ依リ加俸ヲ支給スルハ台湾ノ物価高貴ニシテ内地ノ比ニアラサルカ為メニシテ本案トハ全ク其精神ヲ異ニスルモノナリ

従来内地ニ於ケル高等官ヲ総督府職員ニ任用セントスルトキハ特ニ其官等ヲ進ムルコト能ハサルヲ以テ往々是カ採用ニ苦ミタルモ本案ノ如ク同一官等ニシテ俸給ヲ増額スルトキハ別ニ官等ヲ進ムルヲ要セスシテ堪能ナル

官吏ヲ容易ニ採用スルコトヲ得ヘシ又従来判任官ハ一級若クハ二級ヲ進メ之ヲ採用シタルモ本案ノ如ク同級ニシテ俸給ヲ増額スルトキハ従来ノ例ヲ廃シテ現級ヲ以テ之ヲ採用スルヲ得ヘシ是レ内地及台湾ニ於ケル官吏ノ採用上補(彼此) 便利ヲ得ルコト少ナカラサルヤ明白ナリトス

(台湾総督府用一三行×2茶罫紙二枚に墨筆)

〔L文書〕

台湾総督府臨時土木部官制

第一条　台湾総督府臨時土木部ハ総督府ニ於テ直轄スヘキ臨時土木工事ヲ施行スルコトヲ掌ル
第二条　臨時土木部ニ左ノ職員ヲ置ク
部　長
事務官
技　師
属
技　手
第三条　部長ハ一人補(勅任又ハ) 奏任トス総督ノ命ヲ承ケ部中一切ノ事務ヲ掌理シ所部ノ官吏ヲ指揮監督ス
第四条　事務官ハ専任一人奏任トス部長ノ命ヲ承ケ庶務会計ノ事ヲ掌ル
第五条　技師ハ専任八人奏任トス部長ノ指揮ヲ承ケ土木ノ事業ヲ分掌ス
第六条　属ハ専任二十人判任トス上官ノ指揮ヲ承ケ庶務ニ従事ス

第七条　技手ハ専任四十人判任トス上官ノ指揮ヲ承ケ工務ニ従事ス
第八条　部長ハ総督ノ認可ヲ得テ部中ノ処務細則ヲ定ムルコトヲ得
　　　附　則
第九条　明治二十九年勅令第六十九号台湾総督府民政局臨時土木部官制ハ本令施行ノ日ヨリ之ヲ廃止ス
（台湾総督府用一三行×2茶罫紙二枚に墨筆）

〔M文書〕

　　　台湾総督府臨時土木部長及事務官官等俸給令
一　台湾総督府臨時土木部長及事務官ノ官等ハ高等官二等ヨリ高等官八等ニ至リ其ノ俸給ハ台湾総督府職員官等俸給令中第一号俸給表ニ依ル但勅任部長ノ俸給ハ三千円又ハ三千五百円トス
一　官等相当俸給ハ別表ニ依ル
一　本令ニ規定セサルモノハ台湾総督府官等俸給令ニ依ル
　　　附　則
一　明治二十九年勅令第百七十号ハ本令施行ノ日ヨリ之ヲ廃止ス
（台湾総督府用一三行×2茶罫紙一枚に墨筆、別表は略す）

〔N文書〕

明治二十九年勅令第九十二号台湾総督府税関官制第六条同年勅令第九十五号台湾総督府郵便及電信局官制第五

条同年勅令第九十六号台湾総督府灯台所官制第三条同年勅令第九十七号台湾総督府測候所官制第三条明治三十年勅令第九十三号台湾総督府巡査看守教習所官制第三条第二項第四条同年勅令第百六十二号台湾総督府製薬所官制第三条補(同年勅令二百四十二号台湾総督府国語学校官制第三条第八条)中「台湾総督府民政局長」又ハ「民政局長」トアルヲ「台湾総督」ト改メ明治二十九年勅令第九十五号台湾総督府郵便及電信局官制第七条第二項中「台湾総督府民政局長又ハ」ノ十一字明治三十年勅令第九十三号台湾総督府巡査看守教習所官制第三条第一項中「民政局」ノ三字ヲ削ル

(台湾総督府用一三×2茶罫紙一枚に墨筆)

である。

又、第二一文書として曽根民政局長が台湾総督府に閣議決定として通知した「台湾総督府官制外勅令二件」の文書は、

〔O文書〕

明治三十年七月廿六日

総督　朱印（乃本希典）　民政局長　花押（曽根静夫）　参事官　朱印（大島）

出総第二十三号ノ属

台湾総督府官制外勅令案二件別帋ノ通閣議ヲ経候ニ付為御心得此段及御通知候也

七月廿六日

民政局長

訂〔山口局長代理〕（総督代理立見軍務局長）宛

（台湾総督府用一三行×2茶罫紙一枚に墨筆）

〔P文書〕

〔欄外〕明治三十年八月七日　朱印（大島）　秘書課長　朱印（木村匡）

〔付箋〕内一件通牒ヲ発スル□□官ノ手当ニ関スルモノニ付□□□へ引継ヲ得ス

秘

総督　朱印（立見）　民政局長　朱印（杉村）　軍務局長　朱印（立見）　総務部長　朱印（杉村）

出秘第二十三号ノ属

台湾総督府官制外勅令按二件別帋ノ通閣議ヲ経候ニ付為御心得此段及御通知候也

明治三十年七月二十六日

拓殖務省附属舎ニ於テ　民政局長曽根静夫

台湾総督代理軍務局長男爵立見尚文殿

（台湾総督府用一三行×2茶罫紙一枚に墨筆）

〔Q文書〕

台湾総督府官制

第一条　台湾総督府ニ台湾総督ヲ置ク親任トス陸海軍大将若クハ中将ヲ以テ之ニ充ツ

第二条　総督ハ台湾島及澎湖列島ヲ管轄ス
第三条　総督ハ委任ノ範囲内ニ於テ陸海軍ヲ統率シ拓殖務大臣ノ監督ヲ承ケ諸般ノ政務ヲ統理ス
第四条　総督ハ軍政及陸海軍軍人軍属ノ人事ニ関シテハ陸海軍大臣、防禦作戦并動員計画ニ関シテハ参謀総長若クハ海軍軍令部長、陸軍軍隊教育ニ関シテハ監軍ノ区処ヲ承ク
第五条　総督ハ其ノ職権若クハ特別ノ委任ニ依リ総督府令ヲ発シ之ニ禁錮一年以下又ハ罰金弐百円補(以内)ノ罰則ヲ附スルコトヲ得
第六条　総督ハ其ノ管轄区域内ノ守備防備ノ事ヲ掌ル
第七条　総督ハ其ノ管轄区域内ノ安寧秩序ヲ保持スル為ニ必要ト認ムルトキハ兵力ヲ使用スルコトヲ得
前項ノ場合ニ於テハ総督ハ直ニ陸軍大臣海軍大臣拓殖務大臣参謀総長及海軍軍令部長ニ通報スルモノトス
第八条　総督ハ必要ト認ムル地域内ニ於テ其ノ地ノ守備隊長若クハ駐在武官ヲシテ行政事務ヲ兼掌セシムルコトヲ得
第九条　総督ハ知事若クハ庁長ノ命令又ハ処分ノ成規ニ違ヒ公益ヲ害シ又ハ権限ヲ犯スモノアリト認ムルトキハ其ノ命令又ハ処分ヲ停止シ又ハ取消スコトヲ得
※第十条　総督ハ所部ノ官吏ヲ統督シ奏任文官ノ進退ハ拓殖務大臣ニ由リ内閣総理大臣ヲ経テ之ヲ上奏シ判任官以下ハ之ヲ専行ス
第十一条　総督ハ拓殖務大臣ニ由リ内閣総理大臣ヲ経テ所部削〔ノ〕文官ノ叙任叙勲ヲ上奏ス
第十二条　総督ハ所部文官ヲ懲戒ス其ノ勅任官ニ係ルモノ並ニ奏任官ノ免官ニ係ルモノハ拓殖務大臣ニ由リ内

閣総理大臣ヲ経テ上奏シ其ノ他ハ之ヲ専行ス

第十三条　総督事故アルトキハ民政ニ関スル事項ニ付テハ事務官長、軍政ニ関スル事項ニ付テハ各参謀長ニ其ノ職務ヲ代理セシムルコトヲ得

第十四条　総督ハ総督府中民政事務ヲ分掌セシムル為メ官房及部課ヲ置クコトヲ得

第十五条　総督府ニ陸軍幕僚及海軍幕僚ヲ置ク其ノ条例ハ別ニ之ヲ定ム

削〔第十六条　総督府ニ左ノ民政職員ヲ置ク〕

補（第十六条　民政局ハ民政及司法ニ関スル一般ノ事務ヲ掌ル）

補（第十七条　財務局ハ財務ニ関スル事務ヲ掌ル）

補（第十八条　各局ノ部課ハ総督之ヲ定ム）

補（第十九条　総督府ニ左ノ職員ヲ置ク）

訂〔事務官長〕（民政局長財務局長）

事務官

参事官

削〔秘書官〕

技　師

通訳官

属

技　手

通訳補（官補）

訂〔第十七条　事務官長ハ一人勅任トス総督ノ命ヲ承ケ行政及司法ニ関スル事務ヲ整理シ部課ノ事務ヲ監督ス〕

〔第二十条　民政局長財務局長ハ各〻一人勅任トス総督ノ命ヲ受ケ局務ヲ整理ス〕

第訂〔十八〕（二十一）条　事務官ハ専任訂〔二十〕（十八）人勅任又ハ奏任トス補（民政局又ハ財務局ニ属シ）総督補（又ハ局長）ノ命ヲ承ケ各部課ノ事務ヲ掌訂〔理ス〕（ル）

第訂〔十九〕（二十二）条　参事官ハ専任二人勅任又ハ奏任トス総督補（又ハ民政局長）ノ命ヲ承ケ審議立按ヲ掌リ又ハ臨時命ヲ承ケ各部課ノ事務ヲ助ク

削〔第二十条　秘書官ハ専任二人奏任トス総督ノ命ヲ承ケ機密事務ヲ掌リ又ハ臨時命ヲ承ケ各部課ノ事務ヲ助ク〕

第二十訂〔一〕（三）条　技師ハ二十人奏任トス上官ノ命ヲ承ケ技術ニ関スル事ヲ掌ル

第二十訂〔二〕（四）条　通訳官ハ専任二人奏任トス上官ノ命ヲ承ケ文書飜訳及通訳ノ事ヲ掌ル

第二十訂〔三〕（五）条　属削〔八〕技手及通訳補（官補）ハ通シテ訂〔三百十五〕（二百）人判任トス上官ノ指揮ヲ承ケ庶務技術通訳等ニ従事ス

各官ノ定員ハ総督之ヲ定ム

附　則

第廿四条　明治廿訂〔四〕（九）年勅令第八十八号台湾総督府条例仝年勅令第九十号台湾総督府民政局官制同年勅令第百十六号台湾総督府軍務局官制并同年勅令第百六十九号台湾総督府民政局臨時土木部官制ハ本令施行ノ日ヨリ之ヲ廃止ス

（台湾総督府用一三行×2茶罫紙四枚墨筆）

※上欄外に「第十条　総督府ニ陸軍幕僚海軍幕僚民政局財務局ヲ置ク陸海軍幕僚条例ハ別ニ之ヲ定ム（草、十五条）」の記載がある。

〔R文書〕

台湾総督府職員官等俸給令

第一条　台湾総督府高等文官ノ官等ハ高等文官官等表ニ依ル

第二条　台湾総督ノ年俸ハ六千円事務官長ノ年俸ハ四千円又ハ四千五百円勅任事務官勅任参事官ノ年俸ハ三千円又ハ三千五百円トス

第三条　左ニ掲クル者ノ俸給ハ第一号俸給表ニ依ル但税関長ハ九級俸以上製薬所事務官ハ四級俸以下トス

奏任事務官
奏任参事官
秘書官
技　師
税関長
税関鑑定官
製薬所長
製薬所事務官

第四条　左ニ掲クル者ノ俸給ハ第二号俸給表ニ依ル但通訳官、二等郵便電信局長ハ六級俸以下トス
通訳官
国語学校高等官
郵便及電信局高等官
第五条　判任官ノ俸給ハ判任官俸給表ニ依ル但一級俸ヲ受ケ一箇年ヲ踰ヘ事務練熟優等ナル者ハ漸次百円マテ増俸スルコトアルヘシ
第六条　同一ノ官職ニシテ官等ニ依リ其俸給ヲ異ニスル者ハ高等文官官等相当俸給表ニ依リ各其ノ官等ニ照シ之ヲ給ス
第七条　地方高等官官等俸給ハ明治三十年勅令第百五十三号及同年勅令第百五十六号ノ定ムル所ニ依ル
第八条　本令ニ規定セサルモノハ明治二十五年勅令第九十六号高等官官等俸給令同二十四年勅令第八十三号判任官俸給令ヲ適用ス

附　則

第九条　明治二十九年勅令第九十九号台湾総督府職員官等俸給令同年勅令第百七十号并明治三十年勅令第百六十八号ハ本令施行ノ日ヨリ之ヲ廃止ス
（台湾総督府用一三行×2茶罫紙二枚に墨筆、高等文官等表・俸給表等は略す）

〔S文書〕
明治二十九年勅令第九十二号台湾総督府税関官制第六条同年勅令第九十五号台湾総督府郵便及電信局官制第五

条同年勅令第九十六号台湾総督府灯台所官制第三条同年勅令九十七号台湾総督府測候所官制第三条明治三十年勅令第九十三号台湾総督府巡査看守教習所官制第三条第二項第四条同年勅令第百六十二号台湾総督府製薬所官制第三条同年勅令第二百四十二号台湾総督府国語学校官制第三条第八条中「台湾総督府民政局長」又ハ「民政局長」トアルヲ「台湾総督」ト改メ明治二十九年勅令第九十五号台湾総督府郵便及電信局官制第七条第二項中「台湾総督府民政局長又ハ」ノ十一字明治三十年勅令第九十三号台湾総督府巡査看守教習所官制第三条第一項中「民政局」ノ三字ヲ削ル

（台湾総督府用一三行×2茶罫紙一枚に墨筆）

である。

ここで、まず綴られていた文書の整理をしてみると、次のようになる。

第一三文書

拓殖相宛官制改正稟議書（A文書）

台湾総督府官制案（B文書）

台湾総督府条例改正理由書（C文書）

台湾総督府職員官等俸給令案（D文書）

台湾総督府職員官等俸給令改正理由書（E文書）

関係勅令改正案（F文書）

台湾総督府官制改正「草案ノ部」（G文書）

台湾総督府官制制定理由書（H文書）
台湾総督府職員官等俸給令案（I文書）
台湾総督府職員官等俸給令案（J文書）
台湾総督府職員官等俸給令改正理由書（K文書）
台湾総督府臨時土木部官制案（L文書）
台湾総督府臨時土木部長及事務官官等俸給令案（M文書）
関係勅令改正案（N文書）

第二一文書

総督代理立見尚文軍務局長宛曽根静夫民政局長台湾総督府官制外勅令案二件閣議決定済通知書（O文書）
総督代理立見尚文軍務局長宛曽根静夫民政局長台湾総督府官制外勅令二案閣議決定済通知書（P文書）
台湾総督府官制（Q文書）
台湾総督府職員官等俸給令（R文書）
関係勅令改正案（S文書）

このようにA文書からN文書が、第一三文書に、O文書からS文書が第二一文書に該当しているわけだが、これを関係する文書で纏めると、

(a)拓殖相宛稟議書　A文書
(b)台湾総督府官制案及び改正理由　B文書・C文書・G文書・H文書・Q文書
(c)台湾総督府職員官等俸給令及び改正理由　D文書・E文書・I文書・J文書・K文書・R文書

(d)関係勅令改正　　　　　　　　　　F文書・N文書・S文書
(e)台湾総督府臨時土木部官制及び俸給令　　L文書・M文書
(f)立見軍務局長宛曽根民政局長通知書　　　O文書・P文書

の、(a)から(f)の六種に分けられる。これをさらに内容的に検討するとここでの編綴過程が判るが、(a)のA文書は「台湾総督府官制外勅令四件」は七月二〇日に乃木総督の裁定を得、(f)のO文書は七月二六日に在京中の乃木総督と曽根民政局長の裁定を得て立見軍務局長に宛てて曽根民政局長が拓殖務省附属舎より発した通知書で、P文書はこの通知書を八月七日に総督府で接受した旨が記されており、(e)のL文書とM文書は台湾総督府官制によって新たに設置された臨時土木部官制とその俸給令である。

(b)から(e)では、(b)は、台湾総督府官制案とその改正理由書であるが、内容的には提案原案のB文書・C文書、B文書の草案になるG文書、提案原案に修正を加えたQ文書とH文書の修正文書の三種類の文書に分けられ、(c)は、台湾総督府職員官等俸給令のD文書・I文書・J文書・R文書と改正理由書のE文書・K文書の二種類の文書に分けられるものの、起案の順序はJ文書・I文書・D文書・R文書とK文書・E文書の順で、(d)は、F文書・S文書とN文書に分けられ、(c)と(d)はそれぞれ下書きと浄書の順を指している。

ここで、(c)を例にその編綴過程をみてみると、台湾総督府職員官等俸給令の特徴はE文書の改正理由にあるように「台湾ニ於ケル政務ノ刷新ヲ謀ラントセハ堪能ナル官吏ヲ要スル」が、「技能秀俊ナル者」は気候・風土・健康と「一家団欒ノ楽」の理由から「台湾ノ官吏タランコトヲ忌避スルノ弊」あり、又、高等官任用に至っては特に「官等ヲ進ムルコト能ハサル」ために「採用ニ苦ミタル」として、官吏任用・高等官任用のためには「名誉ト利益ヲ与ヘ」んがための特例的な俸給体系を採用することを求めている。これに従って、J文書・I文書・D文書・R

文書の俸給令案と高等文官官等表、第一号・第二号・判任官俸給令に高等文官官等相当俸給令が起案されるが、台湾総督府官制との関わりから訂正が加えられた事項と俸給金額との関わりから訂正された事項とがあった。前者では、民政事務の責任者を「民政次官」(J文書)としていたものが「事務官長」に改められ、この改正改革で新たな制度として求めていた「衛生巡察官」が最終的に削除された。後者では、できるだけ優れた官吏を獲得せんがために特別俸給制を導入せんとして「判任官俸給表」で「特別俸」と各級五円増給を求めていたが、いずれも認められず「特別俸」は削除、各級増俸は五円の減額となった。

確かに、日清戦後の軍備拡張による財政事情から人件費の抑制を求める政府の決定であったとはいえ、台湾総督府にとって優れた官吏採用の可否が台湾経営と腐敗堕落した総督府官吏の刷新の鍵になっていたためその影響は大きかったといえよう。もっとも、台湾総督府官吏に特別給与の制度がなかったわけではない。明治二九年五月勅令第二二九号では「地方庁ノ判任官台湾総督府ノ判任文官ニ再任又ハ転任スル場合ニ於テハ当分ノ内判任官俸給令第三条ノ規程ニ拘ハラス前官ノ俸給ニ対シ一級ヲ増給スルコトヲ得但一級ヲ増給スルモ尚六級俸ニ達セサルモノハ前官ノ俸給ニ対シ二級ヲ増給スルコトヲ得」と、特例的措置としての増俸はあった。しかし、この増俸では既に最上級の俸給を得ている者にはそれ以上の特例がないことから、上級官吏の任用には適していない。結局、台湾総督府は高等官官等俸給改正と判任官俸給令に特例を設けんとして「已ニ最上級俸ヲ受ケタル判任官等ヲ任用スル場合ニ於テハ判任官俸給令第四条ノ規程アルカ為メ輙リ増給スルコトヲ得ス左リトテ内地ト同俸給ニテハ気候不良生活困難ノ本島ニ就職ヲ希望スル者ナシ(65)」と、「気候不良生活困難」を挙げて増俸の方針を貫いていた。俸給体系の中に入れるか、それとは別に特例措置としてするかの違いが、この台湾総督府職員官等俸給令の問題であったが、加俸の考えは共通の認識であった。

(b)の台湾総督府官制案とその改正理由書であるが、先ず改正理由書よりみると、H文書がC文書に修正を加えたものであることは、標題がC文書が「台湾総督府条例改正理由」を「台湾総督府官制制定理由」に訂正していること、H文書では「台湾総督府官制制定理由」と改められて記されていることや、「衛生巡察官」「衛生巡察」がC文書ではそのままに記されているのに比し、H文書では削除されていることから窺えよう。この台湾総督府条例改正として立案された該法令案が、総督府で最終案を決定する段階でかなりの部分に修正が加えられていたのである。その主要なるものは、「阿片ニ関スル取締上其他一般衛生」のために「衛生巡察官」と「衛生巡察」を新設せんとしたことであろう。この衛生巡察官と衛生巡察は、B文書によると素案第二二条で衛生巡察官が「専任二人奏任」、衛生巡察が「五十人判任」とされていた。

明治三〇年の衛生状況を、民政局は「諸種伝染病中激烈ナルモノハペストノ外甚尠ナシト雖痘瘡ノ如キハペストニ次テ各地ニ散発」[66]しており、患者の発生はペスト八五人、麻刺利亜一万五九二四人、赤痢一一五人[67]であったと記しているように、衛生問題は深刻な状況にあった。又、この年の四月一日より施行された阿片令下では、阿片商九八一人、阿片烟膏商五二四〇人、大土阿片現在高一三三三斤二〇匁、小土阿片現在高一万五五二二斤一四五匁、その他の阿片現在高五三〇〇斤五六匁[68]であることからみても、阿片患者の総数はかなりの数にのぼることは容易に想像されよう。このことから、衛生問題が台湾統治にとって重要課題であることの認識は一致していたと考えられるが、新たな官職として「衛生巡察官」と「衛生巡察」を新設（職務を限定した特定の官職を設けて官吏増員をなすという意味で）することがいいかどうかは別の問題であった。結局、B文書素案第二二条から第二六条において、「衛生巡察官」と「衛生巡察」の官職名を削除して、素案で属・技手・通訳が二四〇人、衛生巡察官と衛生巡察が五二人の計二九二人であったのを、属・技手・通訳合わせて三一五人に訂正されることになる。

台湾総督府官制案をみるため、各文書の条文数を比較すると第6表のようになる。B文書は、少なくとも素案に対して三回の修正が加えられており、G文書で二回、Q文書で一回の修正がある。条文数では、B文書が素案で二七条、第一回目の修正（修正）で二八条、第二回目の修正（再修正）で二四条、第三回目の修正（再々修正）で二三条となった。G文書は、第一六条の半ばから文書に「草案ノ分」と記載されて作成されているもので、素案が第二八条、第一回目の修正（修正）で第二五条、第二回目の修正（再修正）で第二四条となっている。Q文書は素案が二四条、修正で二六条である。閣議案が二七条であることから、総督府案よりさらに加えた条文があった。

条文数の違いは、内容の違いをも意味する。その第一が「衛生巡察官」「衛生巡察」の新設であり、第二が総督官房の新設であり、第三が民政に対する監督権限、第四が法令施行日の設定である。第二と第三・第四は、総督府案と閣議案との相違にかかわるが、第二の総督官房は総督府においては考慮されていなかった機関であったことに注意すべきであろう。閣議案において設けられた総督官房は、陸海軍佐尉官のなかから二人の副官と文官のなかから秘書官として二人の計四人を以て構成し、機密事務及び文書の取扱をなすという、総督の機能を強化させたもので、総督府内における総督の権限強化が総督府官吏の腐敗と弊害を解決する方策として中央政府が考案したものであった。第三の監督は総督府案が一般行政を民政局と財務局とに分け、それを統括する監督者として「事務官長」を新設するという監督権限を強化を図ったものであったが、閣議において削除された。第四の法令施行日は法令の形式からして当然挿入されるべきものであることから、総督府案に記載されていないこと自体が問題といえよう。前述のように第一の点は、総督府及び閣議の段階において削除されたもので、経費節減のなかで特定業務を指定した官職の新設は財政と一般民政業務に大きな影響を及ぼすことから、代替えもできることから敢えて新提案であったが認められなかった。

第6表　台湾総督府官制条文数比較表

B文書 素案	B文書 修正	B文書 再修正	B文書 再々修正	G文書 素案	G文書 修正	G文書 再修正	Q文書 素案	Q文書 修正	閣議決定	閣議案 第一次閣議決定との関係
第一条	第一条	第一条	第一条				第一条	第一条	第一条	第二条
第二条	第二条	第二条	第二条				第二条	第二条	第二条	第一条
第三条	第三条	第三条	第三条				第三条	第三条	第三条	第三条
	第四条	第四条	第四条				第四条	第四条	第四条	第四条
第四条	第五条	第五条	第五条				第五条	第五条	第五条	第五条
第五条	第六条	第六条	第六条				第六条	第六条	第六条	第六条
第六条	第七条	第七条	第七条				第七条	第七条	第七条	第七条
第七条	第八条	第八条	第八条						第八条	
第八条	第九条	第九条	第九条				第八条	第八条	第九条	第八条
第九条	第一〇条	第一〇条	第一〇条				第九条	第九条	第一〇条	第九条
第一〇条	第一一条	第一一条	第一一条				第一〇条	第一〇条	第一一条	第一〇条
第一一条	第一二条	第一二条	第一二条				第一一条	第一一条	第一二条	第一一条
第一二条	第一三条	第一三条	削除				第一二条	第一二条	第一三条	第一二条
第一三条	第一四条	第一三条	第一三条				第一三条	第一三条		
第一四条	第一五条	第一四条	第一四条							
第一五条	第一六条	第一五条	第一五条				第一四条	第一四条	第一四条	第一四条・第二〇条（官房及び副官の規定無し）
第一六条	第一七条	第一六条	第一六条	第一七条	第一七条	第一七条	第一五条	第一五条	第一五条	第一五条（民政部及び財務局の規定無し）
第一七条	第一八条	第一七条	第一七条	第一八条	第一八条	第一八条	第一六条	第一九条	第一九条	第一九条
第一八条	第一九条	第一八条	第一八条	第一九条	第一九条	第一九条	第一七条	第二〇条	第二〇条	第二〇条（文言一部訂正）
第一九条	第二〇条	第一九条	第一九条	第二〇条	第二〇条	第二〇条	第一八条	第二一条	第二一条	第二一条（文言一部訂正）
第二〇条	第二一条	第二〇条	第二〇条	第二一条	第二一条	第二一条	第一九条	第二二条	第二二条	第二二条
第二一条	第二一条	削除		第二二条	削除		第二〇条			
第二二条	第二三条	第二一条	第二一条	第二三条	第二二条	第二二条	第二一条	第二三条	第二三条	第二三条
第二三条	第二四条	第二二条	第二二条	第二四条	第二三条	第二三条				
第二四条	第二五条	削除		第二五条	削除					
第二五条	第二六条	削除		第二六条	削除		第二二条	第二四条	第二四条	第二四条
第二六条	第二七条	削除		第二七条	削除					
第二七条	第二八条	第二四条	第二三条	第二八条	第二五条	第二四条				
							第二三条	第二五条	第二五条	第二五条（文言一部訂正）
							第二四条	第二四条	第二七条	第二七条（文言一部訂正）
								第一六条	第一六条	第一六条
								第一七条	第一七条	第一七条
								第一八条	第一八条	第一八条
									第二六条	

もっとも、閣議案とはいえQ文書と閣議案とは同質のものではない。曽根民政局長が「閣議ヲ経」として送ってきた閣議書は、第一次閣議案と呼ぶべきもので、この段階での政府の考えをみる史料といえよう。その意味で台湾総督府官制案には、台湾総督府原案（B文書及びG文書）・第一次閣議案（Q文書）・閣議案の三種があることになる。そのなかで、Q文書はB文書やG文書と基本的には同じであること、それらと閣議案とはかなりの相違があることから、七月の段階と一〇月の段階とにおいて台湾統治に対する考え方に大きな変化があったことを示している。ここで、注意しておかなければならないことは、総督府案と第一次閣議案が共に拓殖務省を記載している点である。つまり、この改革が拓殖務省を前提とした改正改革案という性格を持っていたことになり、拓殖務省の廃止は直接にはこの官制改革と無関係であったことを傍証するからにほかならない。

ここで、天皇と軍との軋轢が台湾総督府官制改革上において如何なる影響を及ぼしたのかについて、第7表にまとめた主な条文からB文書・Q文書と閣議案を比較すると次のようなことが判る。なお、ここでは文書の中での修正は省略し確定したもののみを記した。

各文書を検討する前に再度確認しておくと、B文書は七月二〇日に台湾総督府で決定し拓殖務大臣に稟申した総督府案であり、Q文書は七月二六日に閣議決定したとして総督府に送付された第一次閣議案であり、閣議案は一〇月一三日に天皇の裁可を得た閣議書である。Q文書と閣議案とを比較することによって、知られていない天皇と軍が対立して官制の改正が大幅に遅れたなかで、それを調整するために内閣が数度官制案を天皇に捧呈していたとしたものが、如何なるものであったかを推定することができる。

この二つの文書を概観すると、拓殖務大臣の項は除外するとして民政機構についての規程の他は、殆ど大きな相違がみられないことが分かる。民政機構についての違いは、B文書で「事務官長」が行政・司法及び財務の民政事

第7表　主要条文比較

B文書	Q文書	閣議案
第一条　台湾総統府ニ台湾総督ヲ置ク親任トス陸海軍大将若クハ中将ヲ以テ之ニ充ツ 第二条　総督ハ台湾島及澎湖列島ヲ管轄ス 第三条　総督ハ委任ノ範囲内ニ於テ陸海軍ヲ統率シ拓殖務大臣ノ監督ヲ承ケ諸般の政務ヲ統理ス 第四条　総督ハ軍政及陸海軍軍人軍属ノ人事ニ関シテハ陸海軍大臣、防禦作戦幷ニ動員計画ニ関シテハ参謀総長若クハ海軍軍令部長、陸軍軍隊教育ニ関シテハ監軍ノ区処ヲ受ク 第十三条　総督事故アルトキハ民政ニ関スル事項ニ付テハ事務官長、軍政務ニ関スル事項ニ付テハ各参謀長ニ其ノ職務ヲ代理セシムルコトヲ得 第十四条　総督ハ総督府中民政事務ヲ分掌セシムル為官房及部課ヲ置クコトヲ得 第十五条　総督府ニ陸軍幕僚及海軍幕僚ヲ置ク其ノ条例ハ別ニ之ヲ定ム 第十六条　総督府ニ左ノ民政職員ヲ置ク （以下略） 第十七条　事務官長ハ一人勅任トス総督ノ命ヲ承ケ行政及司法ニ関スル事務ヲ整理シ部課ノ事務ヲ監督ス	第一条　台湾総統府ニ台湾総督ヲ置ク親任トス陸海軍大将若クハ中将ヲ以テ之ニ充ツ 第二条　総督ハ台湾島及澎湖列島ヲ管轄ス 第三条　総督ハ委任ノ範囲内ニ於テ陸海軍ヲ統率シ拓殖務大臣ノ監督ヲ承ケ諸般の政務ヲ統理ス 第四条　総督ハ軍政及陸海軍軍人軍属ノ人事ニ関シテハ陸海軍大臣、防禦作戦幷ニ動員計画ニ関シテハ参謀総長若クハ海軍軍令部長、陸軍軍隊教育ニ関シテハ監軍ノ区処ヲ受ク 第十三条　総督事故アルトキハ民政ニ関スル事項ニ付テハ事務官長、軍政務ニ関スル事項ニ付テハ各参謀長ニ其ノ職務ヲ代理セシムルコトヲ得 第十四条　総督ハ総督府中民政事務ヲ分掌セシムル為官房及部課ヲ置クコトヲ得 第十五条　総督府ニ陸軍幕僚及海軍幕僚ヲ置ク其ノ条例ハ別ニ之ヲ定ム 第十九条　総統府ニ左ノ職員ヲ置ク(以下略) 第十六条　民政局ハ民政及司法ニ関スル一般ノ事務ヲ掌ル 第十七条　財務局ハ財務ニ関スル事務ヲ掌ル 第二十条　民政局長財務局長ハ各一人勅任トス総督ノ命ヲ承ケ局務ヲ整理ス	第一条　台湾総統府ニ台湾総督ヲ置ク総督ハ台湾島及澎湖列島ヲ管轄ス 第二条　総督ハ親任トス陸海軍大将若クハ中将ヲ以テ之ニ充ツ 第三条　総督ハ委任ノ範囲内ニ於テ陸海軍ヲ統率シ内閣総理大臣ノ監督ヲ承ケ諸般ノ政務ヲ統理ス 第四条　総督ハ軍政及陸海軍軍人軍属ノ人事ニ関シテハ陸軍大臣若ハ海軍大臣、防禦作戦並動員計画ニ関シテハ参謀総長若ハ海軍軍令部長、陸軍軍隊教育ニ関シテハ監軍ノ区処ヲ承ク 第十四条　総督府ニ総督官房ヲ置ク（以下省略） 第十五条　総督府ニ陸軍幕僚海軍幕僚民政局財務局ヲ置ク(以下省略) 第十九条　総統府ニ左ノ職員ヲ置ク(以下略) 第十六条　民政局ハ民政及司法ニ関スル一般ノ事務ヲ掌ル 第十七条　財務局ハ財務ニ関スル事務ヲ掌ル 第二十条　民政局長財務局長ハ各一人勅任トス総督ノ命ヲ承ケ局務ヲ整理ス

務の全てを掌握していたのに比し、政府はこの権限集中を認めず、Q文書と閣議案とも行政司法の両権を統括する民政局長と民政事務からさらに財務に係わる事務を分離させた財務局長という権限分割を求めたことにある。民政・財務の二局制は、台湾総督府の考えではなく政府の考えであったことになろう。民政局長から財務事務を切離した理由として推測されるのは、総督府が事務官長として民政事務の権限集中と権限強化を意図したものの、政府は台湾総督府官吏の疑獄・腐敗・醜態の責任をそれまでの民政局長に求めていたこと、疑獄・腐敗の温床となっていたのは土木事業等による多額の「金」の問題であったことから、民政業務と財政業務とを分離させることによって民政局長の権限を縮小させるとともに民政局官吏をも分割させて腐敗構造を破壊せんと意図したのではなかろうか。

この官制制定迄の総督府の官制は、明治二九年二月二〇日に勅令第八八号として布告された「台湾総督府条例」(69)によっていたが、それによると同条例第一四条で「総督府ニ民政軍務ノ二局ヲ置ク其ノ官制ハ別ニ之ヲ定ム」とされ、民政局と軍務局との二局制であった。民政局長については、この条例に従って同時に勅令第九〇号として布告された台湾総督府民政局官制第二条「局長ハ一人勅任トス総督ノ命ヲ承ケ行政司法ニ関スル事務ヲ整理シ及各部ノ事務ヲ監督ス」(70)にあるように、民政局長は民政事務の全ての権限を有していたのである。台湾総督府は、「台湾総督府条例」の改正に際して。「民政局長」を「事務官長」と改めはしたものの、第三条規程を官制に昇格させてより強い権限を求めていた。

Q文書と閣議案をみると、第一条と第二条が構成上相違がみられるものの規定している内容は全く同じであり、第四条のように表現上に若干の違いがあるものの、いずれも内容的には何等異なるところはない。両文書で大きく異なっているのは、Q文書の第一三条総督代理規程が閣議案では削除されていることだけである。何故にB文書・

Q文書にあった代理規程を削除したのかは分からないが、「台湾総督府条例」でも第一二条で「総督事故アルトキハ民政局長軍務局長ノ中官等高キ者其ノ職務ヲ代理ス」とあることから、敢えて削除したと思われる。この他は、両文書に大きな相違はみられない。特に、軍関係については殆ど相違がないことから、軍は天皇の意志が如何なるものであろうが全く解せず、飽く迄既得権の統帥大権を私物化していた。もっとも、この官制改革によって軍政の悪弊が改められたと評価されてはいるものの、本質的な部分で何等の改革もなされなかったとみるべきではなかろうか。

こうして、台湾総督府は地方行政の改革に伴い中央行政機構を簡素化し、「総督府ハ単ニ一般行政ノ計画ト監督トニ当ルノ目的」にして「特ニ一局ヲ置クノ必要ヲ認」めないのみならず、却って「中間措段ノ多々ナルハ事務ノ敏捷ヲ欠ク」ことから民政局を廃止して総督に直隷して補佐する事務官長を置くとともに、軍務についても「日常ノ事務ハ僅カニ其一部ニ過キサル」軍務局を廃止し、「作戦計画ノ敏活ヲ謀ラン」として幕僚を置くとした官制改革案を草したのである。この考えは、閣議書においては第一四条の規定に盛り込まれ「副官二人及専任秘書官二人」からなる総督官房の新設となり、第一五条で「陸海軍幕僚」となった。しかし、民政の多くを地方庁に委ねるとはいえ、総督府内の機構から一般行政組織を除外することは実際的ではなかった。「事務官長」という統括責任者の名称が問題ではなく、一般行政の統括者として「事務官長」に全ての権力を集中させることが適切であるかが問題であったからにほかならない。「事務官長」制は、軍務と委任立法権を除くならば実質的には総督の権限と同質の権限を掌握させることになり、その意味では総督制を空洞化させることになる。結局、政府は一般行政を担当する部局として敢えて民政局と財務局との二局を設置させることにしたのである。

三　台湾総督官吏の腐敗と乃木総督更迭問題

領台三年目にして破綻寸前になっていた台湾統治であったが、その兆候はその前年からみられた。明治天皇は、異例にも明治二九年二一月二五日の第一〇回帝国議会開院式の勅語のなかで「台湾ニ於ケル人民ノ撫育ハ朕カ深ク軫念スル所ナリ将来益秩序ヲ整頓シ福祉ヲ増進セムコトヲ要ス」(71)と、具体的に台湾を指摘してその統治に尽力せんことを求めていたのであった。しかし、台湾官吏の腐敗は極度に達し、ついに所謂「台湾官界大疑獄事件」といわれた疑獄事件が頻発する。

頻発した疑獄事件とは、明治三〇年三月に台北地方法院検察局に摘発された民政局事務官杉浦篤三郎（重禁錮九箇月・罰金三〇円）・同三島敏教（重禁錮六箇月・罰金一〇円）・民政局属丹生吉之助（重禁錮六箇月・罰金三〇円）・民政局嘱託加藤景康（重禁錮六箇月・罰金三〇円）・浅田商会雇人井福剛彦（重禁錮四箇月・罰金七円・監視六箇月）が処罰された第一疑獄事件、同年五月に土木関係業者の不正事件として元台湾総督府土木課長で民政局臨時土木部技師杉山輯吉と民政局臨時土木部員の牧野実・増田又七・田中伊平・安田通貞・関直知に民政局臨時土木部嘱託宮口二郎及び土木請負人沢井市造・土木請負業有馬組雇人大石福蔵・東洋土木株式会社支配人竹村強・有馬組台北出張所支配人太田原則孝や船越倉吉・宮下孫兵衛が台北地方法院検察局に検挙起訴された第二疑獄事件、同年七月に発生した賄賂収受罪として台北地方法院判官の戸口茂里・浜崎芳雄と検察官代理大熊和郎によって家宅捜索された民政局通信部長土居通予・同技師岩田武夫・同技師瀧山勉・民政局事務官岡儀三郎・一等郵便電信局長今井鉄太郎・元台北郵便電信局長伊藤金英・民政局通信部技手石津彦之進・大倉組台北支店と大倉組台北支店賀田金三郎・台湾駅伝社や逮捕された民政局通信部属中野喜一郎・同伊達七蔵・民政局臨時土木部技手関直知・岡儀三郎・岩田武生・伊藤金英・御用商人清水勝之進・近藤喜恵門、さらに台北地方法院に起訴された伊藤金英（重禁錮六箇月・罰金一〇円）・民政局通信部技師瀧山勉（重禁錮五箇月・罰金七円）・台中郵便電信局長豊原清（重禁錮六箇月・罰金一〇円）・今井鉄太郎（重禁錮六箇月・罰金一〇円）・岡儀三郎（重禁錮六箇月・罰金一〇円）・民政局属中野喜一郎（重禁錮四箇月・罰金五円）・同飯田毅亮（重禁錮三箇月・罰金四円）・同楠目成長（重禁錮六箇月・罰金一〇円）・同勝岡東弥（重禁錮七箇月・罰金一〇円）という第三疑獄事件がそれであった。

もっとも、第三疑獄事件は、中心人物と目されさらに別の賄賂収受罪の罪にも問われて拘引収容されていた岩田武生をはじめ、職務に対する請託立証が困難であった伊藤金英・瀧山勉・豊原清・岡儀三郎・中野喜一郎・飯田毅亮・楠目成長は、控訴審の高等法院で無罪となっている。他方、同年八月六日鳳山地方法院検察官が警部・巡査・憲兵を指揮して鳳山県の内務部長柴原亀二・庶務課長兼土木課長今井武夫・知事官房秘書課長鶴本甲子祿・保安課長長山徹・収税属中根範・同川村茂七と同県の炊事請負人中井茂吉・土木用達人星欽三を逮捕し、このなかの柴原亀二（重禁錮三年・監視六箇月）・今井武夫（重禁錮二年・罰金四円・監視六箇月）・長山徹（重禁錮二年・監視六箇月）を起訴（他の者は免訴となるが、この他法院書記安永三四郎が起訴され鳳山県法院書記津国百松・同県警部酒勾清治・鳳山法院書記小川周作も予審に付された）されるという鳳山県疑獄事件があった(72)。

新聞の紙面も、「目下台北高等法院に於て取調中なる収賄事件に就ては其後怪聞続出し今日まで臨時土木部員の拘引されしもの三十余名の多きに及び実に近来の大疑獄なるが此頃其筋より某々被告人の家宅に就き厳重なる捜索を為したるに莫大の価格ある金塊并に額面万を超へたる銀行手形等を発見し直に証拠物件として引上げられたりと云ふ」(73)や、「台湾鳳山県書記官兼法官柴原亀二外六名の高等官ハ官吏収賄及び詐欺取財の廉を以て拘引せられたり[74]」、「五日（八月―筆者註）午後九時多数の憲兵警察官等ハ各々部署を定左記の被告人を逮捕せり　書記官柴原亀二　庶務課長今井武夫　秘書課長鶏本甲子祿　収税属川村茂七　収税属中根範　保安課長警部長山徹　南洋館主人星欽三　炊事受負人中井茂吉　右拘引状執行の後検察官代理警部友成富二郎氏ハ徹夜糺問に従事し被告人の中にハ既に罪状自白に及びたる者あり孰れも留置の身と奈り翌六日ハ早朝より各被告人の家宅捜索を為したり初め拘引の夜ハ寝耳に水を差したらん如く事の余りに唐突奈りしかバ県庁内ハ為めに多少動揺せんとしたれども憲兵巡査の戒厳重奈りし為め直ちに沈静し難奈く被告人の逮捕を遂げたり[75]」といった、台湾総督府官吏の腐敗記事が枚挙に暇がないほど載せられていた。

このような状況のなかで、本国政府と台政刷新を協議するために六月二五日に上京した乃木総督[76]は、人事刷新を断行する。この人事刷新による再出発をめざす乃木に対して、天皇は乃木を八月二日京都御所に呼び「台湾諸島朕カ版図ニ帰セシヨリ日尚ホ浅ク新附ノ民未タ或ハ其堵ニ安セサル者アラン宜シク民情旧慣ヲ視察シ撫恤ヲ加フヘシ卿善ク朕カ意ヲ体シ官紀ヲ慎粛シ政綱ヲ簡明ニシ以テ徳化ヲ宣揚スルコトヲ勉メヨ[77]」と勅している。天皇は、乃木に「官紀ヲ慎粛シ政綱ヲ簡明ニシ以テ徳化ヲ宣揚スルコト」を沙汰し、その指導力を発揮させて台政刷新を強く求めた。もっとも、この勅語を、抜き差しならない状態になっていた乃木総督と高嶋拓殖相との関係を憂いた天皇が、「台湾の大政を乃木総督に一任する如き深き御信任を篭めたる者[78]」とした解釈がなされていたように、別の側面から台湾総督府と拓殖務省との軋轢を調整し、台湾総督にその統治責任を一任して台政腐敗の撲滅を強く指示したものであったともいえよう。

天皇が、敢えて乃木を京都に召してまで官紀慎粛・政綱簡明を求めざるを得なかったほど、台湾総督府の腐敗は極度に達していた。それは、賄賂収受といった疑獄事件よりもさらに悪質なものであった。『日本』は、「台湾官吏

の醜態」と題して、

台湾埔里社支庁長檜山鉄三郎が、其部下の官吏等と働きたる強盗、詐偽取財恐喝に関する予審終決の罪状は、掲げて昨日の紙上に在り、其兇奸獰悪の心術は今更にいはず、苟くも我新版図の経営治安に任ずる官吏、而かも支庁長といはるゝものに斯くの如き兇徒あらんとは、誰か咄嘆せざらんや。（略）法網の及ばざる範囲に於て、奸奸狡獪専横圧制の悪風が一般の台湾官吏社会を襲ひつゝあるは、之を信せざらんと欲するも能はざるなり。官吏にして賄賂を土人より強取せる者あり、御用商人と好私を営むあり、憲兵及巡査にして良民の妻女を強姦せし者あり殴打殺傷せし者ありとの風説は、数ゝ之を耳にす、然れども吾輩は固より之を目撃せしに非ざるが故に、敢て其事ありと断言せず。唯其れ火なき所には烟揚らず風なき所には枝鳴らず、斯くの如き風説の数ゝ吾人の耳に至るは、少くも之に類似せる事の台湾官吏社会に行はるゝものあるが故に非ずや。而して彼檜山鉄三郎の如きは、其空気の腐敗せるに乗じて、漸やく増長し遂に如此の大凶を働くに至りたるに非ざるなきを得んや、否らずんは彼檜山鉄三郎も亦人なり嘗て代議士の栄を有せし者なり、安くんぞ敢て大胆にも此不忌不畏の行を逞くするを得んや。（以下略）

言語風俗人情の異なりたる新領土を経営綏撫する、固より容易の事に非ず。然れども我既に力を以て之を収る、苟くも厳正を以て匪徒に臨み、仁慈を以て良民に対せば、其れ豈に服せざることあらんや。（略）苟くも吾輩の数ゝ耳にする如き風説をして其類似あらしめば、土匪ならざるも固より常に反抗すべし、況んや台北疑獄事件の如き、村落襲殺事件の如き、今回檜山強盗事件の如きこと、数次之あるに於ては、縦令台湾土民ならざるも、誰か敢て其威信に服して其生産に安んずるものあらんや。吾輩此に於て知る、台湾治安の久く鞏固ならざる、洵に偶然に非ざるを。

台湾は非免官吏の沈澱池なり、無頼有志の買収所なり、とは、久く世人の喧伝する所なり、（略）紀綱の以て之を束縛鞭撻するなくんば、是れ猶ほ群獣を野に放つが如し、焉くんぞ得て其野心を恣にせざらんや。然れども其責の尤も重きは、進退黜陟の権を握るの人に在り、檜山鉄三郎の如き、其罪固より悪むべきも、之を擢用したるの人亦豈に責なきを得んや、之を監督する能はざりし人、亦豈に責なきを得んや、吾輩は敢て其責を問はんと欲するものなり。

抑廉耻の消磨せし今日より甚しきはなく而して台湾は尤も甚し、台湾官紀の大刷新を要し、台湾官吏の大陶汰《ママ》を要するは、最早争ふべからず、吾輩は切に之を当局者に責めざるを得ず。(79)

と酷評している。官吏の賄賂強要や御用商人との結託・憲兵や警察官の強姦や殴打殺傷といった無秩序的状況が本国にまで伝えられていたほど、台湾総督府は荒廃していた。総督府官吏の醜態の原因は、台湾を「非免官吏の沈澱池」であり「無頼有志の買収所」であるとした『日本』は、その責任を当局者に求める。立憲改進党や立憲革新党・中国進歩党・大手倶楽部等が合併して結成されたばかりの進歩党は、この『日本』の論説とかかる台湾の状況に対して「台湾の非政を鳴らすの聲益々高し、当局者猶ほ之を容るゝの意あらざるか(80)」と、松方内閣と乃木総督の責任を追及していた。

ここで『日本』が糾弾していた檜山鉄三郎は、台中県埔里社支庁長兼埔里社地方法院長兼埔里社撫墾署長心得の肩書きを持つ人物であったが、この事件により先ず埔里社撫墾署長心得を免ぜられ、次いで台中県埔里社支庁長兼埔里社地方法院長の非職が命ぜられ、さらにその後に懲戒免官となっている。これを、原文書でその経過をたどってみる。該当する文書は、『明治三十年台湾総督府公文類纂　甲種追加二』の第一八文書「檜山鉄三郎埔里社撫墾署長心得ヲ免ス及横山壮次郎撫墾署長事務取扱ヲ命ス」と、第一九文書「台中県支庁長兼任法院判官檜山鉄三郎非

職ヲ命ス」である。(81) まず第一八文書は、

〔A文書〕

明治三十年五月十九日　主任 朱印（森尻）　秘書課長 朱印（大島）

総督 朱印（乃木希典）　民政局長 朱印（宗義）　総務部長 朱印（宗義）　朱印（森尻）

辞　令　案　「五月十九日決裁　決行」（朱印）

埔里社撫墾署長心得ヲ免ス

台中県支庁長　檜山鉄三郎

台中県管内捕里社出張中埔里社撫墾署長事務取扱ヲ命ス

台湾総督府民政局技師　横山壮次郎

電　報　案　即日出し

局長

補（本日）撫墾署長心得ヲ免セラレタリ

檜山支庁長宛

仝

横山技師本日台中県管内埔里社出張中補（同）撫墾署長事務取扱ヲ命セラレタリ

局長

埔里社出張先　押川事務官宛

（台湾総督府民政局用一三行×2茶罫紙一枚に墨筆）

〔B文書〕

受信人　ミンセイキヨク　シヨクサンフテウ　タイリ　アリタ　マサモリ　親展
発信人　ホリシヤ　アサヒクワン　シヨクサンブテウ　オシカワ　ノリヨシ
発　局　五月十九日午前十時十分
着　局　午後三時二二分
ジムゼウ　サシツカエアルニツキ　ヒヤマノシヨテウココロエヲメンジ　ヨコヤマギシニトウチシユツテウチ
ウシヨテウジムトリアツカイヲ　デンシンニテ　メイレイアルヨウ　トリハカライアレ　セウクワンワ　アス
マデタイザイス

（日本政府電報送達紙一枚）

とある。檜山鉄三郎の埔里社撫墾署長心得罷免は五月一九日に決定され即日決行され、その事務取扱を埔里社出張中の民政局技師横山壮次郎に命じていた。第一文書は、檜山の罷免と横山の事務取扱の辞令案とその電命案であり、第二文書は民政局殖産部長代理有田正盛宛の横山任命請訓電報文であった。即日決裁と決行がなされたのは、檜山が五月一九日に逮捕され拘留されたということだけではなく、既にその前に檜山の叙位上奏がなされていたことにある。この点を記したのが、次の第一九文書であった。その文書は、

〔C文書〕

〔欄外〕　朱印（森尻）　「五月廿一日午前十一時二十五分発送」朱印（紀内）
明治三十年五月二十日　　秘書課長　朱印（大島）
総督　朱印（乃本希典）　民政局長　朱印（宗義）　総務部長　朱印（宗義）
拓殖務次官へ電報案
檜山台中県支庁長兼法院判官勾留セラル非職ノ稟議取計ヲ乞フ
乃木
北垣次官
（台湾総督府民政局用一三行×2茶罫紙一枚に墨筆）

〔D文書〕　朱印（高橋虎太）
拝啓陳者本日別紙ノ通台湾総督へ電報ヲ発シ候条此旨御通知致置候頓首
五月廿六日
樺山秘書官
高橋事務官殿
（拓殖務省用一三行茶罫紙一枚に墨筆）

〔E文書〕
三十年五月二十二日決行　朱印（高橋虎太）
上奏案
台中県支庁長兼台湾総督府法院判官正七位檜山鉄三郎

右台中県弁務署長兼台湾総督府法院判官ニ任叙之儀曩ニ上奏致候処詮議ノ次第有之御取消相成度

謹テ奏ス

年　月　日

台湾総督

非職稟議案

台中県支庁長兼台訂〔中県〕（湾総）督府法院判官正七位檜山鉄三郎

右事務ノ都合有之削〔通リ〕非職相命シ度此段及稟議候也

台湾総督

総理大臣代理宛

（台湾総督府用一三行×２茶罫紙一枚に墨筆）

〔F文書〕

台中県支庁長兼台湾総督府法院判官檜山鉄三郎犯罪処分ノ件上奏ヲ経タリ

朱印（高橋虎太）

明治三十年五月廿六日

拓殖務大臣

台北　乃木総督

（拓殖務省用一三行茶罫紙一枚に墨筆）

〔G文書〕

別紙檜山鉄三郎非職認可書及御送付候也
明治卅年五月廿六日　拓殖務大臣秘書官
高橋事務官殿
（拓殖務省用一三行茶罫紙一枚に墨筆）

〔H文書〕
明治三十年五月廿二日台湾総督稟議
台中県支庁長兼台湾総督府法院判官檜山鉄三郎非職ノ件認可ス
明治三十年五月廿五日
内閣総理大臣代理　枢密院議長伯爵黒田清隆　朱印（内閣総理大臣臨時代理之印）
（内閣用一〇行朱罫紙一枚に墨筆）

〔I文書〕
〔欄外〕　朱印（高橋虎大）　即日発電
電　報　案
檜山削〔二十五日〕非職二十五日認可削〔セラル〕　高橋
台北　水野（親展）
（台湾総督府用一二行×2茶罫紙一枚に墨筆）

〔J文書〕

一八九七年五月二六日発

一八九七年五月二六日午後一時五〇分接受

Personal Mizuno taipeh

Hiyamahishoku nijiugo nichi ninka takahashi

檜山非職二十五日認可

高橋

水野

（洋式電報用紙一枚にペン筆）

〔K文書〕

明治三十年五月二十七日　朱印（森尻）　秘書課長　朱印（大島）　朱印（松山国彦）

総督　朱印（乃木希典）　民政局長　朱印（水野）　総務部長　朱印（水野）　朱印（森尻）

辞　令　案　「五月二七日　決裁　決行」（朱印）

台中県支庁長兼台湾総督府法院判官　檜山鉄三郎

非職ヲ命ス

明治三十年五月二十五日

民政局長ヨリ台中県知事ヘ通知案

檜山支庁長五月二十五日非職ヲ命セラレタリ　局長

台中県知事宛

柴崎埔里社地方法院長へ

檜山判官補(五月二十五日) 非職ヲ命セラレタリ　局長

柴崎埔里社地方法院長宛

(台湾総督府民政局用一三行×2茶罫紙一枚に墨筆)

である。C文書は、台中県支庁長兼法院判官の檜山を非職にせんがため翌二〇日北垣国道拓殖務次官宛に非職の稟議電報文を起案し即日決裁を得たこと、E文書で同月二二日に決行された「任叙之儀曩ニ上奏致候処詮議ノ次第有之御取消相成度」とした上奏案と総理大臣宛の非職稟議書案が綴られている。これに対して、先ずD文書でF文書の高嶋拓殖相より乃木総督宛の「檜山鉄三郎犯罪処分ノ件上奏ヲ経タリ」とした五月二六日発電報による通知書を、総督宛に送付した旨を伝える樺山資英拓殖務大臣秘書官から高橋虎太台湾総督府事務官宛の書翰と、G文書で同日付高橋事務官宛樺山秘書官の書翰とH文書の黒田清隆首相代理からの五月二五日付で非職が認可された旨を伝える認可書が綴られ、さらにこれらの措置からI文書とJ文書の五月二六日発高橋事務官より水野民政局長宛の認可通知電報文案及び電報文が、K文書で五月二七日に決裁され即日決行された檜山非職の辞令書を村上義雄台中県知事と柴崎守雄埔里社地方法院長宛通知書がそれぞれ綴られている。

非職となった檜山は、さらに七月一六日に民政局事務官三島敏教・同杉浦篤三郎とともに懲戒免官となった。

『明治三〇年台湾総督府公文類纂　甲種追加三』第八文書の「檜山鉄三郎・三島敏教・杉浦篤三郎懲戒免本官」(82)では、

明治三十年七月十六日　　即日発

総督　朱印（乃木希典）　参事官　朱印（大島）

出秘第十一号

懲戒免官上奏案

非職台湾総督府法院判官　檜山鉄三郎

非職台湾総督府民政局事務官　三島　敏教

同　杉浦篤三郎

免本官

右謹テ奏ス

年　月　日　総督

拓殖務大臣へ進達案

一　非職台湾総督府法院判官檜山鉄三郎外二名免官ノ件

右其筋へ御進達相成度候也

年　月　日　総督

大臣宛

（台湾総督府民政局用一三行×2茶罫紙一枚に墨筆）

となっている。

この檜山鉄三郎は、竹田忠治・井上鼎・河内圭司・潘阿敦・潘肉端・李清海・李阿為とともに、判官塩津信義の埔里社地方法院に強盗恐喝取財官吏商業詐欺取財家屋毀壊窃盗罪として起訴され、明治三〇年六月二三日重懲役九年（竹田と井上は重禁錮二年、河内は重禁錮二月罰金四円監視六月、潘阿敦・潘肉端・李清海は重禁錮三月監視六月、李阿為無罪）の判決が下されている。(83)

この判決文によると、首謀者の檜山は、①明治二九年七月土匪逢難の為に食物その他欠乏を名義に公金数百円を不法に用いて川澄恵之をして埔里社西門街に雑貨商を営業し不当利益をあげたこと、②明治二九年一一月から翌三〇年五月までの間、生蕃撫育上物品一手交換の名義を以て井上に一手交換人たらしめ交換業の特許を与え数百円を出資して交易商業を行い不当利益をあげたこと、③明治三〇年一月二五日部下の官吏竹田・交易業名義者の井上・生蕃通事李清海や潘阿敦・潘肉端を教唆し原住民と密売していると思われる複数の住民の家に不法侵入しその該当者及び妻子等を不法監禁し脅迫・恐喝等により金銭や物品を強奪したこと、④明治三〇年二月一二日自宅に隣接していた漢民族系住民の住居（土匪の危険から避難していた）三棟を不潔と称して毀壊しその土地を不法に奪取したこと等、私欲により職権を濫用し地位を利用し部下を使って、住民から土地・金銭・物品を強奪・詐欺・窃盗し不法商売を行ったというものであった。

ここで『日本』が糾弾している台中県埔里社支庁長兼埔里社法院長兼埔里社撫墾署長心得であった檜山は、明治三〇年五月一七日に逮捕・拘留され翌六月二三日埔里社地方法院において重懲役九年の実刑判決を受けたが、これを不服として覆審法院に上告し八月二七日同院において重禁錮一年三月・罰金一五円の判決を受け、さらにこれを不服として高等法院に上告したものの、結局同年一二月一七日上告棄却の判決を受け有罪が確定している。これらの裁判により判明した罪状を、『明治三一年台湾総督府公文類纂』第四六巻の第一文書に綴られている、明治三一年一月三一日に高等法院長が乃木総督に提出した高等法院判決報告書「有位者非職法院判官正七位檜山鉄三郎有罪判決確定ノ旨内閣総理大臣へ具申」(84)よりみると次のようになる。

〔A文書〕

〔欄外〕 朱印「民法第四九号」 朱印「民民第六三一号」 朱印(静) 朱印(佐野)

東京府東京市芝区新銭野町十七番地当時台中県埔里社撫墾署内

宿舎寄留平民非職官吏 正七位 檜山鉄三郎 三十五年

右家屋毀壊被告事件ニ付明治三十年八月廿七日覆審法院ニ於テ重禁錮一年三月罰金一五円ニ処セラレ其判決ニ服セス上告ヲ為シタル処同年十二月十七日当法院ニ於テ上告棄却ノ判決ヲ言渡シ其判決確定致候条此段及具申候也

明治三十一年一月卅一日

高等法院長 水尾訓和 朱印(台湾総督府高等法院長之印)

台湾総督男爵 乃木希典殿

(台湾総督府高等法院用一三行×2茶罫紙一枚に墨筆)

〔B文書〕

判決書写

東京府東京市芝区新銭野町十七番地当時台中県埔里社撫墾署内
宿舎寄寓平民非職官吏正七位　檜山鉄三郎　三十五年
北海道庁石狩国札幌郡平岸村四十七番戸当時台中県埔里社撫墾
署内宿舎寄寓平民非職官吏　竹田　忠治　二十六年
愛媛県越智郡日吉村大字倉敷百八十弐番戸当時台中県北角堡
蜈蚣崙庄寄寓士族生蕃品交換業　井上　昇　二十八年
新潟県北蒲原郡乙村大字大出六十四番戸当時台中県埔里社南門街
寄寓平民非職官吏　河内　圭司　二十六年

右鉄三郎カ強盗教唆官吏商業恐喝取財家屋毀壊詐欺取財被告事件忠治昇カ強盗被告事件ニ付明治三十年六月二十三日埔里社地方法院ニ於テ言渡シタル判決ニ対シ原法院検察官ハ各被告ノ刑軽キニ失シ又無罪ト為シタル点ハ渾テ有罪タルヘキモノナリ且ツ訴ヲ受ケタル点ニ対シテ判決ヲ与ヘサルノ不法アリトシ各被告ハ有罪ノ判決ハ全部不服ナリトシテ各控訴ヲ為シタルニ因リ当法院ハ審理ヲ遂ケ判決スルコト左ノ如シ

原判決ノ全部ヲ取消ス
被告鉄三郎ヲ重禁錮一年三月ニ処シ罰金拾五円ヲ附加ス
被告忠治昇ヲ各重禁錮二年六月ニ処シ監視六月ニ付ス
被告圭司ヲ無罪トス

現在ノ賦品甲紋二個ハ被害者廖武興ニ差押ノ書類物品ハ渾テ各差出人ニ仮下ニ係ル賦品ハ其侭各被害者ニ還付
ス

事実及理由

被告鉄三郎ハ台中県埔里社支庁書記官埔里社地方法院長埔里社撫墾署長心得在職中明治二十九年七月中旬土匪騒擾ノ際挙家難ヲ避ケテ不在ナル埔里社南門外茄冬脚庄蘇阿春劉阿罵頼万生所有ノ各間口弐丈奥行一丈六尺許ノ家屋三棟ハ己レカ所有家屋ニ隣スルヲ以テ之ヲ破壊シテ其附近ノ眺メヲ一新シ併セテ其敷地ヲ邸内ニ囲ヒ入レント欲シ同年八月中平井運八岩本金蔵ニ命シ日々烏牛欄ノ熟蕃五六十人ヲ使役シ一週日余ヲ費シ全部破壊ノ上其敷地ヲ己レノ邸内ニ取入レ垣ヲ設ケ他人ノ出入ヲ禁シタルモノナリ

被告忠治昇ハ其筋ノ允許ヲ得ス生蕃ト交易スル者ノ財物ヲ強奪セシヿヲ申合セタル上

第一明治三十年正月廿五日午後四時頃味木杞林天和潘阿敦李阿為等ヲ引連レ埔里社支庁管内北角堡蜈蚣崙庄潘阿根宅ニ到り密カニ生蕃ト交易ヲ為シタルハ不埒ナリ打殺スヘシト脅迫シ阿根カ其威ニ怖レ逃走シタル後チ家内ヲ捜索シテ銅盥五枚釦三ダース黒色金巾三丈六尺麻布二反鍋一個生蕃衣拾九枚弾丸五十発土豆一斗粟一斗蜂蜜四斤麻袋一個木耳二斤ヲ強奪シタリ

第二被告忠治昇ハ同年旧二月一二日午後四時頃林天和李阿為等ヲ引連レ同管内北角堡守城份削〔堡〕庄伝阿伝ノ留守宅ニ到リ其妻ルービツニ対シ生蕃ト密カニ交易セシハ法ニ背キシモノナリ貧窮ノ為メ親類ヨリ貰ヒシトハ詐リナリト云ヒ多人数暴威ヲ示シ宅内ニ在リシ銃一挺山羊皮一枚粟五升蕃布一枚鹿角一対其他三品ヲ強奪シタリ

第三被告忠治昇ハ同年三月十一日夜十時頃昇ノ雇人宮本初太郎劉竜ノ二人ヲ引連レ同管内同堡同庄林天和方ニ

到リ密カニ生蕃補(ト交易)ヲ為シタルハ不法ナリト称シ拒マハ其侭ニセサル有様ヲ示シ自ラ家内ヲ捜索シテ
刀一本粟五六升アムチント称スル布一丈三尺釦二包塩二十斤ヲ強奪シタリ
第四被告忠治昇ハ昇ノ雇人ナル宮本初太郎李清海潘阿敦潘肉端李阿為等ニ対シ撫墾署ノ允許ヲ得ス密カニ生蕃ト物品ノ交換ヲ為スモノアラハ訂〔其〕（之ヲ）勾引シ交換シタル物品ハ勿論交換ニ供スル物品ニ至ルマテ悉ク之ヲ強奪スヘシト予テ唆カシ置キタルヲ以テ初太郎外四名ハ其教唆ニ応シ明治三十年旧三月三日午前六時頃仝管内仝堡蜈蚣崙庄廖武興宅ニ到リ密カニ生蕃ト交易シタルハ不都合ナルヲ以テ捕縛スヘシト申嚇シ宅内ヲ捜索シテ蕃衣十三枚外数品ヲ奪ヒ之ヲ携ヘテ一ト先ツ仝庄ニアル物品交換所ヘ武興ヲ引致シ尚ホ奪フヘキ品アルヲ以テ武興ヲ捕縛シ置キ再ヒ武興方ニ到ラントシタルニ武興ハ逃走シタルニ依リ直ニ武興方ニ到リ鉄刀十本外二十数品ヲ奪ヒ踵テ隣家潘阿四老方ニ至リ武興カ預ケ置キタル金二十余円在中ノ銭箱アルヲ知リ潘阿四老ニ対シ邪魔スルトキハ打ツヘシト脅シ右銭箱ヲ奪ヒタルモノニシテ前後合計三十八品金二十円余ヲ強奪シタリ
右鉄三郎カ家屋毀壊ノ事実ニ対スル証拠徴憑ハ被告ノ予審訊問調書及当公達ノ陳述劉阿罵頼万生蘇阿春ノ告訴調書証人トシテ同人等カ予審ニ於テ訊問ヲ受ケタル調書平井運八岩本金蔵カ本件ノ被告トシテ予審ニ於テ訊問ヲ受ケタル調書ヲ以テ十分ナリトス
右忠治昇カ強奪及強奪教唆ノ事実ニ対スル証拠徴憑ハ被告及証人廖武興許新金ルービツ潘阿申潘阿根補(潘)阿四老ノ予審訊問調書本件ノ共同被告タリシ李阿為宮本初太郎味木杞李清海潘阿敦潘肉端林天和ノ予審訊問調書廖武興林天和伝阿伝潘阿根ノ告訴調書司法警察官ノ検証調書押収目録賦品仮下受書現在ノ賦品被告忠治昇カ当公廷ノ陳述ヲ以テ十分ナリトス
之ヲ法律ニ照スニ鉄三郎カ家屋毀壊ノ所為ハ刑法第四百十七条ニ該ルヲ以テ仝条記載ノ刑期範囲内ニ於テ重

禁錮一年三月ニ処シ罰金十五円ヲ附加スヘキモノナリ忠治昇カ第一第二第三ノ所為ハ刑法第三百七十八条第三百七十九条第一項ニ該リ第四ノ所為ハ同法第百五条第三百七十八条第三百七十九条第一項ニ該ルモ所犯原諒スヘキ情状アルヲ以テ同法第八十九条第九十条ニ依リ各本刑ニ二等ヲ減シ二年以上五年以下ノ重禁錮ノ範囲内ニ於テ処罰シ仝法第三百八十四条ニ依リ六月以上二年以下ノ範囲内ニ於テ相当ノ監視ニ付スヘキモノナルニ依リ第一ノ罪ヲ重禁錮二年六月ニ処シ監視六月ニ付シ第二第三第四ノ罪ヲ各重禁錮二年五月ニ処シ監視六月ニ付シ数罪倶発ニ付同法第百条ニ依リ一ノ重キ第一ノ刑ノ執行ヲ受ケシメ現在ノ賦品ハ刑法第四十八条ニ依リ被害者ニ押収書類物件ハ各差出人ニ還付スヘキモノナリ

被告鉄三郎カ第一在官中営利ノ目的ヲ以テ川澄恵之ト共同シ恵之ノ名義ヲ藉リ明治十《ママ》九年七月以来埔里社城内ニ於テ埔里社商会ト称スル雑貨副食物等ヲ販売スルノ業ヲ営ミタルヿ第二同シク営利ノ目的ヲ以テ井上昇ト共同シ昇ノ名義ヲ藉リ仝年十一月以来北角堡蜈蚣崙庄ニ於テ訂〔交〕（生）蕃ト交易ノ業ヲ営ミタルヿ第三同年九月中河内圭司ヲシテ埔里社南門街羅金水ノ妻阿純及養子張星輝ヲ其往来ニ於テ恐喝シ同月二十五日付ノ家屋贈呈ノ証書ヲ騙取セシメタルヿ第四同年十一月四日右張星輝ニ対シ恐喝ノ上其所有家屋一棟ヲ貸与スヘキ旨ノ証書ヲ騙取シタルヿ第五埔里社埔南門外茄冬脚庄ニ在ル自己ノ家屋ヲ同年十月平井運八ニ貸与スルニ当リ隣家徐老蕃ノ家屋ヲ己レノ所有ト詐リ同人ニ貸与シ数度ニ家賃ト称シテ金百十円余リ騙取シタルヿ第六竹田忠治井上昇ニ対シ己レカ営利ノ為メ生蕃物品交換事業ヲ盛大ナラシムル為メ密カニ生蕃ト交易スルモノヽ家宅ニ蹂ミ暴行若クハ脅迫ヲ加ヘ其所有物品ヲ強奪スヘシト教唆シタルヿハ何レモ其証憑十分ナラス河内圭司カ右第三ニ付キ鉄三郎カ命令ニ依リ王阿純張星輝ヲ恐喝シテ家屋贈呈証書ヲ騙取シタルヿ及第四ニ付キ鉄三郎ト共謀シテ張星輝ヲ恐喝シ家屋貸借証書ヲ騙取シタルヿハ証憑十分ナラス以上ノ証憑十分ナラサル点ニ付テハ鉄三郎圭司ヲ

何レモ無罪トス

右ノ事実及理由ナルニ鉄三郎ニ対スル第一第二ノ官吏商業第六ノ強奪教唆鉄三郎圭司ニ対スル第三恐喝取財ハ証憑十分ナリトシ有罪ノ判決ヲ為シタルヿ鉄三郎カ家屋毀壊ノ罪ニ対シ法条ヲ適用シアルノミニシテ刑期及附加罰金ノ額ヲ定メサルヿ忠治昇カ各強奪罪ニ対シ同ク刑期ヲ定メス尚且ツ重罪ノ刑ヲ訂〔重〕（減）シテ軽罪ノ刑ニ処スル𪜈ハ刑法第三百八十四条ニ依リ六月以上二年以下ノ監視ニ付スヘキモノナルニ草々重禁錮ニ処シ監視ヲ付セサルヿ忠治昇ノ刑ハ軽キニ過キ罪刑其権衡ヲ得サルヿ宮本初太郎外四名カ忠治昇ノ教唆ニ基キ廖武興方ニ馳リ物品ノ強奪ヲ為シ踵ケ隣家潘阿四老方ニ馳リ廖武興ノ所有品ヲ強奪シタル事実ハ予審終結決定ノ上公利ニ付セラレタルモノナルニモ拘ハラス潘阿四老方ニ於ケル物品強奪ニ付キ何等ノ判決ヲ与ヘサルヿ以上ノ数点ハ原判決其当ヲ失シタルモノニシテ検察官及被告ノ控訴ハ結局理由アルモノトス

鉄三郎ニ対スル右第四ノ恐喝取財第五ノ詐欺取財及ヒ河内圭司カ其第四ニ付鉄三郎ト共謀実行シタリトノヿハ何レモ其証憑十分ナルニ原法院カ無罪ヲ言渡シタルハ不当ナリトノ検察官ノ扣訴ハ其理由ナキモノトス

以上ノ理由ニ依リ主文ノ如ク判決スルモノナリ

明治三十年八月廿七日於覆審法院刑事部公廷検察官磯部亮通立会宣告ス

裁判長判官　加藤重三郎
判官　加藤礼次郎
判官　広井埼太郎
法院　書記　堀田　武彦

（台湾総督府高等法院用一三行×2茶罫紙八枚に墨筆）

〔C文書〕

〔付箋〕「有位者檜山鉄三郎犯罪事件補（賞）勲局へ具申」

明治三一年二月二日立案・二月二日受領・二月三日決裁・二月四日発

総督　朱印「代理」（静）　民政局長　朱印（静）　文書課長　朱印（佐野）　秘書課長　朱印（佐野）

総務課長　朱印（大島）　掛長　朱印（小松）　主任　朱印（宮川）

内閣総理大臣へ具申按

非職台湾総督府法院判官正七位　檜山鉄三郎

右家屋毀壊被告事件ニ付有罪ノ判決確定ノ旨別紙写ノ通高等法院長ヨリ具申有之候ニ付此段及具申候也

年　月　日　　総督

内閣総理大臣宛　（親展）

（台湾総督府民政局立案茶用紙一枚に墨筆）

結局、これだけの事件を引き起こした檜山鉄三郎ではあったが、上級審において「鉄三郎ニ対スル右第四ノ恐喝取財第五ノ詐欺取財及ヒ河内圭司カ其第四ニ付鉄三郎ト共謀実行シタリトノ乛ハ何レモ其証憑十分ナラサル」として「無罪」となったことは、現代における疑獄事件と同様に高級官吏の犯罪を処罰しきれない近代法の欠陥と同質の問題を抱えていたことになる。西欧から導入した近代刑法は人々の納得を得ることはできない事例が少なからずあるが、この事件はその一つの事例といえよう。いずれにしても、台湾総督府官吏の腐敗は抜き差しならない状況に達していたのである。

問題は、かかる犯罪が独り檜山鉄三郎だけではなかったことであろう。台湾総督府が、「非免官吏の沈澱池」となり「無頼有志の買収所」となっていたことから、かなり悪質で程度の悪い官吏が横行していたことが分かる。『万朝報』は、四月一七日から、

台湾に於ける上下官民の腐敗せる事実ハ既に屢バ報道せし所なれども今や此腐敗の病ハ既に膏盲に入り其現象の見るべきもの決して既報の事実のみに止らず各官庁に冗官贅員の多き冗官贅員の御用商人と結托して私利を網みする、御用商人の全嶋の人心を腐蝕する詐偽師山師売淫師の跋扈跳梁する凡そ有りと有ゆる弊風害毒ハ今や吾人をして眼を閉ぢて浩嘆せざるを得ざらしむる者あり或人曰く俗吏賊吏と音相通ず台湾官吏ハ俗吏に非ずして賊吏なりと(85)

として、特別通信員発の連載記事として五月七日迄「台湾に於ける人心腐敗の現象」を掲載し、台湾官吏の腐敗の実態を克明に記し、輿論にその深刻さを訴えていた。かかる連載記事が、連日紙面を埋めつくしていたことに、台湾統治と台湾総督府が如何に深刻な状況にあったかが窺われよう。

勿論、これらは三面記事的な内容ではあったが、かかる情報が頻繁に国内に伝えられてきたことから、政界は大きな衝撃を受けることになる。総督府官吏の腐敗はとどまるところを知らず、それは軍隊や憲兵ですら例外ではなかった。同紙はまた、「台湾軍政部の腐敗」と題した特派員報告を連載して軍政部の腐敗をも糾弾しているからにほかならない。「号令厳粛秋毫不犯とハ是れ征清役に於て我軍隊が先進文明国に向って博取せし最大美名なりし」たるかつての「好軍隊」は、今や「暴軍隊」に変質してしまったと嘆き、「今や本嶋行政の腐敗ハ普ねく天下の認識する所となり台政刷新の聲ハ母国の到処に囂囂たり」とし、「由来我国に於てハ軍事ハ陛下の大権に属し而かも陸海軍部の他の行政部に比して大勢力を有する有りて如何に政争者流と雖ども陸海軍務の部面に於てハ決して容易

に言議を其間に挟み易からざる者あり」と、聖域化している軍の実情を指摘し、「世に未だ多く知られざる軍隊の暴虐非行を実写し其真相を母国同胞に知らしむる」ことにより、「軍政民政両ながら腐敗し台湾の全政挙げて糜爛の極に達せるの今日」こそ、民政部の大掃蕩と軍政部の大改革が急務であるとする。軍の変質は、台湾鎮定戦争から表面化していくが、なかでも日台戦争中台北占領後南進するなかで「彼等の印せる暴横残虐の痕跡」は無限にあり、「彼等が出討毎に村落の富豪良民に対して施こせる罪悪」や「軍隊附御用商人と結托して」不正の私利を貪り私腹を肥やしていたと批判する。(86)

御用商人と結託した軍隊は、土匪征討における軍夫雇用に際しても「土人人夫ハ其元請ハ一名一日七十銭若くハ八十銭なれども実際人夫に支払はるゝ所は三十銭乃至三十五銭に過ぎず」その差額を着服し、五月八日の大稲埕土匪襲撃事件では事前に土匪襲来の報を入手しておきながら、「烏合の草賊何程の事か有らんとて殆んど一笑に附し」、又、「軍務局参謀部の某参謀官の如きハ諜報の急を告ぐる斯の如くなるにも拘はらず艋舺に春夢を買ひつゝあり」といった堕落と醜態をみせ、(87)艋舺新起街の憲兵屯署では理由もなく大工とその弟子を投打するのみならず、(88)日常茶飯事となっていた無実の富豪に土匪の嫌疑をかけて金銭を略奪する悪業や、海山口憲兵署管内の大安寮と土城庄で起こった大虐殺事件等は、「彼等の目的ハ土人の綏撫、土匪の鎮圧に非ずして満身只だ己れの腹を煖むる」に過ぎない(89)と糾弾する。憲兵・軍隊への糾弾は、「荻原憲兵大佐自己の馬丁と結托して私営を事とせり」(90)で頂点に達するが、かかる状態に対して台湾に在住している良識的日本人ですら、「本嶋軍政部の非為虐行及び腐敗を臚列して母国人士の同情に訴ふ」(91)しか、国家権力と圧倒的兵力を持つ軍隊や憲兵の悪行を正すことはできないと嘆く。

かかる状況のなかで、乃木総督はその責任を水野民政局長の更迭という非常手段で回避せんとする。『明治三〇年台湾総督府公文類纂　甲種追加三』の第六文書「拓殖務省北部局長曽根静夫ヲ民政局長ニ任シ民政局長水野遵非職及依願免本官」[92]は、水野を更迭しそれに代わって曽根静夫を民政局長に据えるという人事に関する文書であるが、綴られている文書によると次のような経過を辿っていた。

〔A文書〕

明治三十年七月十二日

総督　朱印（乃木希典）　参事官　朱印（大島）

閣議稟議案

拓殖務省北部局長　曽根静夫

任台湾総督府民政局長兼台湾総督府民政局事務官

叙高等官二等

右請閣議候也

総督

訂〔拓殖務〕（総理）大臣宛

台湾総督府民政局長　水野　遵

右事務ノ都合ニ依リ非職被仰付度請閣議候也

総督

訂〔拓殖務〕【訂〔大臣〕（総理）】大臣宛

（台湾総督府民政局用一三行×2茶罫紙一枚に墨筆）

〔B文書〕

明治三十年七月十七日

総督 朱印（乃木希典） 参事官 朱印（大島）

案

台湾総督府民政局長 水野 遵

賜年俸四千五百円

右請閣議候也

年 月 日

総督

総理大臣宛

添 書 案

一 台湾総督府民政局長水野遵増俸請閣議ノ件

右其筋へ御進達有之度候也

総督

拓殖務大臣宛

（台湾総督府民政局用一三行×2茶罫紙一枚に墨筆）

〔C文書〕

明治三十年七月十七日

総督　朱印（乃木希典）　参事官　朱印（大島）

案

台湾総督府民政局長兼台湾総督府民政局事務官　曽根　静夫

賜年俸四千円

右請閣議候也

年　月　日　　総督

総理大臣宛

添　書　案

一　台湾総督府民政局長兼台湾総督府民訂〔事〕（政）局事務官曽根静夫俸給請議ノ件

右其筋へ御進達相成度候也

総督

拓殖務大臣宛

（台湾総督府民政局用一三行×2茶罫紙一枚に墨筆）

〔D文書〕

明治三十年七月二十日

総督　朱印（乃木希典）　民政局長　花押（曽根静夫）　参事官　朱印（大島）

水野民政局長へ電報案

今二十日曽根北部局長民政局長兼民政局事務官ニ任セラレ貴官非職被仰付ル山口事務官ニ事務引継ヲ為スヘシ

総督

山口事務官へ電報案

今二十日水野民政局長非職被仰付ル貴官ニ民政局長代理ヲ命ス

総督

木村秘書課長へ電報案

今二十日曽根北部局長民政局長兼民政局事務官ニ任セラレ水野民政局長非職被仰付ル命ニ依リ通報ス

大島参事官

立見軍務局長へ電報案

今二十日水野民政局長非職被仰付曽根北部局長民政局長兼民政局事務官ニ任セラル総督府条例ノ命スル所ニ依リ貴官総督ノ代理ト心得ラルヘシ

総督

（台湾総督府用一二行×2茶罫紙一枚に墨筆）

〔E文書〕

発局　八月二三日午後二時五分
着局　午後四時三〇分
消印　台湾台北大稲埕　三十年八月二十三日電信
ミズノヒショク　ミンセイキヨクテウヨリユシメンカンノコトコ《ママ》モウシイデタリ　ミギニトリハカライシカル
ベキヤ
水野非職民政局長ヨリ諭旨免官ノコト申出タリ右ニ取計可然哉
（日本政府電報送達紙一枚にペン筆）

〔F文書〕
明治三十年八月二十四日
総督　朱印（乃木希典）　秘書官　朱印（木村匡）
水野非職民政局長諭旨免官ノ件ニ付在京曽根局長へ電訓按
水野諭旨免官ノコト異議ナシ
乃木総督
曽根民政局長　親展
（台湾総督府民政局用一三行×2茶罫紙一枚に墨筆）

〔G文書〕

明治三十年八月二十七日　　不明

総督　代花押（曽根静夫）　民政局長　花押（曽根静夫）　参事官　代　花押（□□）

請　議　案

右事務ノ都合有之ニ付諭旨之上免官相成度此段請閣議候也

年八月廿七日　　非職台湾総督府民政局長　水野　遵

総督

総理大臣宛

添　書　案

一　非職台湾総督府民政局長水野遵諭旨免官請議

右其筋へ御進達相成度候也

年　月　日

総督

拓殖務大臣宛

前案認可相成候上ハ左ノ通リ

非職台湾総督府民政局長　水野　遵

都合有之ニ付辞表差出スヘシ

年九月二日

総督

辞表提出ノ上請議案

非職台湾総督府民政局長　水野　遵

依願免本官

右請閣議候也

年　月　日

総督

総理大臣宛

拓殖務大臣へ添書案例文ノ通リ

右仰高裁

（台湾総督府民政局用一三行×2茶罫紙二枚に墨筆）

〔H文書〕

明治三十年八月二十七日台湾総督稟議

非職台湾総督府民政局長水野遵諭旨免官ノ件請議ノ通

明治三十年八月三十一日

内閣総理大臣伯爵　松方正義　朱印（内閣総理大臣之印）

（内閣用一〇行×2朱罫紙一枚に墨筆）

このように、水野民政局長非職と拓殖務省北部局長曽根静夫任命はA文書にあるように七月一二日に閣議請議され、次いでそれまでの水野の功績を評価して免官前に増俸すべく年俸四五〇〇円下賜を求める閣議請議（B文書）を七月一七日に行い、結局七月二〇日付で非職（D文書）となった。その際、同日付で山口宗義民政局事務官に民政局長代理を、軍務局長立見尚文陸軍少将に総督代理を合わせて命じている。これに対して、水野は諭旨免官を求めた（E・F文書）ことから、G文書のように乃木は八月二七日諭旨免官の議を閣議請議し、八月三一日水野諭旨免官が決定（H文書）されて九月二日に諭旨免官となった。

以上のように、七月二〇日水野民政局長は疑獄事件や官吏の腐敗の責任を取ってその職を罷免されたが、在野の批判はこれで収まったわけではなかった。進歩党は、

台湾島治の改革は世論に促されて漸く其の緒に就かんとするものゝ如し。台政腐敗の責任者として指斥せられたる水野民政局長は、乃木総督の一喝の為めに素望遂けられざるを見て先つ自から辞表を提出しも当局者は之を省せずして却て非職を命せしは聊か以て快と為すべし。聞くが如くんば水野氏と共に辞表を提出せせ《ママ》し山口財務部長、土井通信部長も不日断然非職を命せらるべしと云ふ、益々以て快と為すべし。只、台湾の島治は由来根底に於て腐敗す、一局長、二三高等官の非免は以て其の面目を一新するに足らず、当局者にして真箇に台政の大改革、大刷新を施さんと欲せば上下を挙つて醜汚卑劣の吏員を一掃するを要す。何となれば島治の要は

制度にあらずして寧ろ人に存すればなり。(93)

と、民政局長更迭を契機とした大改革・大刷新を要求している。勿論、ここまで問題が大きくなったことから、総督府の最高責任者たる乃木の処遇について政府部内で問題にならない筈はなかった。なお、これによると水野は辞表を提出したがこれが認められず非職とされたとしている。そうであるとすると、水野は台政批判の責任をとって辞任したというより、乃木にその責任を取らされ罷免的措置として非職とされたものの、それまでの功績を考慮して諭旨免官となったと解すことができる。

乃木罷免要求は朝野一致したもので、二流の人物としての乃木批判や最高責任者としての能力に対する疑問がその根底にある。事態を重視した松方首相は、一〇月一八日天皇に拝謁して乃木を罷免して第一師団長に転補し、総督に枢密顧問官の川村純義を任じるとの乃木更迭案を上奏した。この案に対して天皇は、川村総督案は海軍の創始者でありその功績は大きいが、①川村は内閣を去って久しいこと、②政治の思想が乏しいこと、③台湾の気候の三点の疑問を挙げて、この川村総督案に同意せず、却って第一案西郷従道海軍大臣を乃木の代わりに総督とし、樺山資紀内務大臣を海軍大臣に就任させるという西郷総督案、これが不可能であるときは第二案前総督の桂太郎か陸軍次官児玉源太郎を総督とし、児玉次官の後任の陸軍次官には新参の陸軍少将を充てるという桂再任案乃至児玉総督案を、さらにこれが不可能な場合は第三案として陸軍中将の長谷川好道又は西寛二郎を充てるという、長谷川総督乃至西総督案を示して松方に再検討を促した。この三案のなかで、天皇が最も強く希望し且つ有力な案と認められたのが第二案である。第一案の西郷総督案は確かに明治七年の台湾出兵の経験から当時の政軍指導者のなかでは最適任者ではあったものの、現職の海軍大臣であることや日清戦後の海軍軍備拡張政策が開始されたばかりであることはもとより、事態が台湾の事情を熟知しているか否かではなく腐敗堕落した総督府官吏を如何に統括していくのかといった行政手腕が問われていたことから、その実現にはかなりの困難さがあった。又、第三案の長谷川や西の行政指導力は乃木と大差ないことからこの案は最も可能性の低い方策とみられた。このため、天皇は第二案の実現を図らんとして山県有朋の意見を聞くべく徳大寺侍従長を差遣するが、山県は第二案の児玉総督案には、①児玉は陸軍次官として軍拡を担当しており総督に転任することは軍拡に齟齬を生じさせ、②児玉を欠くことは議会運営をも困難にさせることとして反対し、次いで桂総督再任案にも、「若し夫れ勅命を以て強ひて太郎を総督に任ぜんとしたまふ如きことあらば、太郎前年辞職の経緯あり、遂に軍服を脱して庶人と為るべし、是れ陛下太郎を殺したまふなり」と強く反対した。(94)

確かに桂再任案は不適当であった。そもそも、長州閥を使い山県を抱き込んで権力的野望を抱く桂は、中央政界から離れて権力の座から遠のく台湾総督の地位に満足せず、台湾統治そのものにも全く熱意と責任感さえも持ち合わせてはなかったからにほかならない。それは、樺山総督の後継者として且つ乃木総督の前任者として台湾総督に任じていた桂は、明治二九年六月二日から同年一〇月一四日までの僅か四ヶ月たらず在任していたというだけで、その在任期間において「記すべき治績は多くない(95)」だけではなかった。総督として台湾に赴いたのは、総督就任後伊藤博文首相・西郷海相と六月一三日に台湾を訪れ、台北・新竹等の巡視をした後海路打狗に行き二三日には膨湖島を経由して厦門に向かっただけであった。(96)

桂ほど、無責任な人物はいない。桂の無責任さと権力欲からすると、山県の言の如く仮令天皇が強く要求しても権力中枢から離れる台湾総督の座に就くことは無理であったろうし、却って台湾統治をより困難にしたことであろう。桂は、「曩に一たび其の地を巡視したるに過ぎず、身は多く東京に在りて経営施治の法を講ぜり(97)」と『明治天皇紀』でもその無責任性を酷評しているように、統治者として終始任地台湾には赴こうとはしなかった。その桂は、伊藤内閣に代わって松方が組閣する段になったとき、松方の不手際も加わり総督留任問題て悶着を起こしている。拗れた総督留任問題で調停役となった井上馨は桂を説くが、桂は井上に「予寧んぞ安んじて遠く波涛を凌ぎて新領土に赴き、統治の衝に当るを得んやと、馨百方勧説するも肯せず[98]」として、遂に病と称して一〇月一二日辞表を提出してしまう。かかる桂総督辞任の経過からして、桂の総督再任は非現実的であった。

こうして、乃木更迭問題は皮肉にも天皇が執拗に人材不足のなかで文官総督制を求めていた台湾総督府官制の改正問題が決着した直後に起こったのである。軍は頑に天皇の命を排し武官総督制を固執したものの、現実に乃木に代わって総督になる人物を武官のなかから探し出すことができなかった。結局、乃木更迭は頓挫し乃木総督はそのまま留任することになる。

四　台湾総督府地方官官制の改正と拓殖務省の廃止

明治三〇年の統治政策のなかで特筆すべきは、台湾総督府地方官官制の改正によって、地方行政機構が整備され地方行政権が大幅に拡大されたことにある。

明治二九年に軍政を廃し民政に移行した台湾総督府ではあったが、明治三〇年に入り「地方政務の拡進ノ計画ハ先ツ地方官官制ニ一大改正ヲ加フルノ必要起リ元ノ支庁ヲ廃シ新ニ三県二庁ヲ増加シ而シテ下級行政普及ノ機関トシテ県庁ノ管下ニ其須要ニ応シテ弁務署ナルモノヲ設置[99]」することになり、台湾総督府地方官官制が制定された。もっとも、この改正とは別に台湾総督府官制が制定され民政局の組織・権限が改められ、なかでも地方行政については中央機関の権限が縮小されていた。これにより、地方政務は整理され、それまで民政局において統括されていた業務は地方官に委譲されて、民政局は大綱を総覧・監督し、細目は地方官に委ねられることになる。

総督府は、地方政務の拡進をなすために地方官制に一大改正を加えるため、明治三〇年二月二六日に同官制改正案と附属案を決定して拓殖務大臣に稟議していた。これに関わる文書が『明治三〇年台湾総督府公文類纂　第二巻』の第三文書に綴られている「台湾総督府地方官々制改正稟議」(100) である。該文書は、三月三〇日に決定し同月三一日に拓殖務大臣に送られたものである。

〔A文書〕

〔欄外〕三月三十一日発送済　朱印（金子）

〔付箋〕「勅令第百五十二号」

明治三十年三月二十六日　　事務官　朱印（高橋虎太）

民政局長　花押（水野遵）　内務部長

地方官々制改正案附属案ニ付拓殖務大臣ニ稟議案

台湾総督府地方行政組織変更ノ必要ヲ認メ台湾総督府地方官官制改正案及附属勅令案別紙ノ通削〔提出致候此段〕及稟議候也

年　月補(三十一)日　　総督

拓殖務大臣宛

（台湾総督府民政局用用一三行×2茶罫紙一枚に黒筆）

〔B文書〕

朕台湾総督府地方官官制改正ノ件ヲ裁可シ茲ニ之ヲ公布セシム

御名　御璽

明治三十年　月　日

内閣総理大臣伯爵　松方　正義

拓殖務大臣子爵　高嶋鞆之助

（台湾総督府用一三行×2茶罫紙一枚に墨筆）

〔C文書〕

勅令第　号

台湾総督府地方官官制

第一条　台湾ニ台北県、新竹県、台中県、嘉義県、台南県、鳳山県、宜蘭庁、台東庁及膨湖庁ヲ置ク其位置及管轄区域ハ台湾総督之ヲ定ム

第二条　各県ニ左ノ職員ヲ置ク

知　事

書記官

警部長

収税長

技師
典獄
警視
属
技手
警部
看守長
監獄書記
通訳

第三条　各庁ニ左ノ職員ヲ置ク但台東庁、澎湖庁ニハ当分ノ内削〔警部長〕収税長ヲ置カス

庁長
書記官
削〔警部長〕
収税長
警視
属
技手
警部

看守長
監獄書記
通　訳

第四条　知事ハ一人勅任トス
第五条　庁長ハ一人奏任トス
第六条　書記官ハ各県二人各庁一人奏任トス
第七条　警部長、収税長及典獄ハ各一人奏任トス
警視ハ各県、各庁ヲ通シテ二十人奏任トス
第八条　属、警部、看守長、監獄書記及通訳ハ判任トシ各県、各庁ヲ通シテ千弐百人ヲ以テ定員トス其削〔ノ〕各県各庁ノ定員ハ台湾総督之ヲ定メ各官ノ定員ハ台湾総督ノ認可ヲ経テ知事、庁長之ヲ定ム
第九条　技師ハ奏任、技手ハ判任トシ技師、技手ハ県、技手ハ庁ノ須要ニ依リ俸給予算定額内ニ於テ適宜之ヲ置クコトヲ得
第十条　知事、庁長ハ台湾総督ノ指揮監督ヲ承ケ法律、命令ヲ執行シ部内ノ行政事務ヲ管理ス
第十一条　知事、庁長ハ部内補（ノ）行政事務ニ付其削〔ノ〕職権若補（削〔ク〕）ハ特別ノ委任ニ依リ管内一般又ハ其一部ニ県令、庁令ヲ発スルコトヲ得
補（県令庁令ニハ十円以内ノ罰金若ハ拘留ノ罰則ヲ附スルコトヲ得）
第十二条　知事、庁長ハ弁務署長ノ処分若補（削〔ク〕）ハ命令ノ成規ニ違ヒ公益ヲ害シ又ハ権限ヲ犯スモノアリト認ムルトキハ其処分若補（削〔ク〕）ハ命令ヲ取消シ又ハ停止スルコトヲ得

第十三条　知事、庁長ハ非常急変ニ際シ兵力ヲ要スルトキハ其ノ附近地ノ旅団長若補（削〔ク〕）ハ守備隊長ニ出兵ヲ要求スルコトヲ得

第十四条　知事、庁長ハ所部ノ官吏ヲ監督シ奏任官ノ功過ハ台湾総督ニ具状シ判任官以下ノ進退ハ之ヲ専行ス

第十五条　知事、庁長ハ所部ノ奏任官ノ懲戒ヲ台湾総督ニ具状シ判任官以下ハ之ヲ専行ス

第十六条　知事、庁長事故アルトキハ書記官其削〔ノ〕職務ヲ代理ス

前項ノ場合ニ於テ書記官事故アルトキハ上席高等官知事、庁長ノ職務ヲ代理ス

第十七条　知事、庁長ハ台湾総督ノ認可ヲ経テ其削〔ノ〕職権ニ属スル事務ノ一部ヲ弁務署長ニ委任スルコトヲ得

知事、庁長ハ県、庁ノ官吏ヲシテ其削〔ノ〕事務ノ一部ヲ臨時代理セシムルコトヲ得

第十八条　各県ニ知事官房、内務部、財務部、警察部及監獄署各庁ニ庶務課、財務課、警察課及監獄署ヲ置ク

其削〔ノ〕事務ノ分掌ハ知事、庁長台湾総督ノ認可ヲ経テ之ヲ定ム但台東庁、澎湖庁ニハ当分ノ内財務課ヲ置カス庶務課ニ於テ其削〔ノ〕事務ヲ掌理ス

第十九条　県ニ在テハ書記官ノ一人ハ内務部長、一人ハ財務部長、警部長ハ警察部長、典獄ハ監獄署長トナリ知事ノ命ヲ承ケ所部ノ事務ヲ掌理シ部下ノ訂〔管〕（官）吏ヲ監督ス

収税長ハ財務部ニ属シ租税ニ関スル事務ヲ掌理ス

庁ニ在リテハ書記官ハ庶務課長警訂〔部長〕（視）ハ警察課長、収税長ハ財務課長トナリ庁長ノ命ヲ承ケ所部ノ事務ヲ掌理シ部下ノ官吏ヲ監督ス削〔但台東庁、澎湖庁ニ在リテハ警視ヲ以テ警察課長ニ充ツルコトヲ得〕

第二十条　県ニ在リテハ各部長又ハ監獄署長事故アルトキハ知事ニ於テ県官吏ノ一人ヲシテ其削〔ノ〕事務ヲ代理セシメ庁ニ在リテハ各課長又ハ監獄署長事故アルトキハ庁長ニ於テ庁官吏ノ一人ヲシテ其削〔ノ〕事務ヲ代理セシム

削〔二十一条　警視ハ上官ノ指揮ヲ承ケ主管ノ事務ヲ掌理ス〕

第二十訂〔二〕（一）条　属ハ県ニ在リテハ知事官房、内務部又ハ財務部ニ属シ庁ニ在リテハ庶務課又ハ財務課ニ属シ上官ノ指揮ヲ承ケ庶務ニ従事ス

第二十訂〔三〕（二）条　警部ハ警察部、警察課又ハ警察署若補【訂〔ク〕（削〔ク〕）】ハ警察分署ニ属シ上官ノ指揮ヲ承ケ事務ヲ分掌シ部下ノ巡査ヲ指揮監督ス

第二十訂〔四〕（三）条　看守長ハ監獄署又ハ監獄支署ニ属シ上官ノ指揮ヲ承ケ監獄ノ戒護ヲ掌リ看守ヲ指揮監督ス

庁ニ在テハ看守長ヲ以テ監獄署長ニ充ツ

第二十訂〔五〕（四）条　監獄書記ハ監獄署又ハ監獄支署ニ属シ上官ノ指揮ヲ承ケ庶務ニ従事ス

第二十訂〔六〕（五）条　通訳ハ県、庁ノ各部、課及其削〔ノ〕他ノ官署ニ分属シ上官ノ指揮ヲ承ケ通訳ニ従事ス

第二十訂〔七〕（六）条　県、庁内須要ノ地ニ警察署ヲ置ク其削〔ノ〕位置、名称及管轄区域ハ台湾総督之ヲ定ム

知事、庁長ハ必要ト認ムルトキハ台湾総督ノ認可ヲ経テ警察署ノ下ニ警察分署ヲ置クコトヲ得

第二十訂〔八〕（七）条　警察署長ハ警視又ハ警部、警察分署ハ警部ヲ以テ之ニ充ツ

警察署長、警察分署長ハ、上官ノ指揮ヲ承ケ其削〔ノ〕署主管ノ事務ヲ掌理シ部下ノ官吏ヲ監督ス

第二十訂〔九〕（八）条　巡査及看守ニ関スル規程ハ台湾総督之ヲ定ム

第訂〔三十〕（二十九）条　知事、庁長ハ必要ト認ムルトキハ台湾総督ノ認可ヲ経テ監獄署ノ下ニ監獄支署ヲ置クコトヲ得

監獄支署長ハ看守長ヲ以テ之ニ充ツ

監獄支署長ハ上官ノ指揮ヲ承ケ其ノ削〔ノ〕署主管ノ事務ヲ掌理シ部課ノ官吏ヲ監督ス

第三十削〔一〕条　県、庁職員ノ外警察医及監獄医ヲ置キ判任官ノ待遇トス

第三十削〔二〕（一）条　県、庁ニ参事ヲ置クコトヲ得

補（参事ハ、各県、各庁五人以内トシ奏任官ノ待遇トス）※2

参事ハ、県、庁管轄内ニ居住シ、文字、職、名望アル者ニ就キ削〔知事、庁長之ヲ推薦シ〕台湾総督之ヲ訂〔命免ス〕（奏薦宣行ス）

第三十訂〔三〕（二）条　※1参事ハ地方ノ政務ニ関シ知事、庁長ノ諮問ニ対シ意見ヲ述フルモノトス

補（参事ハ知事、庁長ノ命ヲ承ケ事務ニ従補（事）スルコトアルヘシ）

第三十訂〔四〕（三）条　県、庁内須要ノ地ニ弁務署ヲ置ク其ノ位置名称及管轄区域ハ台湾総督之ヲ定ム

第三十訂〔五〕（四）条　各弁務署ニ左ノ職員ヲ置ク

署長

主記

第三十訂〔六〕（五）条　署長ハ一人奏任又ハ判任トス

第三十訂〔七〕（六）条　主記ハ判任トシ各弁務署ヲ通シテ六百人ヲ以テ定員トス其削〔ノ〕各県各庁ノ定員ハ台湾総督之ヲ定メ各弁務署ノ定員ハ知事、庁長之ヲ定ム

第三十訂〔八〕（七）条　署長ハ知事、庁長ノ指揮、監督ヲ承ケ法律、命令ヲ執行シ部内ノ行政事務ヲ掌理ス
第三十訂〔九〕（八）条　署長ハ部内人民ノ民事上ニ属スル争訟ヲ勧解ス
第訂〔四十〕（三十九）条　署長ハ必要アルトキハ憲兵又ハ警察官吏ノ出張ヲ要求スルコトヲ得
第四十削〔一〕条　署長ハ部下ノ官吏ヲ監督シ其削〔ノ〕進退、功過ヲ知事、庁長ニ具状ス
第四十訂〔二〕（一）条　署長ハ部内ノ街、庄、社長ヲ監督シ其削〔ノ〕進退及成績ヲ知事、庁長ニ具状ス
第四十訂〔三〕（二）条　署長事故アルトキハ上席主記ヲシテ其削〔ノ〕職務ヲ代理セシムルコトヲ得
署長ハ部下ノ官吏ヲシテ其削〔ノ〕事務ノ一部ヲ臨時代理セシムルコトヲ得
第四十訂〔四〕（三）条　主記ハ署長ノ命ヲ承ケ庶務ニ従事ス
第四十訂〔五〕（四）条　弁務署ニ参事ヲ置クコトヲ得
補（参事ハ各署五人以内トシ判任官ノ待遇トス）
参事ハ弁務署管轄内ニ居住シ学識、名望アル者ニ就キ削〔弁務署長之ヲ推薦シ〕知事、庁長之ヲ命削〔免〕ス
第四十訂〔六〕（五）条　削〔参事ハ各署五人以内トシ判任官ノ待遇トス〕
参事ハ部内ノ事務ニ関シ署長ノ諮問ニ対シ意見ヲ述フルモノトス
補（参事ハ署長ノ指揮ヲ承ケ事務ニ従事スルコトアルヘシ）

附　則

本令ハ明治三十年訂〔六〕（五）月一日ヨリ施行ス

（台湾総督府用一三行×2茶罫紙九枚に墨筆）

注　文中傍線部分は閣議書と異なる箇所を指している。
本稿では表記上の関係から※2を補字として記載したが、実際は原案が第三二条（修正分）第一項にあった※1の条文を第三一条第二項の※2に移したことを意味している。

〔D文書〕

朕台湾総督府県、庁ノ参事及弁務署ノ参事ニ手当金支給ノ件ヲ裁可シ茲ニ之ヲ公布セシム

御名　御璽

明治三十年　四月　　日

内閣総理大臣伯爵　松方　正義
拓殖務大臣子爵　高嶋鞆之助

（台湾総督府用一三行×2茶罫紙一枚に墨筆）

〔E文書〕

勅令第一五四号

明治三十年勅令第　　号台湾総督府地方官官制第三十訂〔三〕（二条）県、庁ノ参事ニハ月手当五拾円以内同第四十訂〔五〕（四）条弁務署ノ参事ニハ月手当弐拾円以内ヲ給スルコトヲ得

本令ハ明治三十年六月一日ヨリ施行ス

（台湾総督府用一三行×2茶罫紙一枚に墨筆）

〔F文書〕

朕台湾総督府管内街、庄、社補(若ハ県街、庄、社)ニ長ヲ置クノ件ヲ裁可シ茲ニ之ヲ公布セシム

御名　御璽

明治三十年　四月　　日

内閣総理大臣

拓殖務大臣

(台湾総督府民政局用一三行×2茶罫紙一枚に墨筆)

〔G文書〕

勅令第一五四号

朕台湾総督府管内街、庄、社補(若ハ県街、庄、社)ニ長ヲ置キ行政事務ノ補佐ヲ為サシムルコトヲ得

街、庄、社長設置ニ関訂〔スル〕(シ)必要ナル規定ハ台湾総督之ヲ定ム

街、庄、社長ニハ事務費トシテ一人一箇月金拾五円以内ヲ給スルコトヲ得

本令ハ明治三十年六月一日ヨリ施行ス

(台湾総督府用一三行×2茶罫紙一枚に墨筆)

〔H文書〕

朕台湾総督府地方官官等俸給令ノ件ヲ裁可シ茲ニ之ヲ公布セシム

御名　御璽

明治三十年　四月　　日

総理大臣

勅令第　　号

台湾総督府地方高等官ノ官等ハ別表高等官官等表ニ依ル其年俸左ノ如シ

（年俸金額と等級表は省略した――筆者）

附　則

本令ハ明治三十年訂〔六〕（五）月一日ヨリ施行ス但明治二十九年勅令第九十九号台湾総督府職員官等俸給令中台湾総督府地方官ニ関スル規定ハ本令施行ノ日ヨリ廃止ス

（台湾総督府用一三行×2茶罫紙四枚に墨筆）

この台湾総督府原案（拓殖務大臣宛稟議書原案）の修正状況をみると、字句上の修正を除き、①県に置かれた「警部長」を庁にも置くのか否か、②警視に対する規定、③県・庁・弁務署に置かれた参事の推薦規定、④県令府令中罰則規定付加の可否、⑤施行日、について原案の修正がなされたことがわかる。いずれも大きな修正ではないが、①の「警部長」については庁に置かれないことになったことから、第三条・第一九条中の「警部長」が削除され、②の第一九条中の警視の規定は①とかかわった修正で、原案が庁においては警部長が警察課長となり「所部ノ事務ヲ掌理シ部下ノ官吏ヲ監督ス」とあるのを、警部長が削除されたことにより台東庁と澎湖庁を特例とする規定が不要になり、結局庁全体が警視を以て警察課長に任ずるという規定に統括されたため削除されたものであった。③第三一条第三項と第四四条第三項にある県・庁と弁務署に置かれた参事の命免権に関わる問題だが、県と庁では総督が弁務署では県知事と庁長がそれぞれ任命するが、その前段階として県知事・庁長乃至弁務署長の推薦を要すると規定した原案に対して、総督府の最終判断は推薦規定を削除している。

④県令及び庁令に罰則規定を設けるという第一一条第二項の追加だが、これは「台湾ニ施行スヘキ法令ニ関スル件」の所謂明治二九年六三法による総督の委任立法権を拡大解釈したものとみられるが、知事や庁長が布告する県令・庁令に行政事務についても職権乃至特別委任によって管轄内において罰金若しくは拘留の処罰権限を与えるというものである。確かにこれによって、地方行政機関の権限は大幅に強化されることにはなるが、総督へ委任された権限内（台湾総督府条例第四条「総督ハ主任ノ事務ニ付其ノ職権若クハ特別ノ委任ニ依リ総督府令ヲ発シ之ニ禁錮二十五日又ハ罰金二十五円以内ノ罰則ヲ附スルコトヲ得」の禁錮二五日又は罰金二五円の範囲内）のものではあったとはいえ、総督に委任立法権を付与していたことそのものが帝国憲法とのかかわりから問題になっているなかで、さらに勅任官の県知事と奏任官の庁長にかかる大きな権限を委譲することにはかなりの問題があった。後述のように、この条項は本国政府の承認を得ることはできず、実際に勅令第一五二号として布告された地方官官制では削除されている。⑤の施行日については、『明治三〇年台湾総督府公文類纂　第二巻』の第二文書の「地方官々制実施期日ニ関シ在京局長水野遵へ回答及各県知事・島司へ通知」と、第五文書「新地方官々制実施ニ関スル通牒」とにかかわったものであるが、閣議書とのかかわりからみると天皇の裁可を得た五月三日より施行日を遡及して五月一日となっていた。

台湾総督府において起案された台湾総督府地方官官制は、三月三一日に高嶋拓殖相へ送付され、これを受けて拓殖務省は閣議に提出する閣議請議書を作成して内閣に送付した。これに基づいて起案された台湾総督府地方官官制閣議原案は、四月二六日の閣議に提出され、五月三日に裁可され勅令第一五二号として公布され、五月一日に遡っ

て施行されることになる。これを閣議書よりみると、

〔A文書〕

〔欄外〕拓甲一二　　五月三日裁可

明治三十年四月二十六日　　朱印（多田）

内閣総理大臣　代花押（黒田清隆）　法制局長官　朱印（法制局長官神鞭知常印）

外務大臣　朱印（大隈）　内務大臣　花押（樺山資紀）　大蔵大臣　陸軍大臣　花押（高嶋鞆之助）

海軍大臣　花押（西郷従道）　司法大臣　朱印（清）　文部大臣　花押（蜂須賀茂韶）

農商務大臣　逓信大臣　花押（野村靖）　拓殖務大臣　花押（高嶋鞆之助）

黒田議長　花押（黒田清隆）

別紙拓殖務大臣請議ノ要旨ハ

一　従来ハ三県一島庁ニシテ其管下ニ十二箇支庁ヲ置キタルニ今回ハ六県トシ而シテ県ト為スニ足ラサルモノハ別ニ三箇ノ庁トナスコト

二　内地ノ郡役所ニ該当スル弁務署ヲ設置シ以テ民政ノ普及ヲ図ルコト

三　県庁及弁務署ニ士民ニ就キ命シタル参事ヲ置クコト

四　県及庁ニ収税長警視及典獄（県ニ限ル）ヲ置クコト

五　地方官ノ俸給ヲ増額シ以テ良吏ヲ得ルヲ期スルコト

六　区戸長ニ該当スル街、庄、社長ヲ置クコト（別請議ニ在リ）

七　病院ニ関スル規程ハ地方官官制中ヨリ分離シ之ヲ別種ノ官制ト為スコト（別請議ニ在リ）
右ハ従来ノ経験ニ基キ改正ヲ加ヘントスルモノニテ相当ノ件ト思考スレハ請議ノ通リ閣議決定セラレ可然ト認ム
追テ本件ハ経費予算上支障無之

勅　令　案

呈案附箋ノ通
附箋ノ廉ハ主務省協議済

（法制局用閣議提案書一枚に一〇行×2青罫紙一枚に墨筆）

台湾総督府歳出予定計算書説明

明治三十年度拓殖務省所管台湾総督府歳出予定計算書ニ於テ算定スル所ノ本年度歳出予補(定)額会計ハ一四、五四一、八三五、三四一ニシテ前年度ニ在テハ一般会計ノ支弁ニ属セシヲ以テ悉皆増加スト雖モ前年度予算台湾諸費、台湾事業費会計千六拾弐万千五百八円拾九銭五厘ニ比較スレハ参百九拾弐万参百弐拾七円拾四銭六厘ヲ増加セリ
今茲ニ歳出予定額ニ関スル重要ノ事件ヲ摘記スレハ左ノ如シ

経常歳出ノ部

本島将来ノ発達ヲ期スルカ為メ諸般ノ経営ヲ要スヘキノ事業ハ実ニ多端ナリト雖モ其最急務ニ属スルモノヽ外ハ大率ネ前年度ノ規画ヲ襲用シ敢テ著シキ変更ヲ加ヘス今本年度経費ニ関スル重要ノ事項ヲ挙クレハ

一 阿片ニ関スル取締ハ最厳重ヲ要スルヲ以テ民政局中ニ衛生巡察官二人衛生巡察官補五十人ヲ置キ専ラ其取締ニ充ツルノ見込ヲ以テ之ニ要スル経費ヲ予算シタリ

一 本島各地方行政機関ハ三県一島庁及十二支庁ニ止マリ行政上ノ不便言フヘカラサルモノアリ加之習慣言語ヲ異ニシ彼我ノ交通不便少カラス現在ノ組織ヲ以テ能ク治績ヲ挙クルハ頗ル困難ノ事実ニ属セリ因テ本年度ニ於テハ行政区劃ヲ改メ七県一島庁トシ其下ヲ画シテ地方役所六十七箇所ヲ置キ又街庄社ニ総代人千十九人ヲ設ケ以テ上下ノ意志ヲ開通シ政令ノ普及ヲ期スル目的ニテ之ニ必要ナル経費ヲ予算シタリ

一 台湾目下ノ状況ハ警察ノ力ヲ要スルモノ多ク殊ニ習慣言語ヲ異ニスルヲ以テ警察事務ノ繁雑ナルハ言ヲ竢タス随テ多数ノ警察官吏ヲ要スルノ事情アリ然ルニ従来警部巡査ノ数寡少ナル為メ警察ノ配置完カラス事ヲ未然ニ防ク能ハサル等ノ虞アリ故ニ本年度ニ於テハ巡査教習所三箇所ヲ設置シ及ヒ警察署四十七箇所警察分署三十三箇所ヲ増設シ又警部二百四十五人巡査二千三百人ヲ増員シ以テ大ニ行政司法ノ警察ヲ拡張シ諸般ノ取締ヲ厳密ナラシムルノ目的ニテ之ニ係ル必要ノ経費ヲ予算シタリ

一 本島監獄ハ警察事務ノ漸次周到ニ赴クト且移住人民ノ増加トニ随ヒ囚徒ノ数ヲ増スヘキハ勢免ルヘカラサル所ナルノミナラス各監其旧屋ヲ以テ充用セシモノ多ク其構造完カラサルカ為メ取締上多数ノ司獄官ヲ要シ本年度ニ於テハ看守百五十二人ヲ増員スルト其他監獄医、押丁等増員ノ見込ニテ各之ニ係ル経費ヲ予算シタリ

（以下略ス）

（法制局用一〇行×2青罫紙二枚に墨筆）

〔B文書〕
〔欄外〕「法制局閣第一九一号」（朱印）　四月十六日　朱印（石塚）
台甲第六八号
別紙台湾総督府地方官々制改正ノ件、同府地方官々等俸給ノ件及同府県、庁ノ参事并ニ弁務署ノ参事ニ手当金支給ノ件提出ス
明治三十年四月十四日
拓殖務大臣子爵　高嶋鞆之助　朱印（拓殖務大臣之印）
内閣総理大臣伯爵　松方正義殿
（拓殖務省用一〇行×2茶罫紙一枚に墨筆）

〔別紙〕
現時台湾地方行政機関ハ三県一島庁及十二支庁ニ止リ行政上ノ不便言フヘカラサルモノアリ加之習慣言語ヲ異ニシ彼此ノ交通不便ニシテ現今ノ組織ヲ以テ能ク治績ヲ挙クルハ頗ル困難ノ業ニ属セリ依テ行政区画ヲ改メ六県、三庁ヲ設置シ県、庁ノ下枢要ノ地ニ弁務署ヲ置キ上下ノ意思ヲ開通シ政令ノ普及ヲ計リ以テ行政機関ノ完備ヲ期センコトヲ欲シ別紙台湾総督府地方官々制改正案及付属勅令案ヲ具シ茲ニ閣議ヲ請フ
拓殖務大臣子爵　高嶋鞆之助　朱印（拓殖務大臣之印）
（拓殖務省用一〇行×2茶罫紙一枚に墨筆）

〔C文書〕
削〔勅令案〕
朕台湾総督府地方官官制補（ノ）改正削〔ノ件〕ヲ裁可シ茲ニ之ヲ公布セシム

御名　御璽

明治三十年五月三日

内閣総理大臣

拓殖務大臣

勅令第百五十二号

台湾総督府地方官官制

第一条　台湾ニ台北県、新竹県、台中県、嘉義県、台南県、鳳山県、宜蘭庁、台東庁及澎湖庁ヲ置ク其補（ノ）位置及管轄区域ハ台湾総督之ヲ定ム

第二条　各県ニ左ノ職員ヲ置ク

知　事
書記官
警部長
訂〔収税長〕（税務長）
技　師
典　獄
警　視
属
技　手

警部
看守長
監獄書記
通訳

第三条　各庁ニ左ノ職員ヲ置ク但補（シ）台東庁、澎湖庁ニハ当分ノ内訂〔収税〕（財務）長ヲ置カス

庁長
書記官
訂〔収税〕（財務）長
警視
属
技手
警部
看守長
監獄書記
通訳

第四条　知事ハ一人勅任トス
第五条　庁長ハ一人奏任トス
第六条　書記官ハ各県二人各庁一人奏任トス

第七条　警部長、訂〔収税長〕（財務長、税務官）及典獄ハ各一人奏任トス
　警視ハ補〔奏任トシ〕各県各庁ヲ通シテ二十人訂〔奏任トス〕（ヲ以テ定員トス）
第八条　属、警部、看守長、監獄書記及通訳ハ判任トシ各県各庁ヲ通シテ千二百人ヲ以テ定員トス其補〔ノ〕
各県各庁ノ定員ハ台湾総督之ヲ定メ補〔其ノ〕各官ノ定員ハ台湾総督ノ認可ヲ経テ知事、庁長之ヲ定ム
第九条　技師ハ県、技手ハ県又ハ庁ノ須要ニ依リ俸給予算定額内ニ於テ適宜之ヲ置クコトヲ得
第十条　知事、庁長ハ台湾総督ノ指揮監督ヲ承ケ法律命令ヲ執行シ部内ノ行政事務ヲ管理ス
第十一条　知事、庁長ハ部内ノ行政事務ニ付其補〔ノ〕職権若ハ特別ノ委任ニ依リ管内一般又ハ其補〔ノ〕一部ニ県令、庁令ヲ発スルコトヲ得
第十二条　知事、庁長ハ弁務署長ノ処分若ハ命令ノ成規ニ違ヒ公益ヲ害シ又ハ権限ヲ犯スモノアリト認ムルトキハ其補〔ノ〕処分若ハ命令ヲ取消シ又ハ停止スルコトヲ得
第十三条　知事、庁長ハ非常急変ニ際シ兵力ヲ要スルトキハ其補〔ノ〕附近地ノ旅団長若ハ守備隊長ニ出兵ヲ要求スルコトヲ得
第十四条　知事、庁長ハ所部ノ官吏ヲ監督シ奏任官ノ功過ハ台湾総督ニ具状シ判任官以下ノ進退ハ之ヲ専行ス
第十五条　知事、庁長ハ所部ノ奏任官ノ懲戒ヲ台湾総督ニ具状シ判任官以下ハ之ヲ専行ス
第十六条　知事、庁長ハ庁中処務ノ細則ヲ設クルコトヲ得
第十七条　知事、庁長事故アルトキハ上等高等官其補〔ノ〕職務ヲ代理ス
　知事、庁長ハ県、庁ノ官吏ヲシテ其補〔ノ〕事務ノ一部ヲ臨時代理セシムルコトヲ得
第十八条　知事、庁長ハ台湾総督ノ認可ヲ経テ其補〔ノ〕職権ニ属スル事務ノ一部ヲ弁務署長ニ委任スルコト

ヲ得

第十九条　各県ニ知事官房、内務部、財務部、警察部及監獄署各庁ニ庶務課、財務課、警察課及監獄署ヲ置ク其ノ事務ノ分掌ハ知事、庁長台湾総督ノ認可ヲ経テ之ヲ定ム但補(シ)台東庁、澎湖庁ニハ当分ノ内財務課ヲ置カス庶務課ニ於テ其補(ノ)事務ヲ掌理ス

第二十条　県ニ在テハ書記官ノ一人ハ内務部長、一人ハ財務部長、警部長ハ警察部長、典獄ハ監獄署長トナリ知事ノ命ヲ承ケ所部ノ事務ヲ掌理シ部下ノ官吏ヲ監督ス訂〔収税長〕（税務官）ハ財務部ニ属シ租税ニ関スル事務ヲ掌理ス

庁ニ在テハ書記官ハ庶務課長警視ノ内一人ハ警察課長、訂〔収税〕（財務）長ハ財務課長トナリ庁長ノ命ヲ承ケ所部ノ事務ヲ掌理シ部下ノ官吏ヲ監督ス

第訂〔廿〕（二十）一条　県ニ在テハ各部長又ハ監獄署長事故アルトキハ知事ニ於テ県官吏ノ一人ヲシテ其ノ事務ヲ代理セシメ庁ニ在テハ各課長又ハ監獄署長事故アルトキハ庁長ニ於テ庁官吏ノ一人ヲシテ其補(ノ)事務ヲ代理セシム

第訂〔廿〕（二十）二条　属ハ県ニ在テハ知事官房、内務部又ハ財務部ニ属シ庁ニ在テハ庶務課又ハ財務課ニ属シ上官ノ指揮ヲ承ケ庶務ニ従事ス

第訂〔廿〕（二十）三条　警部ハ警察部、警察課又ハ警察署若ハ警察分署ニ属シ上官ノ指揮ヲ承ケ事務ヲ分掌シ部下ノ巡査ヲ指揮監督ス

第訂〔廿〕（二十）四条　看守長ハ監獄署又ハ監獄支署ニ属シ上官ノ指揮ヲ承ケ監獄ノ戒護ヲ掌リ看守ヲ指揮監督ス

庁ニ在テハ看守長ヲ以テ監獄署長ニ充ツ

第訂〔廿〕（二十）五条　監獄書記ハ監獄署又ハ監獄支署ニ属シ上官ノ指揮ヲ承ケ庶務ニ従事ス

第訂〔廿〕（二十）六条　通訳ハ県、庁ノ各部、課及其補〔ノ〕他ノ官署ニ分属シ上官ノ指揮ヲ承ケ通訳ニ従事ス

第訂〔廿〕（二十）七条　県、庁内須要ノ地ニ警察署ヲ置ク其補〔ノ〕位置、名称及管轄区域ハ台湾総督之ヲ定ム

知事、庁長ハ必要ト認ムルトキハ台湾総督ノ認可ヲ経テ警察署ノ下ニ警察分署ヲ置クコトヲ得

第訂〔廿〕（二十）八条　警察署長ハ警視又ハ警部、警察分署長ハ警部ヲ以テ之ニ充ツ

警察署長、警察分署長ハ上官ノ指揮ヲ承ケ其補〔ノ〕署主管ノ事務ヲ掌理シ部下ノ官吏ヲ監督ス

第訂〔廿〕（二十）九条　巡査及看守ニ関スル規訂〔定〕（程）ハ訂〔台湾総督〕（別ニ）之ヲ定ム

第三十条　知事、庁長ハ必要ト認ムルトキハ台湾総督ノ認可ヲ経テ監獄署ノ下ニ監獄支署ヲ置クコトヲ得

監獄支署長ハ看守長ヲ以テ之ニ充ツ

監獄支署長ハ上官ノ指揮ヲ承ケ其補〔ノ〕署主管ノ事務ヲ掌理シ部下ノ官吏ヲ監督ス

第三十一条　県、庁職員ノ外警察医及監獄医ヲ置キ判任官ノ待遇トス

第三十二条　県、庁ニ参事ヲ置クコトヲ得

参事ハ各県各庁五人以内トシ奏任官ノ待遇トス

参事ハ県、庁管轄内ニ居住シ学識、名望アル者ニ就キ拓殖務大臣ヲ経テ台湾総督之ヲ奏薦宣行ス

第三十三条　参事ハ地方ノ補〔行〕政補〔事〕務ニ関シ知事、庁長ノ諮問ニ対シ意見ヲ述フルモノトス

参事ハ知事、庁長ノ命ヲ承ケ事務ニ従事スルコトアルヘシ

第三十四条　県、庁内須要ノ地ニ弁務署ヲ置ク其補〔ノ〕位置、名称及管轄区域ハ台湾総督之ヲ定ム

第三十五条　各弁務署ニ左ノ職員ヲ置ク

署　長

主　記

第三十六条　署長ハ一人奏任又ハ判任トス

第三十七条　主記ハ判任トシ各弁務署ヲ通シテ六百人ヲ以テ定員トス其補（ノ）各県各庁補（下）ノ定員ハ台湾総督之ヲ定メ補（其ノ）各弁務署ノ定員ハ知事、庁長之ヲ定ム

第三十八条　署長ハ知事、庁長ノ指揮監督ヲ承ケ法律命令ヲ執行シ部内ノ行政事務ヲ掌理ス

削〔第三十九条　署長ハ部内人民ノ民事上ニ属スル争訟ヲ勧解ス〕

第訂〔四十〕（三十九）条　署長ハ必要アルトキハ憲兵又ハ警察官吏ノ出張ヲ要求スルコトヲ得

第四十削〔一〕条　署長ハ部下ノ官吏ヲ監督シ其補（ノ）進退、功過ヲ知事、庁長ニ具状ス

第四十訂〔二〕（一）条　署長ハ部内ノ街、庄、社長ヲ監督シ其補（ノ）進退及成蹟ヲ知事、庁長ニ具状ス

第四十訂〔三〕（二）条　署長事故アルトキハ上席主記ヲシテ其補（ノ）職務ヲ代理セシムルコトヲ得

署長ハ部下ノ官吏ヲシテ其補（ノ）事務ノ一部ヲ臨時代理セシムルコトヲ得

第四十訂〔四〕（三）条　主記ハ署長ノ命ヲ承ケ庶務ニ従事ス

第四十訂〔五〕（四）条　弁務署ニ参事ヲ置クコトヲ得

参事ハ各署五人以内トシ判任官ノ待遇トス

参事ハ弁務署管轄内ニ居住シ学識、名望アル者ニ就キ知事、庁長之ヲ命ス

第四十訂〔六〕（五）条　参事ハ部内ノ補（行政）事務ニ関シ署長ノ諮問ニ対シ意見ヲ述フルモノトス

参事ハ署長ノ指揮ヲ承ケ事務ニ従事スルコトアルヘシ
削〔附　則〕
削〔本令ハ明治三十年五月一日ヨリ施行ス〕
（拓殖務省用一三行×2茶罫紙九枚に墨筆）

〔D文書〕
削〔勅令案〕
朕台湾総督府地方補（高等）官官等俸給令ノ件ヲ裁可シ茲ニ之ヲ公布セシム
御名　御璽
明治三十年五月三日
内閣総理大臣
拓殖務大臣
勅令第百五十三号
訂〔台湾総督府地方高等官ノ官等ハ別表高等官官等表ニ依ル其年俸左ノ如シ〕（第一条台湾総督府地方高等官ノ官等ハ別表ニ依ル
第二条　台湾総督府地方高等官ノ俸給ハ左ノ如シ）
（俸給及び地方高等官官等表は省略した―筆者）
（拓殖務省用一三行×2茶罫紙三枚に墨筆）

〔E文書〕

削〔勅令案〕

朕台湾総督府県、庁削〔ノ〕参事及弁務署削〔ノ〕参事ニ手当金支給ノ件ヲ裁可シ茲ニ之ヲ公布セシム

御名　御璽

明治三十年五月三日

内閣総理大臣

拓殖務大臣

勅令第百五十四号

明治三十年勅令第補〔百五十二〕号台湾総督府地方官官制第三十訂〔一〕（二）条県、庁削〔ノ〕参事ニハ月手当五訂〔拾〕（十）円以内同第四十四条弁務署削〔ノ〕参事ニハ月手当訂〔弐拾〕（二十）円以内ヲ給スルコトヲ得

（拓殖務省用一三行×2茶罫紙一枚に墨筆）

こうして、台湾総督府地方官官制は改正されることになったが、ここで閣議決定された官制案と台湾総督府の改正案とを比較してみる必要があろう。この官制改正の目的だが、閣議書のA文書別紙にある改正要旨に纏められているように、①三県一島司一二支庁（三県は台北県・台中県・台南県、一島司は膨湖島庁、一二支庁は台北県が淡水・基隆・新竹・宜蘭の四支庁、台中県が鹿港・苗栗・雲林・埔里社の四支庁、台南県が嘉義・鳳山・恒春・台東の四支庁）であった地方行政機関は、「行政上ノ不便」をきたし「習慣言語ヲ異ニシ彼此ノ交通不便」であることから、「治績ヲ挙クルハ頗ル困難」（B文書別紙）となっているため、行政区画を六県三庁（台北県・新竹県・台

中県・嘉義県・台南県・鳳山県の六県と宜蘭庁・台東庁・澎湖庁の三庁）に改める、②「上下ノ意思ヲ開通」させ「政令ノ普及ヲ計」り、以て「行政機関ノ完備ヲ期」（B文書別紙）するために、県・庁の下の枢要な地に郡役所に相当する弁務署を置く、③新たな統治方法として、地域の指導者的役割を果たしていた学識者や名望家を統治機構のなかに取り込むことによって、住民感情を懐柔し住民を掌握せんがために、県・庁と弁務署に学識者や名望家から選んだ有給の参事を置く、④台東庁と澎湖庁を除き県と庁に財務長・警視・典獄を置く、⑤「良吏」を得んがために地方官の俸給を増額するとして、明治二九年台湾総督府職員官等俸給令中の俸給（概ね該当する部分のみ）知事三〇〇〇円・民政局事務官二五〇〇円～八〇〇円・警部長二一〇〇円～八〇〇円・撫墾署主事一五〇〇円～六〇〇円を改め、それぞれ知事四〇〇〇円～三〇〇〇円・庁長・書記官二〇〇〇円～一二〇〇円・警部長一八〇〇円～一〇〇〇円・財務長・税務官・典獄・弁務署長・警視一二〇〇円～七〇〇円としているが、結局、大きな増給は知事の一〇〇〇円で、それ以外は最低額を引き上げた代わりに上限を下げていたにすぎない。閣議案と総督府案との違いは、知事の年俸に三級の三〇〇〇円を加えただけで、他は全く同じであった。⑥内地の区戸長に該当する街長・庄長・社長の新設は、本稿では収録していないが、これは明治三〇年五月三日に勅令第一五七号「台湾総督府管内街、庄、社ニ長ヲ置クノ件」として公布されたもので、その理由は松方正義首相宛明治三〇年四月一四日付高嶋拓殖相の閣議請議書によると、「台湾総督府管内街、庄、社ニ長ヲ置キ行政事務ノ補助ヲ為サシムルハ恰モ内地従前町村ニ区戸長ヲ置キタル制度ト同一ニシテ此規定タルヤ法律命令ノ普及ヲ計ルニ最モ必要ナルノミナラス行政機関ノ組織ヲシテ完備ナラシメントスルニアリ」[101]としており、地方行政機構の末端的組織として位置づけられていた。⑦台湾総督府地方医院官制も本稿では収録していないが、これも明治二〇年五月三日に勅令第一五五号として布告されたもので[102]、各県・各庁に医院を開設するというものである。

総督府案と閣議案の相違は、字句上の問題を除くと、第一が総督府案で新たに設けられた官職であった「収税長」が、閣議案では「財務長」に訂正されたことから、総督府案第七条の「警部長、収税長及典獄ハ各一人奏任トス」は、閣議案で「警部長、財務長、税務官及典獄」に改められていること、第二が総督府案（総督府稟議案C文書）で追加された第一一条第二項「県令府令ニハ十円以内ノ罰金若ハ拘留ノ罰則ヲ附スルコトヲ得」が、閣議案では認められなかったこと、第三は閣議案第一六条「知事、庁長ハ庁中処務ノ細則ヲ設クルコトヲ得」は、総督府案では規定がなく拓殖務省の段階か法制局の段階で挿入されたもので、これにより総督府案の条文番号は一つずつ繰り下げられたこと、第四は総督府案第一六条第一項によって知事又は庁長が事故あるときは書記官がその職務を代理するという書記官の代理権を定めた規定に加えて、同条第二項でさらにその際に書記官にも事故あるときは「上席高等官知事、庁長ノ職務ヲ代理ス」という書記官以下の地方高等官にもその代理権を与えるというものであったが、閣議案では削除されていること、第五は総督府案第三八条「署長ハ部内人民ノ民事上ニ属スル争訟ヲ勧解ス」という司法権ともかかわる民事調停に関する職務事項が、閣議原案では第三九条として挿入されていたが、法制局によって削られ閣議案では削除されていること、第六は総督府案と閣議原案では記載されていた「附則」が閣議案では削除されていること、の諸点である。

このなかで問題となるのが、第二の県令及び府令における罰則条項と、第五の弁務署長の民事調停規定であろう。先ず、第二の県令及び府令における罰則条項であるが、第一一条第一項で「知事、庁長ハ部内ノ行政事務ニ付其職権若ハ特別ノ委任ニ依リ管内一般又ハ其一部ニ県令、庁令ヲ発スルコトヲ得」と、県令及び府令が総督から委任された権限として付与されたものであるとした規定であることからみて、同条第二項は県知事及び庁長に総督の委任立法権の一部をさらに付与するという、いわば委任立法権の二重構造をなすものであり、六三法によって台湾総督に付与された委任立法権の考えに抵触するものとされて、法制局の段階で削除されたものと解される。如何に地方行政機関に権限を分与するといっても、それは飽く迄も天皇大権の総督への委任権の一部をなすのもであり、勅任官の県知事や奏任官の権限にかかる委任権を付与することを意味するこの規定案は、到底政府が容認し得るものではなかった。地方行政機関や地方高等官の権限を拡大するとはいっても、罰金及び拘留の権限をも付与するということは、かなり問題があったといえよう。もっとも、この地方高等官の権限拡大という考えは、前述の台湾総督府官制の制定のなかで述べたように、台湾総督の権限の拡大の傾向のなかで求められたものであった。その際に、台湾総督府官制総督府案では第五条において「総督ハ其ノ職権若クハ特別ノ委任ニ依リ総督府令ヲ発シ之ニ禁錮一年以下又ハ罰金弐百円以内ノ罰則ヲ附スルコトヲ得」(総督府案B文書)と、刑罰として禁錮一年以下及び罰金二〇〇円以内の処罰権付与を求めており、閣議においてもそのまま承認されていた(台湾総督府官制閣議案参照)。明治二九年勅令第八八号による台湾総督府条例が、禁錮二五日・罰金二五円以内の処罰権しか認めていなかったのに比して、この改正は総督の権限をかなり拡大したものであったことが分かる。その総督権限の拡大、つまり総督への委任立法権の拡大要求の一環としてこの地方官の権限拡大があったことになる。

第五の弁務署長がその職責として民事上の紛争に介入しその調停をなすという民事調停条項は、総督府案第三八条「署長ハ部内人民ノ民事上ニ属スル争訟ヲ勧解ス」として規定されていた。しかし、それでなくとも後述の如く司法権と行政権との確執が問題化しているなかで、さらに下級地方行政官である弁務署長に職責として民事調停を課すということには政府は同意する筈はなかった。この条項を認めることは、司法権と行政権との境界がより不鮮明になり、司法官の反撥はより強まったと考えられる。だが、この条項は総督府案としては承認されており、さらに閣議原案でも第三九条として挿入されていたことから、拓殖務省段階までは共通の認識であったことになろう。

民事調停は、権力者が人民を統括する際に最も重要な事項であったことから、明確な法秩序のなかで制度化させておくべきものである。結局、この条項は法制局によって削られ、閣議案では削除されていた。もっとも、この条項が提案された事実を、当時の司法と行政との軋轢のなかでみるならば、両者の軋轢の原因が行政の法意識に起因していたことが窺われよう。

　中央政府の行政機関と現地行政機関との関係は、台湾総督府改革の成否を決める問題にまで発展していた。具体的には、拓殖務省と台湾総督府との対立が高嶋拓殖相と乃木総督との確執となって表面化し、拓殖務省そのものの存在意義が問われていたからにはかならない。「此間拓殖務省が台湾を統治し、多くの政治は台湾に於て為されずして、拓殖務省に於て為されたるが如き奇談ありしを以て、世人之を目して拓殖時代となし、また政務不統一の別名とするに至れり[103]」といわれたように、拓殖務省による弊害を消去することが台政改革の鍵を握っていたことになる。ここに、拓殖務省廃止問題が浮上する。

　既に、在野では拓殖務省廃止論が強く唱えられるようになっていた。『日本』は、次のような「拓殖務省の無用」と題する社説を載せ、

　拓殖務省なる□《欠》庁は例の戦後経営の結果として現れたる一冗贅物なり。其の起因の理由として表面上に示さるゝものを見るに、曰く、台湾澎湖なる領地は新に版図に入り従来の北海道に加へて拓殖の政務甚だ□《不明》汎なるを致せるに由ると。即ち拓殖務省は唯だ台澎占領の為めに起るもの、台澎の占領なければ拓殖務の一省初より無要なりと言はざるべからず。切言すれば台湾澎湖にして我が版図に入らざりせば帝国固より拓殖の政務無かりしといふべし。さればにや今日の拓殖務省は南北両局を置くと雖ども、其の実は専ら台湾総督府の東京支店たるに過ぎずして、北海道の事は官制に規定あるも是れ唯だ店の一隅に道庁代理店の標札を掲げ置くと均しく、

実際は以前内務省の管下に在りしと毫も異ならざるなり。（略）台湾総督府は前内閣の時に於て違憲不法にも帝国立法権の一部をさへ割与せられたるに非ずや。彼れは兵馬の権を握ると同時に法律の効力ある府令をも発せるを得、而して其の上に位する拓殖務省は何の要かある。台湾総督府の職権より見ても、今の拓殖務省は是れ無用の長物なり。況んや彼れは拓殖務を専ら司るにも拘らず、民間に於ける移民事業は彼れ殆ど之を度外視して他者の管理に一任するをや。（略）乃ち今の拓殖務省は殆ど有名無実の冗物にして、彼らに不用の官吏を養ふに過ぎず。吾輩が該省の廃止を唱ふる所以の理由の一は洵に此の点に在り。

台湾の事に関しては唯だ影法師たるに過ぎず、北海道の事に関しては寧ろ繁累と為り、而して帝国対外の拓殖に関すれば何の職権もある無きなり、今日不用の官庁多しと雖も、未だ此の拓殖務省ほどに不用の甚しきものはあらざるなり。[104]

として、拓殖務省の廃止を唱え、さらに、「台政施政の刷新」と題した社説でも、

台湾総督は単純なる軍人を以て之に任すべきに非ることは勿論、此の新版図を治めて此処に文武の威信を樹ゐ、以て東南洋に於ける日本民族の根拠地と為さんには、少なくとも創業有為の材幹を有する政事家を任用すること最も急務なりとす。されど官名既に総督なれば自ら軍人に限るの制たるに因り、之が適任者を挙ぐるには是非とも将官の中よりせざるべからず。而して将官は戦後大に増加したるも、同時に例の軍備拡張に因りて其の需要亦た多く、従って総督を撰用するは極めて少数の中に於てするの外なし。乃ち総督に係る人材撰用の途は目下甚だ狭小にして、適任の人を得ることは到底望なしといふべきのみ。故に今日の計は総督を改めて大臣と為すか又は総督部を改めて文官組織と為し長官をして閣議に列せしむるに在り、而して拓殖務省を廃止す

べきは論なきなり。

（略）少なくとも去月八日の土匪事件は総督部武官組織の無益なるを証明して余りありといふべし。（略）台湾総督府を改めて台湾府庁又は台湾省と為し、其の長官を大臣同格と為して閣議に列せしめ、以て今の拓殖務省を廃し、別に台湾師団を置きて緩急に応ぜしめよ。

今日の官制は戦後経営と同じく実に一種滑稽の状あるを免れず、台湾総督府は緊急の場合に於て、憲法上の大権と均しく殆ど立法の専権を有するに、平日の事は一に拓殖務大臣の命を奉ぜざる可らざるなり、而して此の大臣は如何なる場合に於ても法律に違ふの省令を発するを得ず。此の滑稽的状態は猶ほ可なり、文官組織の拓殖務省に隷従すとの故を以て、識見ある将官或は総督たるを甘んせず、之と同時に武官組織たる総督府の指揮に属すとの故を以て、材幹ある文官も亦た民政局長たるを厭ひ、甘んじて就き厭はずして赴く者は自ら不適任者たるに至らん。(105)


としている。『日本』は、拓殖務省が果たしている役割について疑問を抱き、同省が「戦後経営の結果」として設置されたことからその職掌がはっきりせず、内地延長主義を象徴した北部局の北海道と南部局の台湾との管轄そのものが実態的に矛盾し、さらにその北海道は既に官制も整備され旧来の内務省管轄て充分であるとして敢えて拓殖務省が管轄する必要がないと断じ、次いで五月八日の台北土匪襲撃事件の失態を事例に、武官総督制そのものに疑問を投げかけている。この武官総督制への疑問は、前述の如く文官総督制導入問題とかかわる大きな問題でもあることから注目すべきてあろう。それは、日清戦後経営と軍備拡張政策のなかで将官が不足しているという現実があるものの、異民族の地である台湾の統治を統帥権問題を聖域として陸海軍の将官という武官総督で対処するという考えそのものに疑問を投げかけていたからにほかならない。ここでの論理は、異民族統治という民政的なことに、民政に不慣れな軍人が責任者として当たるという、武官総督制の本質的な矛盾を衝きながら、台湾統治のあり方への抜本的な改革案の提起であったといえよう。

一方、『万朝報』は高島拓殖相と乃木総督の軋轢に注目して、「拓殖務省問題」と題して、

今ハ高島《ママ》拓相と乃木総督と相反目せる有様にて総督ハ西京より帰りて以来、総督府出張所に出で民政局長以下の属官を率て、目の廻るほど忙しく事務を監視しつゝ有るに、高嶋拓相ハ宛も台湾の事ハ我れ知らずと云ふ面持にて唯だ乃木総督の為すガ侭に任せ悠々地方に在りて別荘宅地の検分などに身を委ねつゝ有り之れのみならず拓殖務省の吏員ハ総督府出張所の多忙なるに似ず、省に出で丶唯だ茶を喫し烟を吹き雑談に時を移し、余の無事に欠伸のみして退出する有様なり(106)

と、高嶋拓殖相と拓殖務省吏員を糾弾し、さらに乃木との対立を、

拓相ハ拓殖務の権限を広くし総督府を制せんとし総督ハ拓殖務省の制御を受けずして一意に台湾を経理せん心あり、殆ど権限の衝突とも云ふ可き者(107)

と拓殖務省と台湾総督府との権限をめぐる対立と捉える。もっとも、同紙は既に「台湾の制度人物」と題した社説で、「今日の急務ハ拓殖務省を全廃し、台湾総督に与ふるに現時拓殖務大臣の有する権力を以てし、自由に其才を伸すを得せしむるに在り(108)」と、拓殖務省廃止論を展開していた。拓殖務省廃止の論陣は、進歩党を中心に反藩閥政府批判の一環として世上でとなえられたものであったが、それは決して在野だけの主張ではなかった。

拓殖務省による弊害は顕著であったことから、政府部内においても同省の取扱や高嶋拓殖相と乃木総督の確執にかなり苦慮していたからにほかならない。結局、拓殖務省と台湾総督府との関係は、「責任の帰属及び政務の権限明確を欠くものなしとせず、往々台湾総督及び北海道庁長官と相齟齬し、其の施設事務に於て或は重複し、或は意

見を異にするあり、為に往々政務の渋滞を来すことあり」[109]という理由から、この年の九月二日に拓殖務省は廃止されることになる。

しかし、拓殖務省の廃止決定は極めて唐突な感がある。この決定は、次の閣議書によりみることができるが、それは、

〔A文書〕

明治三十年　八月　　日

内閣総理大臣　花押（松方正義）　　　　法制局長官　朱印（法制局長官神鞭知常印）

（大臣欄は省略）

拓殖務省廃止勅令案台湾事務局官制案内務省官制中改正案及台湾総督府条例中改正案別紙ノ通閣議決定セラレ可然ト認ム

勅　令　案

別紙ノ通　　　　　　　　　　（法制局用閣議提案用青罫紙一枚に墨筆）

〔別紙〕

朕拓殖務省官制廃止ノ件ヲ裁可シ茲ニ之ヲ公布セシム

御名　御璽

明治三十年八月三十一日

勅令第二百九十四号
拓殖務省官制ハ明治三十年九月二日限リ廃止ス
内閣総理大臣
（法制局用一〇行×2青罫紙一枚に墨筆）

〔B文書〕
朕台湾事務局官制ヲ裁可シ茲ニ之ヲ公布セシム
御名　御璽
明治三十年八月三十一日
内閣総理大臣

勅令第二百九十五号
台湾事務局官制
第一条　内閣ニ台湾事務局ヲ置キ台湾ニ関スル諸般ノ事務ヲ掌理セシム
第二条　台湾事務局ニ左ノ職員ヲ置ク
局長　一人　勅任
書記官　専任　三人　奏任
属　十二人　判任
第三条　局長ハ内閣総理大臣ノ命ヲ承ケ又ハ内閣書記官長ノ指揮ニ従ヒ局中一切ノ事務ヲ管理シ所属僚員ヲ監

督ス

第四条　書記官ハ局長ノ命ヲ承ケ局中ノ事務ヲ掌ル

第五条　属ハ上官ノ指揮ヲ承ケ庶務ニ従事ス

附　則

本令ハ明治三十年九月二日ヨリ施行ス

（法制局用一〇行×２青罫紙二枚に墨筆）

〔C文書〕

朕内務省官制中改正ノ件ヲ裁可シ茲ニ之ヲ公布セシム

御名　御璽

明治三十一年八月三十一日

内閣総理大臣

内務大臣

勅令第二百九十六号

内務省官制中左ノ通改正ス

第一条中警視総監ノ下ニ「北海道庁長官」ヲ加フ

訂（第三条中内務事務官「五人」ヲ「七人」ニ改ム）（第三条中専任内務事務官「五人」ヲ「八人」ニ改ム）

訂（第四条中社寺局ノ次ニ「北海道局」ヲ加フ）（第四条中「社寺局」ノ次ニ「北海道局」ヲ加フ）

訂〔第五条中監獄局長ノ上ニ「北海道局長」ヲ加フ〕（第五条中「社寺局長」ノ下ニ「北海道局長」ヲ加フ）
第十条ノ次ニ左ノ一条ヲ加フ
第十条ノ二　北海道局ニ於テハ左ノ事務ヲ掌ル
　北海道ニ関スル事項
訂〔第十三条第二項中「二百四十八人」ヲ「二百五十六人」ニ改ム〕（第十三条第一項中専任技師「六人」ヲ「七人」ニ改メ専任技手「二十二人」ヲ「二十五人」ニ改ム）
補〔同条第二項中「二百四十八人」ヲ「二百六十八人」ニ改ム
削〔附　則
本令ハ明治三十年九月二日ヨリ施行ス〕

（法制局用一〇行×2青罫紙二枚に墨筆）

〔D文書〕
朕台湾総督府条例中改正ノ件ヲ裁可シ茲ニ之ヲ公布セシム
　御名　御璽
　　明治三十年八月三十一日
内閣総理大臣
勅令第二百九十七号
台湾総督府条例中左ノ通改正ス

第三条中「拓殖務大臣」ヲ「内閣総理大臣」ニ改ム
第六条第二項ヲ左ノ如ク改メ第三項ヲ加フ
　前項ノ場合ニ於テハ直ニ内閣総理大臣陸軍大臣海軍大臣参謀長及海軍軍令部長ニ之ヲ報告スヘシ
　明治二十九年法律第六十三号第二条及第四条ノ勅裁ヲ請フトキハ内閣総理大臣ヲ経由スヘシ
第八条第十条及第十一条中「拓殖務大臣ニ由リ」ノ八字ヲ削ル
　　附　則
本令ハ明治三十年九月二日ヨリ施行ス

（法制局用一〇行×2青罫紙二枚に墨筆）

〔E文書〕
朕台湾事務局職員官等俸給ノ件ヲ裁可シ茲ニ之ヲ公布セシム
　御名　御璽
　　明治三十年八月三十一日
　　　　　　　　　　　　　　　　　　　　内閣総理大臣
勅令第二百九十八号
台湾事務局長ノ官等ハ高等官二等トシ其ノ俸給ハ高等文官年俸一号表ニ依ル
台湾事務局書記官ノ官等ハ高等官三等以下七等以上トシ其ノ俸給ハ高等文官年俸二号表ニ依ル

（法制局用一〇行×2青罫紙一枚に墨筆）

〔F文書〕

明治三十年九月一日　内閣書記官　朱印（多田）　朱印（花房直）

内閣総理大臣　花押（松方正義）　内閣書記官長

総理大臣[110]

台湾総督へ電報案

本日拓殖務大臣ヨリ電報ノ通拓殖務省ハ明二日限リ廃止セラレ従前同省ニ於テ取扱タル台湾ニ関スル事務ハ同日以後内閣ニ台湾事務局ヲ置キ仝局ニ於テ掌理スルコトヽナレリ右御通知ニ及フ

明治三十年九月一日発

（法制局用閣議提案用青罫紙一枚に墨筆）

というものであった。

拓殖務省廃止とこれに代わる台湾事務局設置及び廃止に伴う関係法令を決定したA文書には、閣議に提出された日付と閣議決定日が記載されていない。このため、政府部内でいつ廃止論が議論され法制局がいつ閣議原案を立案したのかも含めて判然としない。ここで判っているのは、F文書の台湾総督宛内閣総理大臣電報が九月一日に発せられていたことから、天皇の裁可は八月三一日であること、天皇の裁可から一日の猶予を以て九月二日から施行されたことから拓殖務省の廃止は極めて早急に決定されたものではないかと推測される。少なくとも、高嶋拓殖相が八月一六日に政費節減による北海道開拓事業の遅延を打開するために、北海道開拓事業促進のための十ヶ年計画案とその経費一五四三万円余の予算案を立案し閣議請議している[11]ことからみて、八月中旬頃迄は拓殖務省廃止という深刻な事態は予想していなかったとみられる。

在野の輿論は、台湾官吏腐敗責任問題から端を発した拓殖務省廃止論・乃木総督罷免論・文官総督制導入論・台湾統治制度改革論を藩閥批判・松方内閣批判へと発展させてきており、台湾問題は一面内政問題化していった。なかでも、日清戦後経営で大きな役割を演じていた松方にとって、戦後経営そのものへの批判として提起されてきた拓殖務省廃止論は、内閣の存続を危くさせるほどの意味をもっていた。その意味からして、松方内閣にとっては拓殖務省の弊害は改善する余地はあっても同省を廃止させることはできない。しかし、如何に在野の批判が強かろうが、未だ松方内閣の求心力は失われていなかった。松方が内閣総理大臣の辞表を天皇に奏上するのは、一二月二五日である。[112]これらのことから、拓殖務省の廃止案が唐突にも閣議決定され直ちに施行されたのは、在野の批判に屈伏したためのものではなく、全く別の理由であったように思われる。それは、台政刷新・改革の基ともいえる台湾総督府官制の制定、就中台湾総督に文官制を導入するという文官総督制をめぐる天皇と内閣・陸海軍との対立にほかならない。

五　司法・行政の軋轢と高野罷免事件

「司法、行政両機関のあつれき」[113]が激化し、内紛的状況にあった台湾総督府を象徴する出来ごとが、高野孟矩を懲戒免職にした高野罷免事件であった。

折しも台湾では、総督府官吏の腐敗をめぐって司法と行政の対立があったが、その根底には帝国憲法の台湾への施行についての見解の違いがあったことはいうまでもない。具体的には、憲法上保障されていた行政権からの司法権の独立が、委任統治下の台湾においても保障されるか否かにあった。前述の如く、台湾総督府官制総督府案及び同第一次閣議書においても台湾の司法権は行政権の下に位置づけられており、政府及び総督府の認識としては、民政局長が行政と司法を統括するといったように、司法権の独立を認めていなかった。それを象徴するのが、明治三〇年に台湾総督府内部で起こった行政官と司法官の激突にほかならない。

八月一二日、『万朝報』は「台湾法務部内のストライキ」と題した記事[114]を載せて、法務部内の対立の構造を解説しながらストライキの原因を説明していた。行政と司法の対立は、先ず高野孟矩高等法院長非職問題として表面化したのである。高野非職問題は、帝国憲法第五八条第二項によって身分保障されていた判事に対して、台湾においてもその保障が適用されるか否かの法律論争とかかわったものであるが、その原因は台湾総督府の腐敗と疑獄事件にあった。明治二九年五月一日律令第一号台湾総督府法院条例[115]によって、県庁・支庁・島庁所在地に一ヶ所設けられ第一審裁判と刑事の予審をなす地方法院、総督府所在地に一ヶ所設置され地方法院の裁判を覆審する覆審法院、同じく総督府所在地に一ヶ所設置され覆審法院の審判にして適法でないものを破毀匡正する高等法院の三級制となっていた。ここで問題となるのが、同条例第一条「台湾総督府法院ハ台湾総督ノ管理ニ属シ民事刑事ノ裁判ヲ為スコトヲ掌ル」とした規定にあり、「台湾総督」の法院に対する管理権についての解釈にほかならない。法院判官は、同条例第四条第三項「裁判所構成法ニ於テ判官タルノ資格ヲ有スル者ニ非サレハ判官タルコトヲ得ス」と、法院判官の資格要件を定め、本国政府の規程を準用していることから、法院判官の身分は本国の判官と同じように保障されているのか否かが問題となった。

明治二九年五月一三日、新潟地方裁判所長だった高野孟矩が台湾総督府法院判官として高等法院長兼法務部長に任命され、台湾総督府法院に赴任することになる。この日に台湾総督府法院判官及び検察官に任命されたのは次の者であった。

高等法院長兼法務部長	台湾総督府法院判官兼民政局事務官	高野　孟矩
高等法院判官兼法務部民事課長	台湾総督府判官兼民政局事務官	山口　武洪
高等法院判官兼法務部刑事課長	台湾総督府法院判官兼民政局事務官	服部甲子造
高等法院判官	台湾総督府法院判官	結城　顕彦
高等法院判官	台湾総督府法院判官	浜崎　芳雄
覆審法院長心得兼覆審法院判官	台湾総督府法院判官	加藤重三郎
覆審法院判官	台湾総督府法院判官	大橋　済
覆審法院判官	台湾総督府法院判官	瀧野　種孝
覆審法院判官	台湾総督府法院判官	花田　元直
台北地方法院長	台湾総督府法院判官	加藤礼次郎
台中地方法院長	台湾総督府法院判官	後藤松吉郎
台南地方法院長	台湾総督府法院判官	大野　吉利
宜蘭地方法院長	台湾総督府法院判官	広瀬　充藏
新竹地方法院長	台湾総督府法院判官	家永泰吉郎
苗栗地方法院長	台湾総督府法院判官	小林　一生
鹿港地方法院長	台湾総督府法院判官	川田藤三郎
嘉義地方法院長	台湾総督府法院判官	大西　道生

雲林地方法院長　台湾総督府法院判官　恩地顧太郎
埔里社地方法院長　台湾総督府法院判官　檜山鉄三郎
鳳山地方法院長　台湾総督府法院判官　柴原　亀二
恒春地方法院長　台湾総督府法院判官　安積　五郎
澎湖島地方法院長　台湾総督府法院判官　飯島　宗明
台北地方法院判官　台湾総督府法院判官　戸口　茂里
台北地方法院判官　台湾総督府法院判官　黒沢　太郎
台中地方法院判官　台湾総督府法院判官　有川　貞寿
台南地方法院判官　台湾総督府法院判官　広井埼太郎
台南地方法院判官　台湾総督府法院判官　竹内　平吉
高等法院検察官　台湾総督府法院検察官　龍岡　信熊
覆審法院検察官　台湾総督府法院検察官　田中　坤六
台南地方法院検察官　台湾総督府法院検察官　豊永　七彩[116]

ここで任命された多くの者が、その後大きな問題を起こしたのである。さて、前述の如く台湾総督府は官吏の腐敗や疑獄事件で大きく揺れており、台政刷新のために人事更迭を決断していた乃木総督は、本国政府と協議して結局水野民政局長や山口宗義財務部長・伊沢修二学務部長の非職や土居通予通信部長の辞職をはじめとした、総督府中枢の人事の刷新を断行することになるが、そのなかに高野高等法院長の兼任免官と非職人事があった。

『明治三〇年台湾総督府公文類纂　甲種追加三』の第九文書「事務官山口宗義・同伊沢修二非職並ニ高野孟矩兼

官ヲ免スル件」[117]によると、高野の兼官免官は次の経過を辿っていた。

〔A文書〕

明治三十年七月十六日　即日発

総督　朱印（乃木希典）　参事官　朱印（大島）

閣議稟議案

台湾総督府民政局事務官　山口　宗義

同　伊沢　修二

右事務ノ都合ニ依リ非職被仰付度請閣議候也

年　月　日

総督

内閣総理大臣宛

上奏案

台湾総督府訂〔高等法院長〕（法院判官）兼台湾総督府民政局事務官　高野　孟矩

免兼官

右謹テ奏ス

年　月　日

総督

拓殖務大臣へ進達案

台湾総督府民政局事務官山口宗義外一名非職稟議并台湾総督府訂〔高等法院長〕（法院判官）兼台湾総督府民政局事務官高野孟矩免兼官上奏ノ件

右其筋へ御進達相成度候也

年　月　日

総督

（台湾総督府民政局用一三行×２茶罫紙一枚に墨筆）

〔B文書〕

明治三十年六月八日　秘書課長　朱印（大島）

総督　朱印（乃木希典）　民政局長　朱印（水野）　総務部長　朱印（水野）

在京高橋事務官へ左案電報相成可然哉

局長

高野高等法院長ノ兼任事務官ヲ免スルノ上奏取計フヘシ削〔命ニ依ル〕

此電信ハ東京ニ達セサリシトノコトナリ此侭完結ノコト　朱印（本村匡）

（台湾総督府民政局用一三行×２茶罫紙一枚に墨筆）

〔C文書〕

明治三十年七月三十一日　　参事官　朱印（大島）

総督　朱印（乃木希典）　民政局長　花押（曽根静夫）

稟議案

台湾総督府法院判官　　高野　孟矩

賜一級俸

右請閣議候也

総督

総理大臣宛

右事務ノ都合ニ依リ非職被仰付度請閣議候也

台湾総督府法院判官　　高野　孟矩

総督

総理大臣宛

（台湾総督府民政局用一三行×2茶罫紙一枚に墨筆）

というものである。

台湾官界の疑獄事件の原因は、司法行政両官吏の確執にあるという風評が流布されていたことから、総督府は先ず高野高等法院長の民政局事務官としての法務部長の兼任を免ずることとし、六月八日にB文書のような兼官免官の決定をする。しかし、在京の高橋虎太事務官宛の上奏取扱命令電報は「東京ニ達セサリシトノコトナリ此侭完結ノコト」とあるように、この決定は一方的に司法行政の確執・軋轢の責任を高野に求めていたことから本国政府の同意を得ることができず、結局沙汰止みとなって一度取り消されていた。このため、総督府は、高野一人を処分するというのでは政府の承諾を得られないと判断し、山口宗義と伊沢修二の処分と合わせて高野の非職を強行することになる。

そもそも、高野問題の発端はこのような総督府行政官吏の強引な司法排除の姿勢に起因していた。確かに、判官としての高野は「狷介不屈、融和性に乏しくそれが為めか着任匆々宜蘭法院設置問題に関し時の財務部長山口宗義と議相合はず激論を闘はしたること屢々なりきと伝へらる」[118]とした個人的に問題があった。だが、それが何故法務部長兼任の免官に繋がったのか、行政官との確執の原因が何であったのかは説明できない。この点について、井出季和太は、高等法院長兼民政局法務部長の職にあった高野は「疑獄事件に関し峻烈苛細の摘発検挙を実行し、しいては行政府と反目し、統治上看過することの出来ない実情があつた」[119]と指摘している。

確かに、高野の疑獄事件への取り組む姿勢は厳粛であり、それが大なり小なり疑惑のある行政官の反撥を買っていたことは容易に推測できる。しかし、本国政府が司法行政の軋轢や高野と山口との確執の風説が流布されているなかで、高野のみ更迭する人事を行うことは到底できない。人事権を掌握している行政官の一方的な措置に対しては、台湾総督府内部はもとより本国の朝野においても批判の声があがることは必然であったから。このような状況のなかで、高野はA文書の如く七月一六日の山口財務部長と伊沢学務部長の非職人事に合わせて改めて兼官免官とされ、その上奏案が起草され、七月二九日に山口・伊沢の非職とともに兼官免官となった[120]。

しかし、行政官吏が中心となっていた台湾総督府が、山口・伊沢を非職としていながら高野をそのままにしている筈はなかった。「不肖孟矩の職を司法に奉ずるや殆ど二十年幸に未だ一回の懲戒的譴責だも受けたることなし」と自認する高野は、かかる行政官吏の策謀を熟知していたが故に、これに抗せんがため予め法院の討論会に「台湾の法官と憲法の関係」というテーマを提起して、台湾における司法官の地位についての検討を同僚判官に求め「密に研究」する一方で、乃木総督に電報を以て「地位の保証につき意見を上申」していたことから[121]、高野に非職の命が下った際には司法官と行政官とが激しく対立する素地はできていたと考えられる。C文書は、喧嘩両成敗として山口・伊沢の非職に合わせて高野に非職を命じる人事案件だが、乃木総督と新任の曽根民政局長は七月三一日に「賜一級俸」と「非職」とを決定して、松方首相に請議したことを記したものであった。高野は、この非職決定を翌八月一日に高等法院検察官川淵龍起から伝達されたことから[122]、松方首相に直接談判してその地位保全を図るべく上京せんとする。

だが、総督府はかかる高野の行為を阻止せんとして上京願いを却下する。これにかかわる文書が、『明治三〇年台湾総督府公文類纂　甲種追加五』の第五六文書の「高野孟矩総督府高等法院長地位保全ヲ請願セントシテ提出シタル上京願不許可ノ件」と「非職法院判官高野孟矩懲戒免官」である[123]。該文書によると、前者は、

〔A文書〕

電報訳　　八月十三日午后九時

立見軍務局長宛　　乃木総督

高野高等法院長ヨリ上京願差出シタルモ聞届難キニ付其旨本人ヘ送達セラレタシ

（台湾総督府軍務局用一一行×2茶罫紙一枚に墨筆）

〔B文書〕

受信人　ソウトクフナイ　タチミクンムキヨクテウ　親展
発信人　タクシヨクムセウ　フソクシヤ　ノギソウトク
発　局　八月一三日午後一時二五分
着　局　午後七時一七分
消　印　台湾台北大稲埕三十年八月十三日電信
タカノコウトウホウインテウヨリジヨウケフ子ガ訂〔テ〕（イ）サシタシタルモキキトドケガタキニツキソノム
子ホンニンヘツウタツセラレタシ

（日本政府電報通達紙一枚にペン筆）

〔C文書〕

〔欄外〕八月十四日発
明治三十年八月十四日　秘書官　朱印（木村匡）
総督　朱印（立見）　民政局長　朱印（杉村）
貴官上京願在京総督差出サレタル趣ノ処右ハ難聞届ニ付其旨貴官ヘ伝達可致旨電命訂〔有之候条右依命及伝達
候〕（ニ接シ候ニ付茲ニ得貴意候）也

木村秘書官

高野高等法院長宛

（台湾総督府民政局用一三行×２茶罫紙一枚に墨筆）

であり、後者は、

〔Ｄ文書〕

非職台湾総督府法院判官　高野孟矩

正五位　高野孟矩

免本官

位記返上致スヘシ

右ハ非職ノ命令ニ反抗シ倨傲僭越上司ヲ漫罵シ且ツ僚友朋比シテ故意ニ引退ヲ企テシメタル等ノ形蹟有之官吏服務規律上情罪尤重キ者ニ付頭書ノ通御詮議相成度此段内申候也

明治三十年十一月廿四日

法務課長　大島久満次（台湾総督府民政局法務課長印）

民政局長　曽根静夫殿

（台湾総督府用一三行×２茶罫紙一枚に墨筆）

〔Ｅ文書〕

〔欄外〕「即日発送」「十二月十八日発令」

明治三十年十一月二十四日

総督 朱印（乃木希典） 民政局長 朱印（静） 秘書課長 朱印（大島）

上 奏 案

非職台湾総督府法院判官 高野孟矩

免本官

正五位 高野孟矩

位記返上致スヘシ

右謹テ奏ス

総督

総理大臣へ副書按

一 非職台湾総督府法院判官高野孟矩懲戒免官並位記返上ノ上奏書

右進達候也

総督

内閣総理大臣宛

別 按

非職台湾総督府法院判官高野孟矩懲戒免官並位記返上ノ儀本日上奏致候処右者非職ノ命令ニ反抗シ倨傲僭越上司ヲ漫罵シ且僚友朋比シテ故意ニ引退ヲ企テシメタルカ如キ官吏タルノ本分ヲ失却スルモノト認メタルヲ以テ免官ノ処分ヲ上奏スルノ止ヲ得サルニ至候儀ニ候旨執奏方可然御取扱相成度此段開申候也

総督

総理大臣宛（親展）

（台湾総督府民政局用一三行×2茶罫紙二枚に墨筆）

〔F文書〕

受信人　ヒショカン

発信人　タイワンジムキヨクシヨキカン　主任　朱印（高橋）

発　局　十二月二十日午前十一時二十分

着　局　午後十時二九分

消　印　総督府電信取扱所三十年十二月二十日電信

タカノタケノリエイキヘンジヨウスベキム子一ハニチジレイハツピヨウアリメンカンジレイトトモニホンニンエコウフセリ

訳

高野孟矩へ位記返上スヘキ旨十八日辞令発表アリ免官辞令ト共ニ本人へ交付セリ

十二月二十日

秘書官

台湾事務局書記官

（日本政府電報通達紙一枚にペン筆）

〔G文書〕

受信人　ミンセイキヨクテウ

発信人　ノムラタイワンジムキヨクテウ

発　局　十二月十八日午後四時

着　局　午前七時十七分

消　印　□《総》□《督》□《府》電信取扱所三十年十二月十九日電信

ヒシヨクタイワンソウトクフホウインハンガンタカノモウクハホンジツホンカンヲメンゼラレタリ

（「非職台湾総督府法院判官高野孟矩本日本官ヲ免ゼラレタリ」―筆者訳）

（日本政府電報通達紙一枚にペン筆）

とする、高野上京願不許可の件と懲戒免官とが綴られている。

ここには、高野が乃木に送った上京願書が綴られていないためその内容は判らないが、少なくとも乃木が立見尚文軍務局長（総督代理を兼任）に発した電命が八月一三日午後一時二五分（B文書）であることから、高野の上京願いは遅くとも同月一二日には乃木のもとに着いていたものと思われる。高野からの上京願いを受け取った乃木はその措置について検討することになるが、在京総督府首脳の動きについて『東京朝日新聞』が「総督府員集会」と題した記事を載せ、「乃木総督曽根民政局長大島事務官其他在京総督府事務官ハ昨日午前九時過より帝国ホテルに集会し処務細則等の協議をなせり」[124]と報じている。この記事によると、集会は「処務細則等の協議」のために八月一三日午前九時過ぎから行われたとあり、直接高野云々とは報じてはいないが、状況から推測して「処務細則等」のなかの一部に高野問題があったとみることはできよう。

もっとも、乃木はその数日前の八月一〇日午後三時「二人曳腕車を駆りて松坊首相を三田の小山邸に訪問し密議数時に及び同六時半帰寓したり」[125]と、松方と長時間にわたって密議を行っているように、かなり頻繁に政府首脳との接触を試みていた。勿論、これが高野問題についての密議であったとはいえない。乃木は、八月一五日台湾に帰任するため東京を出発していることから、帰任に際して首相と充分な打合せを行ったと推測され得るからである。この時期に総督府が抱えていた最大の問題は、先に決定していた台湾総督府官制（台湾総督府条例改正）が天皇の裁可を得られず既に一ヶ月近く宙に浮いた状態にあったことであろう。乃木は、前述の八月一三日台湾への帰任直前に在京官吏と充分な打合せを行ったが、この時乃木をはじめとした在京の総督府官吏が、どこまで深刻に司法官吏の叛乱に発展する高野問題を認識していたかは分からない。

いずれにせよ、乃木をはじめとした在京総督府官吏は高野の上京を阻止すべく上京願不許可の決定を下して総督代理の立見軍務局長に電命し、翌一四日木村匡事務官がその旨を高野に伝えた（C文書）。高野を中心とした司法官吏の叛乱は、この上京不許可によって決定的となっていく。D文書以降が、高野の懲戒処分に関する文書となるが、D文書で「非職ノ命令ニ反抗シ倨傲僭越上司ヲ漫罵シ且ツ僚友朋比シテ故意ニ引退ヲ企テシメタル等ノ形蹟有之」として懲戒免官処分を受けるに至った程の司法官吏の叛乱とは如何なるものであったのであろうか。

『万朝報』は、「台湾法務部内のストライキ」と題して、

昨日台北発にて或る方に達したる私報ハ左の如く報ぜり

本島の法務部内並に法院部内に「ストライキ」起る原因ハ高野法務部長の非職一条に関し部内の紛擾甚し右ハ電文簡にして詳細を知るに由なしと雖も同地の事情に精しき某官人の語る所に拠れバ予て法務部内にハ山口（武洪）派と高野派の二者ありて常に相反目し居り高野部長の進退ハ其一派に取りてハ実に由々しき大事なるガ是ハ必竟私事に外ならざれども想ふに内地に於て終身官の栄転を抛ちて渡台したる高野部長を懲罰的に非職を命ずる如きハ酷遇の甚しき者として或ハ同一派ガ総辞職にても企たるならんと思はると兎に角台地の現状愈よ出て愈よ醜といふの外なし(126)

とした記事を載せていた。司法と行政の確執が、高野非職問題によってストライキにまで発展していったが、それはさらに浜崎芳雄法院判官免官問題へと繋がっていく。福島県会津出身で明治二九年五月一三日に台湾総督府高等法院判官に任じた浜崎は、八月三日付で病気を理由に辞表を提出しているが、この辞表に対して『万朝報』は次のように報じている。

台湾法官の躍起運動　　台湾の法務部内にストライキの起らん模様ある由ハ既に報ぜし所なるガ其れかあらぬか高野法務部長の腹心と聞へたる浜崎判官ハ病気帰省の名の下に高野一派の意見を齎らし両三日前出京乃木総督に向て運動中なりしとの事なるガ其理由とする所ハ世間にてハ台湾疑獄を以て山口財務部長と高野法務部長との衝突に基づく如く云ふも実際ハ決して然る事情なきのみならず法院ガ其職権に依り当然為すべきの職務を尽したるまでに過ぎざるに今に於て喧嘩両成敗の原則に拠り高野以下数名の当路者を懲罰的に処分するハ実に其意を得ざる訳故若し此議容れられずんバ我我同志ハ各決心する所あり云々といふにありて暗に同派のストラ

イキを笠に着て総督に迫り居れりとの事なるガ或ハ浜崎判官の一電によりてハ台湾法務部内ハ予報の如く有形的にストライキを演ずるならんといふ(127)

この記事は、浜崎の辞職は高野非職問題にかかわったものとして報じたものである。確かに、浜崎の辞職は高野への非職決定に憤慨してそれを阻止せんとしたものであった。『万朝報』は、この年の一〇月二七日から一一月五日の間に「浜崎判官の台湾談」を六回にわたって連載している。浜崎は、このなかで総督府内部の実態、臨時法院と拘留者の状況をはじめとした台湾の実情と問題点を述べるとともに、自身の辞職の経過とこれに対する総督府の対応を詳述していた。台湾総督府官吏の疑獄事件はもとより台湾において司法官としてかかわった浜崎は、「僕ガ台湾に居て取扱た貸借及び取引等に関する日本人と台湾人との訴訟ハ十中の十日本人の敗訴だ、所で僕の観察よりすると商業取引貸借等に就てハ、日本人ハ殆ど信用のない人類だ、丸でペテン師だ、此新領土に来て新附台湾人の模範とならなければならぬ位置を占むる者ガ、彼等に対して信用を欠くとハ何事だ、実に言語同断不届な奴等だ、帝国の体面を何うして保つのだ、国の為に死んで呉た軍人ハ実に気の毒だ、彼等に対して何の面目かある、個様な事件を判決する自分ガ、是等破廉恥漢も自分の同胞かと思ふと赤面至極耻かしくて堪らぬと同時に腹ガ立つ、又刑事の上を顧みれバ強盗殺人といふやうな者ハ皆土人で、窃盗詐欺取財といふ部類ハ皆日本人だ(128)」と、台湾に渡ってきた質の悪いならず者のような日本人を「言語同断不届な奴等だ、帝国の体面を何うして保つのだ」と憤慨し、さらに「国の為に死んで呉た軍人ハ実に気の毒だ」と嘆く。義憤に溢れる浜崎は、「真の法院といふものゝ台湾に生れたのハ、去年（明治二九年―筆者註）七月十五日であつたと思ふ、其の頃台湾ハ土匪ガ跋扈するので討伐最中だ、埔里社、林圯埔、雲林、北斗、刺桐萼などいふ守備隊の居つた要所の、土匪の為めに陥落せられたるのも此の時で、例の台湾三界で腰を抜かして処分を受けた退却将校事件も此時の事だ、然るに兵士忿怒の余炎だと云へバ、幾らカ怨する所もあるガ、民政官までガ一緒になつて随分多くの人を殺した」と暴露し、それが国際問題にもなったことから「捕へた土人ハ是非共裁判所に引渡し、公明正大なる処置をさせるガ必要だと云ふ所より、明治十年西南の役に遣たやうな臨時法院といふものを、土匪騒擾地に開くと云ふ事になつて、臨時法院令を発布し、僕も其一員に挙げられた」と臨時法院設置の経過を述べるとともに、その実態を任地に赴任する臨時法院の判官等への壮行会で語った「臨時法院の諸君ハ御苦労だガ往つて甘く遣つて呉よ、到底碌な罪人ハあるまいカらアツサリ裁判して早く帰つて来い」という水野民政局長の演説を、「裁判といふものハ、ソンな詰らぬ事の出来るものでハない、苟くも天皇の御名に於てする裁判だ、夫に注文をする抔といふ了簡ガ第一間違つて居る(129)」と暴露的に批判する。水野と法院判官とは、かなり前から対立していたことが判るが、それは、司法官と行政官との確執が極めて根の深いものであったことを示唆したものでもある。前述の井出季和太の高野への評価は、その意味で割り引いてみる必要があろう。

浜崎の総督府や行政官に対する憤懣は、臨時法院の実態の暴露として語られる。浜崎によると、土匪として逮捕された被告人は、華氏九六度のなかで「四方壁九尺に二間の一房に三尺の入口ガあるのみだ此狭隘な監房に二十五人を押込んであるから、実に人間の鮓漬だ」、この被告人達は「手足の緊縛せられたる部分ハ皆腐爛化膿して蛆を生じ皮肉破れて骨を露はす、彼等ハ涕泣して頻に哀を乞ひ、一隅に転がり居る一人ハ、已に此無残の中に死せり、外二人も亦死期の迫まつたものガある、嗚呼無残是も人類だ(130)」と嘆くとともに、その責任を総督府に求めて糾弾する。

総督府の統治に対する批判として興味深いものは、明治二九年八月一四日の律令第四号台湾刑罰令であろう。浜崎は、この台湾刑罰令が発布されたことについて、この律令第四号は「大権に於る勅令と総督に分与せられたる立法権との区域を儼然と」定めた六三法に抵触し、「総督ハ此権域を侵して、大権に於る勅令でなければ発布することのならぬものを、律令を以て発布した」として、「皆ガ喫驚して総会議を開て講究した結果全会一致で、此律令ハ違法の律令である……律令たるの効力を保たないものだと決議して、其趣きを総督代理に上申した」が、結局「之ガ勅裁を経て今日に生きて居る、其不法な律令第四号の効力で、帝国刑法ハ台湾に実施せられて居ると」と、本国政府も含めた違憲性を批判している。(131) 浜崎は、さらに台湾総督府官制制定についても批判的で、「是非とも出京中の総督に忠告を仕て、暫く発布を見合せて貰はんければバならぬ(132)」として帰国したとする。浜崎の辞職帰国は、高野非職問題だけではなく台湾総督府官制制定問題ともかかわっていたことになろう。

かかる問題意識のなかで、八月三日に辞表を提出し「賜暇中東京自邸迄旅行する旨届置き、同日出発」して同月九日に神戸に着した浜崎は、「帝国ホテルに於て乃木に面会し、懇切に忠告を仕たけれども、一向お聴入にならぬ、是でハ仕方ガ無いと諦めて、今度ハ其他二三の官僚に忠告し、尚国家の元老様にも相談した処ガ、至極尤もとの事にて、随分尽力して呉た人もあるガ、終に僕の忠言ハ水泡となつて、高野も非職を命ぜられた(133)」と語る。病気療養を名目として辞表を提出し帰国を申請した浜崎ではあったが、実は高野非職問題や台湾総督府官制制定問題について本国で激しく運動していたのであった。これを、総督府が黙認する筈はない。

そもそも、この浜崎の病気療養を理由とした帰国は官吏服務規定違反の疑いがあった。官吏は、辞表を提出したと同時に免官になるわけではなく、又、帰国届けを提出したからといって帰国許可を得ない前に任地を離れることはできない。この点について、浜崎が『万朝報』に語ったところを纏めると、八月六日杉村濬民政局長代理は浜崎の所属の長であった高野高等法院長に、「高等法院判官兼台湾総督府法院判官浜崎芳雄本年八月四日付疾病の故を以て辞表提出の処去四日発刊台湾新報に判官浜崎芳雄氏ハ転地療養願書を差出し昨日一番汽車にて帰東の途に就かれたりとあり翌五日同新報に（略）麻刺利亜病気に罹り身体次第に衰弱せしを以て辞表を呈出したるものゝ由等掲載有之候へ共官吏服務規律第六条に明文有之候に付辞職御聴許の後カ又ハ前に相当の手続を尽したる後にあらざればバ旅行可相成筈ハ無之と存じられ旁該新聞の記事ハ無根と存候へ共尚事実御取糺の上何分の御回答相成度此段及御照会候也」と照会し、これに対して高野が翌七日に「三十日間の賜暇旅行を許した」と回答したものの、総督府は納得せず、同一七日在京中の曽根民政局長が浜崎を拓殖務省附属舎に呼び事情を聴取し、浜崎に「賜暇中届の上手続書」を提出させたという。もっとも、帰国後前述のように活発に活動していたことから転地療養が帰国目的ではないことは明白になるが、浜崎によれば「誰れガ遣ったか、浜崎ハ内地に於て不穏の言動を為すと云ふことを総督府に打電したと見え総督府から高野に其事実を尋ねよ」と命令されたためだと語っている。(134) いずれにせよ、浜崎の主張は別としても総督府の司法官吏としての立場からしてその行動は余りにも常道を逸していたといえよう。

このため、浜崎は懲戒免官になるが、その事情を『明治三〇年台湾総督府公文類纂　甲種追加三』の第二三文書「判官浜崎芳雄依願免本官」(135) と、『明治三〇年台湾総督府公文類纂　甲種追加五』の第二四文書「判官浜崎芳雄懲戒免官」(136) よりみると、次のようになる。

先ず、第二三文書では、

〔A文書〕

台湾総督府法院判官　浜崎　芳雄

依願免本官

右ハ病気ノ為メ別紙ノ通辞表差出候処不得已事情ニ付願意御聴許前書ノ通御発令相成候様御取計有之度此段及

内申候也

明治三十年八月四日

法務部長事務取扱事務官　山口武洪　朱印（山口）

民政局長代理事務官　杉村　濬殿

（台湾総督府民政局用一三行×２茶罫紙一枚に墨筆）

〔別紙―１〕

判官浜崎芳雄ヨリ別紙之通リ辞表差出候ニ付事実取調候処相違無之候ニ付願意御聴届相成候様致度此段〔追〕訂

（副）伸候也

明治三十年八月三日

高等法院長　高野孟矩　朱印（台湾総督府高等法院長之印）

台湾総督男爵　乃木希典殿

（台湾総督府高等法院用一三行×２茶罫紙一枚に墨筆）

〔別紙―２〕

辞　表

小官儀昨年六月渡台已来屡〻麻剌利亜熱ニ罹リ療養差加へ罷在候得共漸次衰弱ニ趣キ為メニ其職ヲ全フスルコト能ハス事務繁忙之折柄甚恐縮之至リニ候得共曠職弥久ハ却テ恐多キ次第ニ付何卒出格之御詮議ヲ以テ免官之御沙汰相成候様仕度此段奉願候也

明治三十年八月三日

台湾総督府高等法院判官　浜崎芳雄

台湾総督男爵　乃木希典殿

（台湾総督府民政局用一三行×2茶罫紙一枚に墨筆）

（註）傍線部は原本と異なる。

〔別紙―3〕

診　断　書

高等法院判官　浜崎芳雄　四十四年

一　病名　麻刺利亜熱

右者明治二十九年十月下旬ヨリ頭書之疾病ニ罹リ加療候処屡〻再発シテ荏苒全癒ニ至ラズ漸次身体ノ衰弱ヲ加ヘ劇務ニ堪兼候者ト及診断候也

明治三十年八月二日

台北城内石防街三番地　公医　安形藤太郎

（台湾総督府民政局用一三行×2茶罫紙一枚に墨筆）

〔B文書〕

明治三十年八月六日

秘書課長　朱印（木村匡）

削〔総督　朱印（代理）〕　民政局長　朱印（代理）（杉村）　総務部長　朱印（代理）（杉村）

高等法院判官浜崎芳雄任地ヲ去リタル旨台湾新報ニ掲載有之ニ付事実取調ノ為メ左案高等法院長ヘ
通達相成可然哉

高等法院判官台湾総督府判官浜崎芳雄本月四日同日付疾病ノ故ヲ以テ辞表提出之処去ル四日発訂〔刷〕（刊）台湾新報ニ判官浜崎芳雄氏ハ転地療養願書ヲ差出昨日一番汽車ニテ帰京ノ途ニ就ケリトアリ翌五日ニ同新報ニ（畧）麻刺利熱病ニ罹リ身体次第ニ衰弱セシヲ以テ辞表ヲ提出シタルモノヽ由等掲載有之補〔候得共〕削〔右者本属長官ノ許可ナクシテ擅ニ職務ヲ離レ及居住ノ地ヲ離ルヽコトヲ得ス〕官吏服務紀律第六条ニ明文モ有之候ニ付補〔辞職御聴許ノ後削〔許可ヲ得スシテ〕カ又ハ別ニ相当ノ手続ヲ為シタル後ニアラサレハ旅行可相成筈ハ無之ト存被ラレ旁〕該新聞ノ記事者訂〔事実ニ可有之哉又ハ賜暇中旅行□□（不明）本人ヨリ賜暇中旅行届出等無之〕（無根ト存候得共尚）事実等取調之上何分之補〔御廻〕答削〔申〕相成度削〔依命〕此段及訂〔通達〕（御照会）候也

民政局長代理

高等法院長宛

（台湾総督府民政局用一三行×2茶罫紙二枚に墨筆）

〔C文書〕

受信人　ミンセイキヨクテウタイリ　スキムラジムカン
発信人　タクシヨクムセウフゾクシヤ　ノギソウトク
発　局　葵町局八月六日午後十二時二十分
着　局　午《ママ》五時四十分

消　印　台湾台北大稲埕三十年八月六日電信
ハマザキハンカンジヒヨウヲサシイダシナイチニムケシユツタツシタルヨシジジツナルカトリシラベヘンシセヨ
浜崎判官辞表差出シ内地ニ向ケ出立シタルヨシ事実ナルカ取調返事セヨ
（日本政府電報送達紙一枚にペン筆）

〔D文書〕
明治三十年八月七日
総督　朱印（立見）　民政局長　朱印（杉村）　総務部長　朱印（杉村）　秘書課長　朱印（木村匡）
浜寄判官辞表提出ノ義ニ付回電按
浜崎判官辞表差出シ内地ニ出立シタルハ事実ナリ許可ナクシテ叨リニ任地ヲ離レタルハ官吏服務規律第六条ニ違反シタル義ニ付目下訂〔照会〕（取調）中
民政局長代理
乃木総督　ニカ　親展
（台湾総督府民政局用一三行×2茶罫紙一枚に墨筆）

〔E文書〕
昨六日付秘丙第二六号ヲ以テ本院判官浜崎芳雄辞表提出云々ノ件御照会ノ趣了承浜崎判官ハ本月三日帰省ノ途ニ就キタルハ事実ナリ同人ハ昨年以来悪症麻刺利亜ノ為メ凡ソ月ニ三四回位ハ突然四十度以上ノ熱ヲ発シ其都

度多量ノキニー子ヲ用ヒテ一時ヲ凌キタル為メ身体ノ衰弱ヲ来シ到底此地ニ在テハ職務ニ耐難キ旨ヲ以テ辞表ヲ呈出シ且ツ在京ナル八十歳以上ノ老母病気ノ旨音信有之旨ヲ以テ一日モ早ク帰京致度申出アリ幸当院事務ハ先般一先ツ処理相済残件ハ当分開廷ノ運ヒニ至リ難キ場合旁事務ヲ取扱フ能ハサル以上之ヲ引止ムルモ事実ニ益ナシト認メ本年七月十四日訓令第八十九号第一条ニ基キ三十日間ノ賜暇旅行ヲ許シタルモノニ有之候条右御承知相成度此段及御回答候也

明治三十年八月七日

高等法院長　高野孟矩　朱印（台湾総督府高等法院長之印）

民政局長代理　事務官杉村濬殿

（台湾総督府高等法院用一三行×2茶罫紙一枚に墨筆）

〔F文書〕

〔欄外〕　朱印（森尻）　八月十日発送　朱印（森尻）

明治三十年八月九日

秘書課長　朱印（木村匡）

総督　朱印（代理）（立見）　民政局長　朱印（代理）（杉村）　総務部長　朱印（代理）（杉村）

上　奏　案

台湾総督府法院判官　浜寄　芳雄

依願免本官

右謹テ奏ス

総督

拓殖務大臣へ副書案

一　台湾総督府法院判官浜嵜芳雄免官上奏書

右其筋へ御進達相成度候也

総督

拓殖務大臣宛

（台湾総督府民政局用一三行×2茶罫紙一枚に墨筆）

〔G文書〕

明治三十年八月七日

午后七時十分発　朱印（高島虎雄）

総督　朱印（立見）　民政局長　朱印（杉村）　秘書官　朱印（木村匡）

浜崎判官出京之儀ニ付乃木総督へ電報按

浜崎判官ハ暑中休暇ニテ帰京シタルナリ

杉村民政局長代理

乃木総督　親展

（台湾総督府民政局用一三行×2茶罫紙一枚に墨筆）

〔H文書〕
受信人　ソウトク　タチミ《ママ》ソウトクダイリ
発信人　タクショクムショウフゾクシヤ　ソ子ミンセイキョクテウ
発　局　木挽町局八月十三日午前十一時四五分
着　局　午後九時五〇分
消　印　台湾台北大稲埕三十年八月十三日電信
ハマサキホウインハンガンハキョカヲヘテナイチエカヘリタルカヘンデンコフ
浜崎法院判官ハ許可ヲ経テ内地へ帰リタルカ返電待ツ
　　返電按
浜崎法院判官ハ許可ヲ得テ内地ニ帰りタルニ非ス暑中休暇ノ範囲内ニ於テ高等法院長之ヲ認メタル也
（日本政府電報送達紙一枚にペン筆）

〔I文書〕
〔欄外〕　八月十四日発
　明治三十年八月十四日
総督　朱印（立見）　民政局長　朱印（杉村）　秘書官　朱印（木村匡）

浜崎判官帰国ノ義ニ付返電按

浜崎削〔法院〕判官ハ許可ヲ経テ内地ニ帰リタルニアラス暑中休暇ノ範囲内ニ於テ高等法院長之ヲ認メタルナリ

乃木総督

立見総督代理

（台湾総督府民政局用一三行×2茶罫紙一枚に墨筆）

〔J文書〕

〔欄外〕　八月二十日発

明治三十年八月二十日

民政局長　朱印（杉村）

秘書課長　朱印（木村匡）

浜寄判官ノ退官上奏ハ暫時発表見合セ相成様取計ハレタシ弁務署長ノ辞令ハ何日其地ヲ発セシヤ返待ツ

木村秘書官

大島参事官

（台湾総督府民政局用一一行×2茶罫紙一枚に墨筆）

〔K文書〕

〔欄外〕　民政局長　朱印（杉村）

総務部長　朱印（杉村）

受信人　ソウトクフ　ミンセイ局　キムラヒショカテウ
　明治三十年八月二十五日
発信人　タクショクムセウ　フゾクシヤ　ヲヲシマサンジカン
発　局　葵町局八月二一日午前十時十五分
着　局　午□《不明》十二時五十分
消　印　台湾台北大稲埕三十年八月二十一日電信
ハマサキハンガンタイカンノヨシハソウトクヘウカガイズミノウエスデニジヨウソウセリベンムショテウジレ
イハヲヲトリヒショカンケイタイセリ
　訳文裏面ニアリ
　　訳
　木村秘書課長　　　　　　　　大島参事官
浜崎判官退官ノ由ハ総督ヘ伺済ノ上既ニ上奏セリ弁務署長辞令ハ大島秘書官携帯セリ
（日本政府電報送達紙一枚にペン筆）

〔L文書〕
受信人　ソウトクフ　ノギソウトク
発信人　ウシゴメ　イチガヤ　カカマチ　ソ子ミンセイキヨクテウ
発　局　麹町局八月二七日午後八時二七分

着　局　午　十二《ママ》時五分
消　印　台湾台北大稲埕三十年八月二十八日電信
ノシメ〃ヤノチイヘム子ユ子メヘヤチヤメヤハ子〃ムスエヌノサスコヤケサメリチヲイ子ゴ子コフアヒヘアズ子
ユヘユクサイサヲヌビヤ
（日本政府電報送達紙一枚にペン筆）

〔M文書〕
〔欄外〕　供閲　総督
〔付箋〕
ホウユンハンエンハマサキヨカロカクカノミブンニカンスルコトヲシヨウキウセンスモテクナインヨウニセマリテエツマンヲツガイマチハカクヲヒボウスルゲキ削〔ル〕ブサロイノモノロカクロイシン削〔キ〕ソキロヘハイフセ

受信人　ソウトクフ　ノギソウトク　　朱印「至急官報」「親展」
発信人　トウケイ　ウシゴメ　イチカヤ　カカテウニノ三　ソ子ミンセイキヨクテウ
発　局　麹町局八月二七日午后一時十分
着　局　午後七時
消　印　台湾台北大稲埕三十年八月二十七日電信

ダヌオヤノヤソヤノチイへム子コメリメハロルヤレメヤトフロフユ子ムヌエヌワヤスアラリケオ子ムヌレワチ
クラソミチヤユミメ〃サチコノメリユヒダヌトフナ〃ヘル〃イコサハアハコメリゴオ子〃ヤエヘホキノサルロ
ホンジツノアンゴウデンポウハタクショクムダイ一ブノウアンゴウデンポウナリ
（日本政府電報送達紙二枚にペン筆）

〔N文書〕

〔付箋〕

○よれかんのけんもれし
ニマクリモスリノマハ
○たてのようりさくじ
フツモニユンソカバ
○つかくぎだけけつ
テクカゼブスステ
○ていせりひめんのこと
ツヌキンヘラリモトコ
○はこれよりじようそ
シトマニンバニユサ
○うのはづ

ユモシデ

明治三十年八月二十五日

秘書官　朱印（木村匡）

総督　朱印（乃木希典）

暗号電報之儀ニ付曽根局長へ電信

暗号電報解セス普通文ニテオクレ

乃木総督

市ヶ谷加賀町　曽根民政局長

（台湾総督府民政局用一三行×2茶罫紙一枚に墨筆）

〔O文書〕

受信人　ソウトクフ　ノギソウトク

発信人　タクシヨクムセウ　フソクシヤ　ソ子ミンセイキヨクテウ

発　局　葵町局八月二五日午后一時五七分

着　局　午後七時三十五分

消　印　台湾台北大稲埕三十年八月二十五日電信

ニマクリモスリノマハフツモニユンソカバテクカゼブステツヌキンヘラリモトコシトマテノバニユサユモシデ

（日本政府電報送達紙一枚にペン筆）

〔P文書〕

受信人　ソウトクフ　ノギソウトク
発信人　タクシヨクカンテイ　ソ子ミンセイキヨクテウ
発　局　本郷局九月二五日午后四時五十分
着　局　午後六時
消　印　台湾台北大稲埕三十年八月二十六日電信
サクシシツモタ子ミトトモニモイカクニオハデカンセイノハツフホウカンシヨブンノキウスセマメモイマハダ
ケツセズホウカン子モテカツカニリナラハザミノキヨ□□《不明》アルモノスタナカラハズモクカノ□《不明》デンハジヨウ
フンカツヌイニタヘザルモノアリヨヲコケリホウサツヲサヨウ

（日本政府電報送達紙一枚にペン筆）

〔Q文書〕

受信人　ソウトクフカンシヤ　タイワンソウトクノギキテレ
発信人　□□□□《不明》三〇クロサワカタ　タカノタケノリ
発　局　四谷局九月二十六日午後七時十分
着　局　午前〇時五十五分

消　印　台湾台北大稲埕三十年九月二十□〔欠〕日電信
コウトウホウインハンクワンホシヨクテンシヨクノギカ子テジヨウシンゴサイヨウナリガタキジジツアレバホ
ンクワンキニンマテオミアワセアイアリタシ
（日本政府電報送達紙一枚にペン筆）
（注）「高等法院判官補職転職之儀予テ上申御採用難成キ事実アレハ本官帰任迄御見合セ在リタシ」（筆者訳）

〔R文書〕

明治三十年十月七日　　　　十月七日発
総督　　　　　　　　　秘書官　朱印（本村匡）
花田ノ事承知ス浜崎ノ事如何ヤ新タニトル判官ハ人物ヲ撰フコト必要ナリ故ニ取極メル前ニ人名報知相成度
曽根民政局長　　親展　　　　　　　　　乃木総督
（台湾総督府民政局用一一行×2茶罫紙一枚に墨筆）

〔S文書〕
花田ノ事承知ス浜崎ノ事如何ヤ新タニトル判官ハ人物ヲ撰ブ事必要ナリ故ニ削〔人名削〔□〔不明〕〕ヲシラセタ上ニテ〕
トリキメル訂〔ツモリ〕（前ニ人名報知相成度）
（台湾総督府用文書整理用紙に貼付した和紙一枚に墨筆・起草者不明）

〔T文書〕
〔欄外〕供閲　総督　朱印（乃木希典）　民政局長　朱印（杉村）
受信人　ソウトクフ　ノギソウトク
発信人　コウベ　ニシムラカタ　ソ子ミンセイキヨクテウ
発　局　神戸局十月九日午後一時十分
着　局　午《ママ》　八時二五分
消　印　台湾台北大稲埕三十年十月十日電信
ハマザキノコトハトタイノウエイサイニシキヲウクベシアラタニトルハングハンハミヅヲニヲイテニンセンヲ
ナシリレキシヨヲモチコシゴシキヲウクルハズナリ
浜崎ノコトハ渡台ノ上委細ニ指揮ヲ受クヘシ新タニ採ル判官ハ水尾ニ於テ人選ヲナシ履歴書ヲ持越御指揮ヲ受
クル筈ナリ
（日本政府電報送達紙一枚にペン筆）

〔U文書〕
〔欄外〕　廿七日　佐藤属へ直渡
明治三十年八月廿七日
民政局長　花押（曽根静夫）　事務官

拓殖務次官へ御照会案

法院判官浜寄芳雄依願免官上奏書曩ニ致進達置候処右ハ再調ヲ要スル廉相成候ニ付一先御下戻相成度此段及御照会候也

局長

（台湾総督府民政局用一三行×2茶罫紙一枚に墨筆）

〔Ｖ文書〕

台湾総督《ママ》法院判官浜崎芳雄免官上奏書下戻方御照会ノ趣了承右内閣へ交渉ノ末別紙上奏書及御返戻候此段及回答候也

明治三十年八月廿七日

奥田拓殖務次官　朱印（拓殖務次官之印）

曽根民政局長殿

（拓殖務省用一三行×2茶色罫紙一枚に墨筆）

〔別紙〕

台湾総督府法院判官　浜寄芳雄

依願免本官

右謹テ奏ス

明治三十年八月九日

台湾総督男爵　乃木希典

（台湾総督府民政局用一三行×２茶罫紙一枚に墨筆）

〔W文書〕

辞　表

小官儀昨年六月渡台已来屢々麻刺利亜熱ニ罹リ療養差加ヘ罷在候得共漸次衰弱ニ趣キ為メニ其職ヲ全フスルコト能ハス事務繁忙之折柄甚タ恐縮之至リニ候得共曠職弥久ハ却テ恐多キ次第ニ付何卒出格之御詮議ヲ以テ免官之御沙汰相成候様仕度此段奉願候也

明治三十年八月三日

台湾総督府高等法院判官　浜嵜芳雄　朱印（浜崎芳雄）

内閣総理大臣伯爵　松方正義殿

（和紙一枚に墨筆）

〔X文書〕

診　断　書

高等法院判官　浜崎芳雄　四十四年

一　病名　麻刺利亜熱

右者明治二十九年十月下旬ヨリ頭書ノ疾病ニ罹リ加療候処屢〻再発シテ荏苒全癒ニ至ラズ漸次身体ノ衰弱ヲ加

へ劇務ニ堪兼候者ト及診断候也

明治三十年八月二日

台北城内石防街三番地　公医　安形藤太郎　朱印（安形）

（一二行×2茶罫紙一枚に墨筆）

〔Y文書〕

明治三十年八月二十八日　同日午后六時三十五分発送　朱印（高島芳雄）

総督　朱印（乃木希典）　民政局長　朱印（杉村）　総務部長　朱印（杉村）　秘書課長　朱印（木村匡）

浜崎判官辞表之儀ニ付曽根局長訓電案

浜崎判官ノ辞表ハ貴官ノ見込ニテ削〔□□□〕《不明》故障ナシト認メハ直チニ裁可ヲ経テ発表相成ル様取計フヘシト

命ニ依ル

訂〔曽根〕（杉村）民政局長代理

曽根民政局長　親展

（台湾総督府民政局用一三行×2茶罫紙一枚に墨筆）

である。

浜崎が、前述の『万朝報』に語った内容は概ね正確であったことが判る。だが、その正確さのなかで、八月六日に杉村民政局長代理が高野高等法院長に送った照会書（B文書）の内容が、文中の「（略）」にみられるように実際の文書でも「(畧)」とあり余りにも正確すぎる。つまり、既に帰国して台湾に居なかった浜崎がこの照会書の内容を正確に新聞に載せられたということは、浜崎の手元にこの照会書があったことを示していることから、浜崎は誰からかこの照会書の原本か写本を入手していたことになろう。浜崎の新聞発表は、高野と浜崎がかなり密接に繋がっていたことを世間に公表したことを意味している。それが、高野と浜崎の懲戒処分の背景にあったものと推測されよう。

綴られている文書が多いために、ここで文書学的な問題や文書内容の問題について検討してみる。①台湾総督府文書目録原本の件名で「判官浜崎芳雄依願免本官」とあるが、これは正しく内容を記していないことから本書の如く「判官浜崎芳雄依願免官上奏取戻ノ件」とすべきであろう。

②A文書は、八月三日に高野高等法院長より乃木総督宛に副伸された浜崎辞職願に関する回答書（別紙1）を基に立案された翌四日にこれを「依願免本官」として「不得已事情ニ付願意御聴許」すべきとした山口武洪法務部長事務取扱から杉村民政局長代理宛の内申書であるが、そこで添付された辞表（別紙2）と診断書（別紙3）は「別紙之通リ辞表差出候」として、高野が乃木へ送った副伸書の添付書類である。原文書では、ここで記したように綴られていることから、実際に山口が依願免官案を立案した段階で山口が辞表と診断書の原本を見ていたか否かは判らない。辞表と診断書の原本は、ここではX文書とY文書として綴られており、綴られ方は文書を編纂する段階で後で挿入した形になっている。とするならば、A文書別紙1に添付された写本からしてこの段階でも山口には未だ辞表が届けられていなかったものとみられる。A文書別紙2で傍線を付した箇所が原本との相違を指しているが、本文中の「甚恐縮」はW文書の原本では「甚タ恐縮」と「タ」が入っていた。これは単純な筆写の誤記と考えられるので特に問題にする必要はないが、宛名の点については検討が必要であろう。写本では、「台湾総督男爵乃木希

典殿」となっているが、W文書の原本では「内閣総理大臣伯爵松方正義殿」と首相宛になっていたからである。この誤筆は、高野が敢て問題を本国政府に及ぼすために策した結果のものか、又は単なる誤筆であったのかは判らないが、浜崎の辞職と帰国と高野の関係を知る手掛りの一つとなろう。

③B文書は『台湾新報』の記事内容について高野へ事実確認の照会をなしたものであるが、文章に余りにも多くの修正がありそれも極めて雑な記載で、実際に決定した文章がいったい何であるのか判らないほどであった。そこに、新聞記事を見て狼狽した総督府の行政官吏の実際の姿を映し出しているのではなかろうか。総督府の行政官吏にとって、高野非職は難題であったことから司法官吏の反撥は当然予想されていたものの、それが如何なる行動として表現されるのかが判らないだけである。かかる状況のなかで、水野民政局長に直接異議を唱えていた浜崎が辞職を願い出たことから、行政官吏が狼狽したのも当然のことであったろう。B文書の記載状況は、それを端的に示していたものと思われる。

④L文書・M文書・O文書・P文書は暗号電報であるが、通例暗号電報は暗号の訳文が添付される。上記四文書にはその訳文がなく、通例の電報分とは異なっている。その理由として考えられるのが、N文書の「暗号電報解セス普通文ニテオクレ」とした曽根民政局長への乃木総督電訓であろう。電報文に、かなりの付箋が添付されているが、その文章においても内容が必ずしも明確になっていない。M文書の傍線は、原文の通りであるが傍線の箇所は確かに意味不明である（傍線は原文の通り）。電報発信者が暗号を間違えたか、総督府の持っている暗号書と内容が異なるのか、いずれにしても総督府の官吏は送られてきた暗号を必死になって翻訳せんとしていた。しかし、ここで記載したように内容の大半は判読不明のままであった。かくも余分な手数を踏ませる暗号電報を、何故発信したのか。多くの電報文は、普通文で送られており、敢えて暗号で送信する必要はなかったのではないか。それを、

暗号にしたのは、それだけ総督府が神経質になっていたのか、総督府内の情報がかなり外部に漏れていたかであろう。

⑤文書の綴り方についてみても問題がある。Q文書は、高野自身の問題についての上申電報であって浜崎の問題ではない。高野は、「本官帰任」云々と述べている如く、これは高野の台湾帰任問題にかかわったものであった。このため、この電報文をここに綴るのは誤りで、高野懲戒免職の件に綴るべきものであったといえよう。この誤綴りは、総督府文書を編纂した文書課職員が、電報文の内容を理解できなかったことを示すもので、如何に総督府官吏の質が悪かったかを証明する事例の一つともいえよう。

浜崎の行為は、許可を得て任地を離れたのか否かにかかっていた。辞職の理由が何であったのかが問題にされたのではなく、東京へ帰京した行為が官吏服務規律に抵触しているのではないかとの疑惑が提示され再調査がなされ、その結果、浜崎は服務規律違反として懲戒免官の処分を受けることになる。この経過について、第二四文書「判官浜崎芳雄懲戒免官」から見ていく。

〔A文書〕

〔欄外〕十一月四日発令　朱印（□□不明）

明治三十年十月二十四日

総督　朱印（乃本希典）　民政局長　花押（曽根静夫）

秘書課長

台湾総督府法院判官　浜崎芳雄

免本官

右謹ンテ奏ス

明治三十年十月二十四日　　台湾総督

別　按

台湾総督府法院判官浜崎芳雄懲戒免官之儀補〔本日〕上奏致候処右者病ニ托シテ出京シ削〔□不明〕同判官高野孟矩ニ非職ヲ命セラルヽノ議ヲ聞知スルヤ百方之ヲ排斥センコトヲ勉メ訂〔叩リニ〕（剰へ別紙）上官ヲ誹毀讒謗スルノ文書ヲ作リ之ヲ要路ノ大臣訂〔又ハ両院議員ニ〕（其他ニ）送訂〔レ〕（付ス）ルカ如キ削〔到底〕官吏タルノ本分ヲ失却スルモノト認メタルヲ以テ免官ノ処分ヲ上奏スルノ止ヲ得サルニ到候儀ニ候間削〔□不明〕執奏方可然御取扱相成度此段開申候也

年　月　日　　総督

総理大臣宛

（台湾総督府用一三行×2茶罫紙一枚に墨筆）

〔別紙1〕

手　続　書

小官儀

兼而病気中之処明治三十年八月三日ヨリ向三十日間賜暇ヲ得賜暇中東京市麻布区麻布仲之町六番地私邸迠旅行

可致旨高等法院長へ届出八月三日台北出発帰京致候右命ニ依リ手続書差出候也
明治三十年八月十八日
高等法院判官　浜崎芳雄　朱印（浜崎芳雄）
台湾総督男爵乃木希典殿
（和紙一枚に墨筆）

〔別紙2〕未綴

〔B文書〕
十一月四日発令　朱印（森尻）
明治三十年十月二十四日
総督　朱印（乃木希典）　民政局長　花押（曽根静夫）　総務部長　花押（曽根静夫）　秘書課長
上　奏　案
正七位　浜崎芳雄
位記返上致スヘシ
右謹テ奏ス
総督
内閣総理大臣へ副書案
一　台湾総督府法院判官浜崎芳雄懲戒免官並位記返上ノ上奏書

右進達候也

内閣総理大臣

総督

（台湾総督府民政局用一三行×2茶罫紙一枚に墨筆）

〔C文書〕

受信人　ミンセイキョクテウ　ソ子シツヲ

発信人　タイワンジムキヨクテウ　ノムラセイメイ

発　局　葵町局十一月五日午前五時四五分

着　局　午前十時二十分

消　印　総督府電信取扱所三十年十一月六日電信

ハンカンハマサキヨシヲハンカンヲメンジイキヘンジョウメイスベシトノジレイホンジツハツプセラレタリ

（日本政府電報送達紙一枚にペン筆）

（注）「判官浜崎芳雄判官ヲ免ジ位記返上命ス可シトノ辞令本日発布セラレタリ」（筆者訳）

〔D文書〕

別紙浜崎芳雄免官辞令書及御送付候間伝達之上請書ヲ徴シ御回付相成度候也

明治卅年十一月四日

民政局長曽根静夫殿

台湾事務局長　野村政明　朱印（台湾事務局長之印）

（内閣用一三行茶罫紙一枚に墨筆）

〔E文書〕

正七位浜崎芳雄位記返上之辞令及御転送候間御伝達之上本人ヨリ位記ヲ徴シ御回付相成度此段及照会候也

明治三十年十一月四日

台湾事務局長　野村政明　朱印（台湾事務局長之印）

民政局長曽根静夫殿

（内閣用一〇行茶罫紙一枚に墨筆）

〔F文書〕

明治三十年十一月十七日

主任　朱印（森尻）

秘書課長　朱印（大島）

浜崎芳雄辞令送付案

免官辞令位記返上辞令共二通及送付候条位記並受書共至急送致相成度候也

台湾総督府秘書官

東京市麻布区仲ノ町六番地　浜崎芳雄宛（親展　書留）

（台湾総督府民政局用一一行×2茶罫紙一枚に墨筆）

である。浜崎は、官吏服務規律に違反していたのであった。

A文書別紙1（尚、理由は不明だが「別紙上官ヲ誹毀讒謗スルノ文書」として添付された別紙2に該当する筈の文書は綴られていない）の手続書は、先の八月一七日に在京中の曽根民政局長が浜崎を拓殖務省附属舎に呼んだ際に提出させたものと思われるが、このなかでは八月三日高野高等法院長に病気療養のために賜暇をとって東京の私邸まで旅行する届けをなし、即日任地台北を出発し帰国したと記されていただけであった。監督責任者の高野法院長の許可を得たことも、辞令を提出したことも記されていない。又、八月六日に杉村民政局長代理が高野へ八月四日と翌五日の『台湾新報』の記事に関して問い合わせた内容にも直接答えてはいない。ましてや、浜崎の辞職理由である「麻剌利亜熱ニ罹リ療養差加ヘ罷在候得共漸次衰弱ニ趣キ為メニ其職ヲ全フスルコト能ハス」（W文書）や、高野の許可理由書にある「月ニ三四回位ハ突然四十度以上ノ熱ヲ発シ其都度多量ノキニーネヲ用ヒテ一時ヲ凌キタル為メ身体ノ衰弱ヲ来シ」（同E文書）は、全く説得力はなかった。身体が次第に衰弱し帰京療養せざるを得ない浜崎が、九日に神戸に到着して直ちに上京し「帝国ホテルに於て乃木に面会し、懇切に忠告」したり、「二三の官僚に忠告し、尚国家の元老様にも相談した」ように、活発に活動していた事実からみても、病気を名目とした辞表と病気治療を理由とした帰国に疑問が生じるのは当然であった。このため、総督府は一〇月二四日A文書の如く懲戒免官を決定し、B文書にある懲戒免官と位記返上を松方首相に進達したのである。その結果、一一月四日野村政明台湾事務局長より曽根民政局長に免官辞令と位記返上辞令が送付（D文書・E文書）され、次いで同五日懲戒免官と位記返上の電報が野村より曽根に発信され（C文書）、同一七日浜崎に対してこの二通の辞令が送られ（F文書）て決着することになった。

浜崎の叛逆に激昂した総督府は、その張本人である高野への処分を考える。第五六文書のE文書は、高野の懲戒免官と位記返上の上奏書案であるが、F文書の如く高野は一二月一八日前述の処分を受けることになる。ここで処分の理由として掲げられたのは、高野の総督府官吏への抵抗だけではなく、「非職ノ命令ニ反抗シ倨傲僭越上司ヲ漫罵シ且僚友朋比シテ故意ニ引退ヲ企テシメタル」として、「僚友朋比シテ故意ニ引退ヲ企テ」たとした点にもあった。この、「僚友朋比」の「引退」とはなんであったのであろうか。浜崎の行為だけでは、かかる表現は用いられることはないであろう。

実は、高野非職問題は、法院判官の大きな抵抗を受け、彼等が総督府に反旗を翻したのであった。

例えば、同じ『明治三〇年台湾総督府公文類纂　甲種追加五』の第三二文書に「判官加藤重三郎・川田藤三郎・戸口茂里・竹内平吉依願免本官[137]」とした、次の進退文書が綴られているが、この文書から総督府における行政と司法の対立の状況や前述の「故意ニ引退ヲ企テ」たとされた法院判官の叛乱が如何なる理由によるものであったかをみることができる。判官加藤重三郎とは、覆審法院長の加藤であり、川田藤三郎は台北地方法院長、戸口茂里は新竹地方法院長兼台北地方法院判官、竹内平吉は嘉義地方法院長であった。つまり、この辞職は台湾の法院判官の中心的人物の免官人事であったことになる。

〔A文書〕

退官願

小官儀

別紙ノ理由ニ因リ退官仕度候間御執奏相成度此段奉願候也

明治三十年十月廿七日

台湾総督府覆審法院長　台湾総督府法院判官加藤重三郎

内閣総理大臣伯爵　松方正義殿

〔別紙〕

行政権ト司法権トヲ相独立セシメ互ニ浸犯セシメサルハ立憲政ノ定規ニシテ殆ント万国普通ノ典例ナリ故ニ我欽定憲法第五十七条ニ於テ司法権ハ天皇ノ名ニ於テ法律ニ依リ裁判所之ヲ行フト規定シ行政権ト相対立セシメラレタリ既ニ司法権ハ　天皇ノ御名ニ於テ行政権以外ニ立テ独立ノ行動ヲ保タサル可ラス其裁判官ノ免職ヲ行政官吏ノ手裡ニ委スヘカラサルコトハ自然ノ理ナルヲ以テ同法第五十八条第二項ニハ裁判官ハ刑法ノ宣告又ハ懲戒ノ処分ニ因ルノ外其職ヲ免セラルヽコトナシト規定シ単ニ行政命令ノ範囲内ニ於テ即チ普通ノ免非職辞令ヲ以テハ裁判官ノ職ヲ免スル事能ハズトナセシナリ是レ憲法政治ノ上ニ於テ規定セサルヲ得サル主要ノ憲典トス又憲法第廿四条ニハ日本臣民ハ法律ニ定メタル裁判官ノ裁判ヲ受クルノ権ヲ奪ハルル事ナシトアリ若モ日本ノ裁判官ニシテ前記ノ憲典ニ適セサルモノアリトセハ日本臣民ニ対シテ裁判ヲ下スノ権能ナキハ勿論強テ之ヲ裁判セントスルモ其効果ハ毫モ発生シ能ハサルナリ又日本臣民ハ斯ノ如キ裁判官ノ裁判ヲ拒絶スルノ権利アルヤ明白ナリ然ルニ今般高等法院長判官高野孟矩ニ発セラレタル非職辞令ハ刑法ノ宣告又ハ懲戒ノ処分ニ由リタルモノニアラズ而シテ尚ホ此辞令ヲ以テ高等法院長ノ職ヲ免セントスルハ台湾裁判官ヲ以テ憲法以外ノ裁判官ナリトノ論定ニ基キシモノナリト聴ク果シテ然ラハ小官自ラ憲法上ノ裁判官ナリト深ク信スルニ拘ハラス事実ノ上ニ於テハ到底行政官同様ノ待遇ヲ強要セラルヽノ止ヲ得サルニ至リ又人民ヨリ目シテ憲法以外ノ裁判官ナリトシテ裁判ヲ拒絶セラルヽニ至ルハ当然ナルヲ以テ今日以後ハ日本臣民ニ対シテ裁判ノ権能ヲ当行スル能ハサルニ至ルヘシ既ニ日本臣民ニ対シテ無論裁判権能ナキモノナレハ台湾裁判官ハ畢竟無用ノ長物タルヲ免レサ

ルナリ又裁判官自身ノ責任トシテモ中央政府既ニ憲法以外ノ裁判官ナリト宣言セラレテ其処分ヲ断行シ之レカ効果ヲ強迫実行セラレントスル今日ニ在リテハ自ラノ所信ニ基キ憲法上ノ裁判官ナリトノ説ヲ実地ニ維持スルノ道ナキニ至レリ事茲ニ至レハ最早小官ハ日本臣民及ヒ外国臣民ニ対シテ適法公正ナル裁判権ヲ行フ能ハサルノ境遇ニ余儀ナクセラレタルモノナレハ依然此官職ニ在ルモ進ンテハ前記妨害ノ為メ其職責ヲ全フスル能ハス退テハ無為ニシテ其俸禄ヲ受クルニ過キサレハ寧ロ辞表ヲ呈スルヲ国家ニ忠ナル所以ト信セリ微哀御執奏ノ程ヲ仰ク　恐惶謹言

（台湾総督府民政局用一三行×2茶罫紙三枚に墨筆）

〔B文書〕

別紙小官辞職願書差出シ候間可然御取計相成度候也

明治三十年十月二十八日

台北地方法院補（長法院）判官川田藤訂〔太〕（三）郎

台湾総督男爵乃木希典殿

〔別紙―1〕

辞職願書

小官儀

別紙理由書ニ基キ辞職致シ度ニ付速ニ御聴許相成度此段奉願上候也

明治三十年十月二十八日

台北地方法院補(長法院) 判官川田藤三郎

内閣総理大臣伯爵松方正義殿

〔別紙―2〕

理由書

行政権ト司法権トヲ互ニ相独立セシメ互ニ相侵犯セシメサルハ立憲政ニ於ケル各国普通ノ一大定規ニシテ又帝国憲法ノ規定タリ憲法第五十八条ニ曰ク司法権ハ天皇ノ名ニ於テ法律ニ依リ裁判所之ヲ行フト是レ乃チ司法権ヲ行政権ト相独立セシメタルモノナリ既ニ司法権ハ　天皇ノ御名ニ於テ裁判所之ヲ行フモノナレハ勿論行政権外ニ立チテ独立ノ行動ヲ保タサルヘカラス随テ実地ニ其権能ヲ行使スル所ノ裁判官訂〔ヲ〕（ノ）免職ヲ行政官ニ委スヘカラサルハ自然ノ理ナリトス是ヲ以テ同法第五十八条第二項ニ於テ裁判官ハ刑法ノ宣告又ハ懲戒ノ処分ニ由ルノ外其職ヲ免セラルヽコトナシ又其第三項ニ懲戒ノ条規ハ法律ヲ以テ之ヲ定ムト規定シ単ニ行政官ノ意思ノミヲ以テハ其職ヲ免スルコト能ハス否仮令免セントスルモ裁判官タルモノハ其職ヲ免セラルヽコトナシト定メタル所以ナリ是レ立憲政組織ノ上ニ於テ最モ欠クヘカラサル緊要主目ノ条章トス又同法第二十四条ニハ日本臣民ハ法律ニ定メタル裁判官ノ裁判ヲ受クルノ権ヲ奪ハルヽコトナシト規定セリ故ニ若シモ此際章ニ適合セサル裁判官アリトセハ其裁判官ハ日本臣民ニ対シテ裁判スルコト能ハス万一強テ裁判スルトモ其裁判ハ何等ノ効力ヲ生スヘキモノニアラサレハ勿論日本臣民削〔ニ対シテ〕ハ此ノ如キ不合法ノ裁判官ノ裁判ヲ拒ムノ権利アルコト顕著ナリ然ルニ本年八月初旬台湾総督閣下カ御用滞京中政府ハ高等法院長高野孟矩ニ対シ普通行政官ニ対スルト同一ノ処分ヲ以テ当然免職ノ結果ヲ来スヘキ非職ヲ命スルノ内議アリト聞キタルニ付小官ハ直ニ電報ヲ以テ其違憲ノ処分タルコトヲ内申シ猛

省ヲ請ヒタルニ政府ハ之ヲ容レス遂ニ今回高野孟矩ニ対シ非職ヲ断行セラレタリ而シテ其理由トスル所ハ法院判官ハ憲法上ノ裁判官ニアラストノ論定ニ基キタルモノト聞ク果シテ然ルトキハ前掲ノ如ク法院判官ハ皆総テ日本臣民ニ対シテ裁判ノ権能ナカラン削〔既ニ日本臣民ニ対シテ裁判ノ権能ナカラン〕既ニ日本臣民ニ対シテ裁判ノ権能ナキモノハ亦外国臣民ニ対シテモ其権能ナキニ至ルヘシ啻ニ将来ニ対シテ裁判ノ権能ナキノミナラス法院判官カ従来為シタル裁判モ無効ニ属セシ是レ小官カ其際更ニ閣下ニ対シ其結果ヲ具状シ深慮ヲ求メタルモノナリ当時高野孟矩ハ其職責上政府ノ処分ヲ違憲ト為シ其命ヲ拒ミタリト聞クニ依リ是レ即チ行政司法ノ両権争議ノ起リタルモノナレハ定メテ政府ハ順道ヲ採リ　勅裁ヲ請フテ其争議ヲ決スヘク従テ両権争議ノ理否分明ニ至ル可シト信シ居タリ何ソ図ラン政府ハ此正道ニ依ラスシテ巡査ノ力ヲ借リ現ニ職務ヲ執行シツヽアル高等法院長高野孟矩ノ職務ヲ奪取セリ事茲ニ至リテハ最早行政権ヲ以テ司法権ヲ屈従セシメタルモノナレハ小官自ラ如何ニ憲法上ノ裁判官ナリト信スト雖モ事実上日本臣民ニ対シ適法ノ裁判官ト称シテ裁判ノ権能ヲ当行スルコト能ハサル境域ニ余儀ナクセラレタルモノナリ既ニ裁判ヲ為スコト能ハサル判官ハ無用ノ長物タルヲ免レス今ヤ進ンテハ前記ノ強要ノ為メ其職責ヲ全フスル能ハス退テハ無為ニシテ俸祿ヲ受クルハ抑モ国家ニ忠ナル所以ニアラサルヲ以テ其職ヲ辞スルノ外他ニ求ムヘキノ途ナシト信セリ依テ茲ニ此表ヲ呈スルニ至リタルモノナリ閣下微哀御憐察ノ上偏ニ御執奏アランコトヲ請フ　恐惶謹言

明治三十年十月二十八日

台北地方法院長補（法院）判官川田藤三郎　印

内閣総理大臣伯爵松方正義殿

（台湾総督府民政局用一三行×2茶罫紙四枚に墨筆）

〔C文書〕
〔欄外〕十一月十六日発表
明治三十年十月二十九日　「十月二十九日決裁　十一月一日決行」朱印
秘書課長　朱印（木村匡）
総督　朱印（乃木希典）　民政局長　朱印（曽根静夫）　総務部長　朱印（曽根静夫）
参事官　朱印（杉村）（大島）（大島）（湯目）
上奏按
台湾総督府法院判官　加藤重三郎
台湾総督府法院判官　川田藤三郎
依願免本官
右謹テ奏ス
総督
内閣総理大臣へ副書案
一　台湾総督府法院判官加藤重三郎仝川田藤三郎免官上奏書
右進達候也
総督
内閣総理大臣宛

（台湾総督府民政局用一三行×2茶罫紙一枚に墨筆）

〔D文書〕

小官儀別紙之通ナル理由ニ依リ辞表捧呈仕候間御進達被成下度候以上

台湾総督府法院判官新竹法院長兼台北法院判官　戸口茂里

明治三十年十月廿九日

台湾総督男爵乃木希典殿

〔別紙〕

台湾総督府法院判官新竹法院長兼台北法院判官戸口茂里

謹テ辞表ヲ呈ス伏シテ案スルニ凡ソ憲法ノ立憲国ニ於ケルヤ其性質普通法律ト異ナリ即チ其国家ノ体用ヲ規定シタルモノニシテ之ヲ換言スレハ其国家ノ統治権即主権ノ体ト用トヲ定メタル大典ニシテ憲法自体ノ性質上別ニ公布ヲ用セス新タニ其立憲国ノ版図ニ属シタル邦土ノ上ニ主権ノ及ホスト同時ニ当然憲法モ其効力ヲ波及スヘキモノタルコトハ事訂〔務〕（物）自然ノ道理ニシテ敢テ識者ノ説ヲ待ツノ要ナキヤ瞭々タリ故ニ憲法ノ明文又ハ其他ノ法令ヲ以テ効力波及ノ点ニ関シ特例ヲ定メサル限リハ何レノ新領土タルヲ問ハス其効力ヲ普及スヘキハ勿論ナリトス顧ミテ我憲法ノ条章ヲ閲スルニ効力波及ノ点ニ付何等制限ヲ付シタル特例ナク又他ノ法令ヲ以テ曽テ其点ニ関シ制限ヲ加ヘタルコトナシ剰サヘ憲法御発布ノ際下シ給ハリタル御詔勅ノ中　朕カ現在及将来ノ臣民ニ対シ此不磨ノ大典ヲ宣布ストノ御文詞アリ是ヲ以テ茂里ハ昨明治二十九年五月十三日台湾総督府

法院判官拝命ヲ当時ヨリ日清戦争ノ結果我帝国ノ版図ニ帰属シタル台澎両島ハ其版図ニ属スルト同時ニ憲法治下ノ邦土ニシテ従来台澎在住ノ土民ニシテ帝国ノ国籍ニ編入セラレタル者及在台澎内地臣民ハ等シク憲法統治ノ下栖息スル臣民タルコトヲ疑ハス而シテ其臣民ノ上ニ超立シ畏クモ
天皇大権ノ一部即司法権実行ノ重任ニ当ル裁判官即チ台湾総督府法院判官ハ果シテ如何憲法上ノ裁判官ナルヘキカ将タ憲法以外ノ裁判官ナルヘ訂〔シ〕（キ）カ其憲法上ノ裁判官タルヘキハ理ノ当ニ然ラシムル所ナルノミナラス又倩ラ我憲法ノ明条ニ考ヘ及ヒ台湾総督府法院条例発生ノ起源同条例ノ性質同条例ノ明文並ニ法院判官カ現ニ執ル所ノ職務ノ性質等ニ着眼セハ則チ憲法上ノ裁判官タルコト晰々焉トシテ毫モ疑訝ヲ存スルノ余地ナシ夫レ然リ而シテ既ニ台澎ニ憲法ハ行ハレ在台澎臣民ハ憲法治下ノ臣民ニシテ法院判官モ亦憲法上ノ裁判官タルコト瞭々タルニモ拘ラス其法院判官ノ免非職ヲ一行政権ノ下ニ左右シ得ヘキ乎是レ断シテ為ス能ハサル所ナリ凡ソ行政権ト司法権トヲ分離シ互ニ相侵スコトヲ得サラシムルハ立憲補(治)国ノ本領ニシテ殆ント万国普通ノ典例タリ若シ夫レ司法権ヲシテ行政権ノ配下ニ属セシメン乎至正至直ヲ要スル司法権実行者即チ裁判官ヲシテ其職責ヲ全カラシムルコト能ハサルニ由ル是レ我欽定憲法第五十七条ニ於テモ司法権ハ　天皇ノ名ニ於テ法律ニ依リ定メタル裁判所之ヲ行フトノ明文ヲ掲ケ以テ行政権ト司法権トヲ分チ相対立セシメタル所以ナリ而シテ既ニ司法権ハ畏クモ天皇ノ御名ニ於テ行政権以外ニ離隔シ独立ノ行動ヲ保持スヘキモノトセハ其免職又ハ免官等ニ付テモ行政官吏ノ一手裏ニ放委スヘカラサルハ固ヨリ自然ノ道理ナリ是レ即チ憲法第五十八条第二項ニ於テ裁判官ハ刑法ノ宣告又ハ懲戒ノ処分ニ由ルノ外其職ヲ免セラルヽコトナシト規定シ以テ単ニ行政命令ノ範囲内即チ普通免官若クハ免職辞令ヲ以テ裁判官ノ職ヲ左右シ得サルコトヲ明示セル所以ニシテ亦茂里カ一行政権ヲ以テ台澎裁判官即チ法院判官ノ免非職ヲ為ス能ハスト断言セシ所以ナリ

然ルヲ今ヤ中央政府ニ専横ニモ台澎裁判官ハ憲法上ノ裁判官ニアラスト為シ曩ニ御用上京中ナリシ台湾高等法院長高野孟矩ニ対シ本月一日突如トシテ非職辞令ヲ発セラレタリ此事ヤ国家ノ大憲ニ背戻セル実ニ至重訂〔ヲ〕（ノ）事柄ニシテ啻ニ台澎司法権ノ消長ニ関スルノミナラス其延及スル所内ハ以テ帝国全体ノ休戚ニ係リ外ハ以テ帝国カ海外列国ニ対スル栄辱ニ関シ決シテ一官吏ノ非免退黜トシテ軽々看過スヘカラサル事項ナリ依テ卑見ノ大要ヲ略叙センニ先ツ台澎司法権ノ消長ニ付テ之ヲ見ニ乎既ニ司法権ノ独立ヲ侵害セラレタルハ争フヘカラサル事実ニシテ即チ至正至直一点ノ私ナキヲ要スル裁判官ニ於テ一日モ其職席ニ安息スル能ハサルト同時ニ其責任ヲ全フスル能ハス従テ其弊害ノ波及スル所果シテ如何敢テ贅言ヲ費スノ要ナカルヘシ次ニ視訂〔ヲ〕【訂〔テ〕（ヲ）】帝国全般ノ上ニ転シテ之ヲ見ンニ一タヒ大典ニ背キ其俑ヲ造始セハ則チ再三再四遂ニ底止スル所ナク如何ニ憲法ノ条章灼々トシテ其彩光ヲ放チ其完美ヲ示スト呈𪜈結局徒文徒法ニ属シ毫モ立憲補(治)国ノ実ナキニ至ルヤ必セリ果シテ然ラハ四千有余万ノ帝国臣民ハ如何シテ立憲政治ノ恩沢ニ浴シ利福ヲ蒙ムリ得益ヲ増進シ得ヘキ乎又如何シテ鼓膜大平ヲ謡ヒ撃壌照代々訂〔ニ〕（ヲ）唱フルヲ得ル乎其如何ノ如キハ蓋シ何人モ推知スルニ難カラサルヲ知ル之ヨリ視訂〔テ〕（ヲ）海外ニ放タン乎訂(抑)（抑）モ我帝国ハ明治二十三年ニ於テ始メテ立憲政治ノ邦国トナリ僅ニ旧体ヲ一新スルヲ得タリト雖モ未タ以テ海外列国ニ対シ帝国ノ光輝ヲ発揚スルニ足ラサ補(リ)キ然ルニ明治二十七八年日清戦争ノ結果漸ク其国威ヲ宣揚スルヲ得而シテ之レト同時ニ天下多数ノ志士カ二十有余年間ノ久シキ慥次顚端ニモ鬱勃トシテ脳裏ニ彷徨セシメタル条約改正ノ一念モ俄然トシテ其目的ヲ達スルノ境域ニ瀕セリ此時ニ当テ海外列国ヲシテ我帝国ハ立憲国ノ名アリテ実ナキヲ知ラシメハ便チ帝国ノ光栄又何処ニカ在ル加之天下ノ多士カ積年ノ刻苦経営ニ依リ得タル所ノ改正条約モ畢ニ完然ナル効果ヲ収ムルコト能ハサルニ至ラン殊ニ永年ノ間海外列国ニ於テ条約改正ヲ峻拒シタル理由ノ重モナルモノ

ハ実ニ法官ノ問題ニ属ス而ルニ中央政府カ今日ニ於テ専横ニモ憲法ヲ無視シ帝国領土ノ一部タル台澎裁判官ハ憲法上ノ裁判官ニアラスト為シ其独立ヲ蹂躪シテ省ミサルカ如キコトアラハ列国ノ感情果シテ如何改正条約実施ノ上ニ於テ毫モ影響ナシトスル乎是レ亦敢テ大政治家ノ説明ヲ要セサルヲ信ス

茂里痴愚ト雖モ常ニ邦家ノ為ニハ一身ヲ捧ケテ顧ミサルヿノ感念ヲ抱ケリ故ニ中央政府カ高野孟矩ニ対スル処置ノ消息ニ接スルヤ慨然トシテ起坐措ク所ヲ知ラス遂ニ己ノ分限ヲ顧ミス公職ノ余暇ヲ偸シ卑見ノ一端ヲ私信ニ草シ中央政府ヘ反省ヲ求ムル為メ本月十五日ヲ以テ閣下ニ捧呈シタリ然ルニ中央政府ハ高野孟矩カ嚇々タル憲法ノ条文ニ依リ其処置ノ違憲ナルヲ唱ヘ以テ抗議スルニモ拘ハラス違憲ナル非職辞令ヲシテ其実効ヲ完カラシムル為メ現ニ文書言辞ヲ以テ強制ヲ施スノミナラス公力即チ警部長警部其他巡査数十名ヲ使嗾シテ高等法院長ノ事務室ニ侵入セシメ以テ其椅子ヲ奪却シ高野孟矩ヲシテ公職ヲ執ル能ハサラシメ而シテ又事訂〔末〕（未）来ニ属スト雖モ台北地方法院検察官浅野三秋ハ官名詐称ノ名義ヲ藉リ高野孟矩ヲ捕縛スル旨公言セント確闘ス然レ𪜈其身苟クモ検察官ノ職ニ在ルモノニシテ高野孟矩ノ言動カ刑法上所謂官名詐称罪ヲ構成スヘキモノニアラサルコトハ充分之ヲ知ラサルノ理ナシ夫レ然リ而シテ既ニ其之ヲ知ルニモ拘ハラス違憲辞令ノ効果ヲ遂成センカ為メ罪ナキ高野孟矩ヲシテ縲絏ノ辱メマテモ被ラシメント欲シ即チ非ヲ遂クルニ暴ヲ以テス是レ何等ノ行為ソヤ思フテ茲ニ及ヘハ邦家ノ為慨一慨潸然トシテ熱涙ノ襟野ヲ濡スヲ覚エス嗚呼高野孟矩ハ台澎最上ノ法院タル高等法院長タリ而シテ既ニ前記ノ如ク無形上ニ於テハ違憲ノ処置ヲ以テ其独立ヲ蹂躪セラレ而シテ事実上ニ於テハ公力ヲ以テ其職務訂〔ヲ〕（ノ）執補〔行〕ヲ阻害セラレ剰サヘ或ハ将ニ縲絏ノ辱メヲ被ラントスルノ非境ニ臨メリ此事ヤ高野孟矩一身ノ上ニ堕落セシ災害ナルカ如シト雖モ其大憲ニ背キ裁判官ノ独立ヲ無視シ以テ憲法以前ニ置カレタル点ニ付テハ台澎法院判官全訂〔引〕（頭）ノ上ニ被ムリタルト何ソ択ハン若シ台澎法院判

官ニシテ向後裁判官ノ職責ヲ重ンシ至正至直ヲ守ルノ結果中央政府ノ意ニ反シタル裁判ヲ為サン乎忽焉トシテ高野孟矩カ被ムリタルト同様ノ処置ニ遭遇スルヤ必セリ果シテ此ノ如クナリトセハ立憲政治ノ下ニ超立シテ裁判官タルノ職責ヲ全フスルヲ得ヘキ乎故ニ台澎法院判官タルモノ此時ニ当テハ居常ニ於ケル相互ノ感情如何ハ之ヲ度外ニ付シ以テ宜シク処決スル所ナクンハアル可カラス若シ斯ル場合ニ於テ尚ホ一身ノ安固ヲ冀ヒ感情ニ惑ヒ断乎トシテ処決スルノ勇気ナキ輩ハ茂里ハ断言ス立憲国ノ司法官タル価値ヲ有セサルモノナリト蓋シ立憲国ノ司法官ニ於テハ其独立ヲ侵害セラルヽヨリ最大重事ナルハナシ而シテ其最大重事ナル独立権ヲ侵害セラルヽニモ拘ハラス尚ホ且ツ之ヲモ忍フヘクンハ又何レヲカ忍フヘカラサラン必スヤ権威ニ悚レ其職ヲ傷ツケ富貴ニ陥リ己ノ利福ヲ倖メ私訂〔情〕（情）ニ惑フテ法律ヲ二三ニシ以テ顧念スルコトナキニ至ラン是レ茂里カ立憲国ノ司法官タル儒直ナシト断言シテ憚カラザル所以ナリ加之ナラス此際ニ処シテ台澎法院判官カ馬耳東風ノ体ヲ装ヒ恬然トシテ其職ニ居ラン乎環視セル列国ハ台澎法院判官ヲ評シテ之ヲ何トカ云ハン果シテ立憲国ノ裁判官タルニ耻チサルモノト為スヘキ乎是レ実ニ台澎法院判官カ此際補（ノ）去就ハ帝国裁判官カ列国ニ対スル価値如何ノ好観測器ト云フモ敢テ過言ニアラサルヲ信ス思ヒ茲ニ至レハ台湾法院判官タル者一日モ其職ニ安ンスル能ハサルニアラスヤ然レ𪜈尚ホ垢ヲ呑ンテ其職ニ在ラン乎或ハ時機ト形勢トニ依リ公力ヲ以テ其職務ノ執行ヲ妨害セラルヽノ恐アルコトハ其鑑遠キニアラス即チ高野孟矩ニ在リ豈ニ焉ンソ其職ニ安息スルヲ得ヘケンヤ次ニ全台澎住民ハ憲法治下ノ臣民タルコトハ初段ニ於テ既ニ論述シタル所ノ如シ然ラハ則チ台澎臣民ハ憲法第二十四条ニ依リ憲法上ノ裁判官ノ審判ヲ受クニ権能ヲ有ス然ルニ中央政府ハ台澎法院判官ヲ以テ憲法上ノ裁判官ニアラスト為シタルコトモ亦既ニ叙述セシ処ノ如シ故ニ憲法第二十四条ノ存スル限リハ現判官タル者仮令汚辱ヲ顧ミス恬トシテ其職ニ在ルモ唯リ帝国臣民ニ対シ法律上有効ノ裁判ヲ為ス能ハサルノミナラス帝国臣民

ハ憲法第二十四条ノ権能ニ基キ台澎法院判官ノ審判ヲ拒否スルヲ得テ且ツ外国臣民ニ対シテモ亦同一ノ結果ニ帰シ結局空シク現職ヲ穢シテ俸禄ヲ徒消スルニ過キス豈ニ苟モ司直ノ職ニ在ル者ノ為スニ忍フル処ナランヤ是レ茂里カ断乎トシテ此表ヲ捧呈スルノ止ムヲ得サル所以ナリ飜テ台澎司法事務ノ有様如何ヲ見ン乎明治二十九年七月十五日始メテ法院ヲ開始セラレ茲ニ漸ク司法制度ノ端緒ヲ開創セリ爾来殆ント一葛裘有半ヲ経過セシト雖𪜈種々ナル障害ノ為メ創業未タ半ナルニ至ラス而シテ僅ニ其不完全不具ナル形体ヲ生出セシニ過キス故ニ百般ノ事務停滞ヲ醸シ現ニ空シク鉄窓ノ下ニ呻吟シテ未タ黒白ノ分チヲ得サルモノ其幾干人ナルヲ知ラス浩歎焉ソ之ニ過キン茂里愚ト雖𪜈大ニ茲ニ見ル所アリ決シテ軽々感情ニ揺キ私憤ニ制セラレ以テ現職ヲ去ルハ国家ニ忠ナルノ道ニアラサルヲ以テ充分慎重ニ慎重ヲ加ヘサルヘカラサルヲ覚ヘ先ニ中央政府カ高野孟矩ニ対スル非職発令ノ消息ニ接シテヨリ以来日夜万案ヲ凝ラシ事ノ軽重ヲ考慮セシニ後者ハ纔カニ台政ノ一小部タル司法事務ノ渋滞ニ過キスシテ前者ハ比スレハ則チ其大ニ軽キヲ悟リ於是乎断乎トシテ現職ヲ退クニ決意セシ所以ナリ仰キ願クハ茂里カ微意ノ存スル所ニ洞察ヲ垂レラレ職務差免シ相成候様御執奏ノ程是ニ祈ル誠惶頓首死罪再拝

明治三十年十月二十九日　　右　　戸口茂里

内閣総理大臣伯爵　松方正義殿

（台湾総督府民政局用一三行×２茶罫紙八枚に墨筆）

〔E文書〕

〔欄外〕　十一月一日出之　朱印（森尻）

十一月十六日発令 朱印（□□不明） 朱印「十月二十九日決裁 十一月一日決行」
明治三十年十月二十九日 秘書課長 朱印（木村匡）
総督 朱印（乃木希典） 民政局長 朱印（静） 総務部長 朱印（静）
参事官 朱印（杉村）（大島）（湯目）（大島）

上奏按

台湾総督府法院判官 戸口茂里

依願免本官

右謹テ奏ス

総督

内閣総理大臣へ副書案

一 台湾総督府法院判官戸口茂里免官上奏書

右進達候也

総督

内閣総理大臣宛

（台湾総督府民政局用一三行×2茶罫紙一枚に墨筆）

〔F文書―1〕

退官願

小官儀

今般不得已事情有之退官仕度候間可然御執奏被成下度此段奉願上候也

明治三十年十月七日

嘉義地方法院長　台湾総督府法院判官竹内平吉

台湾総督男爵　乃木希典殿

(台湾総督府民政局用一三行×2茶罫紙一枚に墨筆)

〔F文書―2〕

退官願

小官儀

今般不得已事情有之退官仕度候間可然御執奏被成下度此段奉願上候也

明治三十年十月七日

嘉義地方法院長　台湾総督府法院判官竹内平吉

内閣総理大臣伯爵　松方正義殿

(台湾総督府民政局用一三行×2茶罫紙一枚に墨筆)

〔F文書―3〕

退官願

小官儀

今般不得已事情有之退官仕度候間可然御執奏被成下度此段奉願上候也

明治三十年十月七日

嘉義地方法院長　台湾総督府法院判官竹内平吉　朱印（竹内平吉）

内閣総理大臣伯爵　松方正義殿

（台湾総督府民政局用一三行×2茶罫紙一枚に墨筆）

〔G文書〕

〔欄外〕十一月一日出之　朱印（森尻）

十一月十六日発令　朱印（□□《不明》）朱印「十月二十九日決裁　十一月一日決行」

明治三十年十月十三日　秘書課長　朱印（本村匡）

総督　朱印（乃木希典）　民政局長　朱印（代理）（静）　総務部長　朱印（代理）（静）　法務部長　朱印（山口）

上奏案

台湾総督府法院判官　竹内平吉

依願免本官

右謹テ奏ス

総督

内閣総理大臣ヘ副書案

一　台湾総督府法院判官竹内平吉免官上奏書

右進達候也

総　督

内閣総理大臣宛

高等官六等八級俸

二十九年五月十三日判事ヨリ転任　　判官　竹内平吉

朱印（森尻）

（台湾総督府民政局用一三行×2茶罫紙一枚に墨筆）

〔H文書〕

明治三十年十一月九日　　午后二時発送

総督　朱印（乃木希典）　民政局長　朱印（静）　秘書官　朱印（佐野）

加藤川田戸口竹内四判官非職上奏ノ件電報案

法院判官加藤川田竹内戸口免官上奏書本月一日郵便ヲ以テ進達セリ右到達ノ上ハ不取敢右四名ニ非職ヲ命シタキニ付上奏方至急御取計相成タシ発令ノ上ハ電報ヲ以テ御達ヲ請フ

内閣総理大臣　　ウナ、ニカ
総督
（台湾総督府民政局用一三行×2茶罫紙一枚に墨筆）

〔I文書〕
〔欄外〕朱印（森尻）　朱印「発第　　号　十一月十五日発送」
明治三十年十一月十五日
総督　朱印（代理）（静）　民政局長　朱印（静）　秘書課長　朱印（大島）
加藤判官以下四名免官ノ件内閣総理大臣ヘ電報案
法院判官加藤重三郎川田藤三郎竹内平吉戸口茂里免官ノ件御発表相成シヤ若シ御発表ニナラサレハ都合アリ十一月十五日付ニテ御発表ノコト御取計訂〔ヲ乞フ〕（相成タシ）何分ノ義削〔迫ミ〕切迫シ電報ヲ以テ御達ヲ乞フ
内閣総理大臣　　ウナ、ニカ
総督
（台湾総督府民政局用一三行×2茶罫紙一枚に墨筆）

〔J文書〕
〔欄外〕朱印（静）　結了

受信人　タイワン　ソウトク
発信人　ナイカクソウリタイシン
発　局　麹町局十一月十六日午後五時廿七分
着　局　午後九時卅分
消　印　総督府電信取扱所三十年十一月十六日電信
ホウインハンカンカトウシゲサブロウホカ三メイメンカンノケンホンジツゴサイカニツキコン十六ニチヅケヲモツテハツピヨウス

（日本政府電報送達紙一枚にペン筆）

（注）「法院判官加藤重三郎外三名免官ノ件本日御裁可ニ付今十六日付ヲ以テ発表ス」（筆者訳）

このように、加藤重三郎覆審法院長・川田藤三郎台北地方法院長・戸口茂里新竹地方法院長兼台北地方法院判官・竹内平吉嘉義地方法院長の四判官の辞職願いは、J文書のように一括上奏され一一月一六日に裁可され即日依願免官が発令された。但し、四判官として一括依願免官とされたとはいえ、竹内は他の判官とは異なり辞職理由が提出されていないことから辞職の真意は判らないが、綴られている松方首相宛の退官願が一〇月七日付で提出され、総督府は一〇月一三日にそれを許可し上奏書を決定（但し決裁は一〇月二九日で決行が一一月一日）していながら、内閣総理大臣に送ったのは一一月一日であったことから、他の三判官と同類として措置したのではないかと思われる。三判官は、加藤が一〇月二七日に、川田が翌二八日にそれぞれ退官願を提出して総督府がそれを許可し上奏案を決定するのが一〇月二九日であり、戸口はその一〇月二九日に退官願を提出していたが総督府は即日加藤・川田とともにそれを許可し上奏案を決定していた。つまり、三判官が辞職願を提出することを予め総督府は知っていたことになろう。総督府が竹内の辞職願いが出されていながら容易にそれへの対応を遅らせたのは、竹内の辞職を留意させんとしたものなのか、竹内の辞職の真意を探ろうとして時間をかけたのか、それともこれを契機に総督府に批判的であった司法官吏を一掃せんがために他の判官に圧力をかけたためであったのかは判らないが、総督府行政官の策略を感じる。

三判官が提出した退官理由は、政府と総督府が行った高野高等法院長への非職処分は違憲で司法権に対する行政権の侵害であるとして、これに抗議することを目的としたものであった。確かに、台湾統治において憲法の適用問題は大きな課題であった。内地延長主義の原則に従えば、台湾は内地同様に憲法及び諸法令が適用されなければならない。しかし、領台当時の漢民族系住民の激しい抵抗やその後の台湾原住民の抵抗に加え、風俗・文化・習慣・言語等が全く異なる異民族に対して民法・刑法等の諸法令をそのまま適用することはできない。このため、六三法の委任統治権にみられるような特例的措置をもって法律の適用を行うことになるが、ここで問題になったのが台湾にいる日本人に対する法適用を内地法と違えて行えるのかということにほかならない。高野問題は、その場合においてもこのなかの司法官吏に対する憲法適用の問題であった。具体的には、裁判官の身分保障についてであるが、加藤は退官理由として「裁判官ハ刑法ノ宣告又ハ懲戒ノ処分ニ因ルノ外其職ヲ免セラルヽコトナシ」（A文書別紙）とした憲法第五八条第二項を挙げて、高野非職は違憲であるとする。高野非職は、政府が「法院判官ハ憲法上ノ裁判官ニアラスト ノ論定」（B文書別紙2）したことになり、それは「行政権ヲ以テ司法権ヲ屈従セシメタルモノ」（同上）で、「此事ヤ国家ノ大憲ニ肯背セル」（D文書別紙）と川田や戸口は批判する。

新潟地方裁判所長であった高野や他の判官からみれば、裁判官としての身分で台湾総督府法院判官に任命されたわけで、彼等は飽く迄も裁判官としての意識と自覚をもって台湾に赴任していた。台湾の特殊性を、日本人に対してまで求めることが憲法上なし得るのかが問われたといえる。これは、六三法が総督の委任権を台湾居住日本人や総督府の組織及び一般行政人事以外にも適用されるのかといった法解釈の問題にまで発展する課題であった。第九回帝国議会における六三法の審議経過(138)をみても、かかる問題について検討された形跡はない。もっとも、この法律を制定せんとした当時は、芝山巌事件が起こり台湾原住民の支配が極めて困難であることを痛感させられていた時期であったことから、かかる細かい問題にまで議論が発展しなかったことはやむを得ないことであったろう。だが、内地延長主義による領土拡張の原則では、居住日本人についても検討しておかなければならなかった。実際には、檜山鉄三郎事件のように日本の刑法を適用して処罰していることから、実質的にはかなりの部分が内地法の適用になっているものと解釈される。それを実際に法院で執務した判官にとっては、総督府や政府の処分が不法とみれたのも、又、布告された台湾総督府法院条例そのものが違憲性の強いものであるとの疑念を抱いていたのも当然であった。いずれにせよ、彼等判官はこの事態を大津事件と同等に司法権の独立に対する危機として厳しい認識の上に立っていたことはいうまでもない。

しかし、高野をはじめとした叛乱判官の違憲論は、松方内閣でなくても政府が受け入れる余地はなかったものと推測される。そもそも、この問題は台湾総督に民政と軍務の両権を付与するという巨大な権限を委譲していたことにあり、さらにこの民政のなかに行政と司法の両権を共に含ませたところにあった。かかる巨大な権限を総督に委譲する、つまり天皇大権の総督への委任が六三法の本質だとすると、細部は兎も角としても、六三法の制定段階では、基本的な統治論において行政と司法の独立はあり得なかったことになる。この統治論に基づいて台湾における司法制度が創られていったため、制度的には律令として台湾総督府法院条例が布告されたのである。前述の如く、台湾総督府法院条例第一条は、法院は「台湾総督ノ管理ニ属シ」と内地の司法制度とは別の制度として位置づけられていた。台湾総督府国語学校官制や台湾総督府製薬所官制のような、他の行政・研究機関が勅令に基づき制定されていたのに比し、台湾総督府法院条例が律令によって制定されていたことからみても、制度的には総督府の行政機関内の一部として法院が位置づけられていたことになる。こうしたなかで、高野や浜崎や四判事は、明治二九年五月一日に律令第一号により制定された法院の判官として同月一三日に任命されていることから、彼等が法院は内地における司法制度とは相違している台湾独特の司法制度であることを熟知していなかったとは思われない。況んや、法院判官は民政局長の監督権下に置かれていたことから、総督府の民政機関の一部であったことも承知していた筈である。

このような法制度的問題を知っていた判官達が、高野高等法院長の非職が違憲であるとして、川田が「直ニ電報ヲ以テ其違憲ノ処分タルコトヲ内申シ猛省ヲ請ヒ」（B文書別紙2）、戸口も「私信ニ草シ中央政府へ反省ヲ求ムル為メ本月十五日ヲ以テ閣下ニ捧呈」（D文書別紙）と、直訴し叛逆したことは、その原因が裁判官としての地位保全だけの問題ではなかったことを示していよう。確かに、「台湾裁判官ヲ以テ憲法以外ノ裁判官ナリトノ論定」（A文書別紙）に対する疑問があり、自らの裁判官としての身分保証が揺らいていたことへの不安があったとはいえるが、それをして何故かかる強硬な行動に出たのかの説明には未だ充分ではない。法制度的には、総督に全ての権限が集中していたとはいえ、乃木は総督として無能であり、実際の権限は民政局長の水野にあったわけだが、水野ですら長州閥の殊に伊藤博文の流れを酌む「八方美主義」[139]者で人事管理能力が欠けていると指摘されていたことからして、実際の行政権は総督府の高級行政官吏に握られていたことになろう。

況んや、当時一般に知れ渡っていた、彼ら植民地官吏としての悪弊に汚染されていた高級行政官吏が清廉潔癖な総督であった乃木を疎んじ、乃木をして無能な総督たらしめていた実態を熟知していた司法官吏にとっては、高野非職処分が行政官吏の策謀としてしか認識できなかったのではなかろうか。勿論、辞職願の直接的原因としては、高野に対して「文書言辞ヲ以テ強制ヲ施スノミナラス公力即チ警部長警部其他巡査数十名ヲ使嗾シテ高等法院長ノ事務室ニ侵入セシメ以テ其椅子ヲ奪却シ高野孟矩ヲシテ公職ヲ執ル能ハサラシメ」（D文書別紙）たとした警察官の裁判官への屈辱的行動への怒りがあったが、その背景には浜崎が指摘していたような腐敗した行政官吏への憤怒があった。総督府事務官を兼任し法務部長を兼ねていた高野は、腐敗した総督府官吏を徹底的に一掃せんとしていた。その姿勢が、行政官吏に恐怖心を起こさせ高野排斥の動きとなり、同時に司法官と行政官との間に確執が生じていたのであった。つまり、この四判官の辞職の原因は、全てが台政腐敗にあったといえよう。その結果、覆審法院判官の花田元直(140)や苗栗地方法院長の小林一生(141)・合南地方法院長大野吉利(142)をはじめ、判官井上篤(143)と伊藤種基(144)も懲戒免官や依願免官となっていた。

勿論、違憲を理由に辞職したのは判官だけてはなかった。例えば、民政局属で覆審法院書記の中川安蔵がそれである。『明治三〇年台湾総督府公文類纂』乙種追加第七巻の第七五文書に「属兼法院書記中川安蔵依願免本官(145)」として綴られている文書は、中川安蔵覆審法院書記が「台湾ニ於ケル憲法上ノ司法権ハ行政権ノ為メニ蹂躙セラレタル」として辞職した免官の案件である。それは、次のものであった。

〔A文書〕

辞　表

台湾総督府民政局属兼覆審法院書記　中川安蔵

台湾ニ於ケル憲法上ノ司法権ハ行政権ノ為メニ蹂躪セラレタルハ現時ノ状況ニ徴シテ炳然タリ苟モ職ヲ司法事務ニ奉スル者ノ其位地ニ安スル能ハサル所ナリ依テ辞表ヲ呈ス御聞届相成度候也

右　中川安蔵　朱印（中川安蔵）

明治三十年十月三十日

台湾総督男爵　乃木希典殿

（和紙一枚に墨筆）

〔B文書〕

明治三十年十月三十日　　主任　朱印（森尻）　朱印「十月卅日　立案　決行」

総督　朱印（乃木希典）　民政局長　総務部長　朱印（静）　法務部長　秘書課長　朱印（木村匡）

辞　令　按

台湾総督府民政局属兼覆審法院書記　中川安蔵

依願免本官並兼官（自己便宜）

辞令日付十月三十日

（台湾総督府民政局用一一行×2茶罫紙一枚に墨筆）

総督府は、多くの判官が辞職したことから法院書記の叛逆には動じなかった。辞表が出されたその日に即決で受理し、しかも「自己便宜」として処理していたのである。かかる司法と行政の軋轢や確執は、乃木の更迭により総督に赴任した児玉源太郎による法院条例の改正を待たなければならなかった。児玉は、判官の資格等を本国の裁判所構成法と同一の終身官とし司法官の身分を確保したからにはかならない。乃木に行政能力の少しでもあれば、ここまでの大きな事件にまでは発展しなかったのではなかろうか。もっとも、外地統治の初期におけるかから混乱はなにも日本の台湾統治だけの問題ではなかった。英国のインド統治やスペインのフィリピン統治の初期においても、同じような問題が起こっていたからにほかならない(146)。

まとめ

このように、乃木総督時代といわれる明治三〇年の台湾総督府と台湾統治は、台湾総督府官吏の疑獄や腐敗にみられたような、様々な醜態事件による総督府の混乱があり、したがってそれを統括することが出来なかった乃木総督更迭問題や、武官専権総督制から文官総督を導入する文武官総督制問題にかかわる松方内閣の閣内不統一による内閣辞職問題にまで発展させていく。その原因は、領台当時からの内地延長主義という台湾統治支配論が内包していた本質的矛盾と、六三法体制による外地統治法制度そのものの矛盾によるものであったが、それだけではなく日清戦争の勝利によって急速に聖域化し、かつ横暴化していった軍部の擡頭にあった。

台湾総督府の混乱は、総督としての乃木希典という人物の行政官としての無能さだけではなく、警察官や憲兵はもとより行政官までもが外地統治という認識が希薄で、戦時下の占領地統治の意識が強かったことにあった。これが、司法官と行政官との対立となっていくが、それを抑えることが出来なかった水野遵民政局長の能力の問題があっただけではなく、そもそも立憲制国家であることの理解が出来ていなかったことにある。司法官と行政官との対立の背景には、司法権の独立という根本的問題をめぐる対立であり、それを松方内閣が処理できなかったこと、この問題に総督乃木がまったく対処できなかったことが判官の大量辞職という前代未聞の事態を招くことになる。

一方、このような無能な行政官では総督府という巨大な組織を纏めきれないということから、天皇が軍人以外の文官総督を提起するが既得権を維持しようとする軍の反対によってそれが実現しなかった。そもそも、帝国憲法下の日本は天皇制国家としての政治体制を築いていたのであることから、天皇の意思を拒否する軍部の態度は、昭和期の軍部の横暴を暗示させるものであった。

それにしても、司法官の反逆は外地統治法制度の重大な欠陥を指摘したもので、本来的には大きな政治問題となるべきものであった。六三法問題とは、「台湾」という地の法的位置づけだけではなく、帝国の法秩序が問われたのである。憲法で保証されている裁判官の身分保障、司法権の行政権からの独立という大原則が、台湾の地においては通用しないということは、統一国家としての国家体として重大な問題であった。しかも、内地において裁判官であった者を台湾総督府が判官として任用しておきながら、その司法官としての身分を侵害するという、とてもないことが起こったのである。それも結局、台湾では司法権の独立を守ることが出来ず、司法が敗北して終わってしまった。

天皇制支配原理による異民族支配論と対外膨張主義による内地延長論は、現実の統治政策において内部矛盾を引き起こし台湾初期統治の段階において破綻していたのであった。日本という国家における台湾支配は、日本という国家にどのような問題をもたらしていったのかという視点から、改めて研究していく必要があろう。

なお、ここに収録した「台湾総督府文書」は、日本私学振興財団の研究助成金による中京大学社会科学研究所台湾史研究グループが実施した一九九四年度第二二次台湾調査で蒐集したものである。

註

（1）台湾総督府民政部文書課『台湾総督府民政事務成蹟提要』第三篇、一九〇〇年、一頁。以下『民政事務成蹟提要』と略す。
（2）外務省条約局法規課『日本統治下五十年の台湾』（「外地法制誌」第三部の三）、一九六四年、一五三頁。
（3）『民政事務成蹟提要』第四篇、一九〇一年、二頁。
（4）『日本』明治三〇年六月二五日・第二七九八号、一頁。
（5）『官報』明治三〇年五月二七日・第四一六八号、三三七頁〜三三九頁。
（6）台湾総督府警務局『台湾総督府警察沿革史第一編　警察機関の構成』、一九三三年、四〇四頁〜四一二頁。以下、『警察沿革誌』と略す。
（7）『民政事務成蹟提要』第三篇、前掲、六三頁。
（8）同上。六〇頁。
（9）同上、六二頁。
（10）同上、六二頁。
（11）同上。七〇頁。
（12）伊能嘉矩『台湾文化誌』、刀江書院、一九二八年、二四一頁。
（13）『日本統治下五十年の台湾』、前掲、八頁。
（14）『民政事務成蹟提要』第四篇、前掲、一一三頁。
（15）紅頭嶼・火焼島に対する調査報告書は、『日本領有初期の台湾―台湾総督府文書が語る原像―』（中京大学社会科学研究所・二〇〇五年、三一五頁〜五三六頁）に収録してあるので参照されたい。
（16）同上、第三篇、一三八頁〜一四〇頁。
（17）同上、一四〇頁〜一四一頁。

(18)『日本統治下五十年の台湾』、前掲、二四六頁。
(19)『警察沿革誌』第一編、前掲、四一九頁。
(20)同上、四二〇頁。
(21)井出希和太『台湾治績志』、台湾日日新報社・一九三七年、二七五頁。
(22)『警察沿革誌』第一編、前掲、四二六頁〜四二七頁。
(23)『民政事務成蹟提要』第四篇、前掲、五頁。
(24)『官報』明治二九年三月三一日・第三八二三号、四九四頁〜四九五頁。
(25)『民政事務成蹟提要』第二篇、一八九八年・前掲、一四五頁〜一五一頁。
(26)同上、一五四頁〜一五六頁。
(27)同上、第三篇、一二六頁〜一二七頁。
(28)同上、第二篇、八頁〜一八頁。
(29)原本は一四二一—9—A—22—1—1—0—16・17、『台湾総督府文書目録』第二巻、七四頁〜七五頁参照。
(30)『台湾総督府文書目録』第二巻の口絵写真B参照。
(31)井出『台湾治績志』、前掲、二八五頁。
(32)『官報』明治二九年三月三一日、前掲、四九六頁。
(33)井出『台湾治績志』、前掲、二八四頁。
(34)『官報』明治三〇年二月四日・第四〇七六号、三三頁。
(35)『官報』明治三〇年三月一六日・第四一〇八号、二一〇頁〜二一二頁。
(36)台湾総督府『昭和二十年台湾統治概要』、原書房・一九七三年、一三四頁〜一三五頁。『日本統治下五十年の台湾』、前掲、二七〇頁。
(37)『台湾総督府文書目録』第一巻に収録した、「自開府至軍組織中台湾総督府公文類纂　六」永久甲種第五門外交、「二

阿片輸入ニ関スル件」（一七五頁〜一七六頁）を参照。
(38) 台湾総督府警察本署『理蕃誌稿』第一編、一九一八年、一〇頁。
(39)『官報』明治二九年三月三一日、前掲、四九四頁。
(40)『民政事務成蹟提要』第二篇、前掲、八六頁〜八七頁。
(41)『理蕃誌稿』第一編、前掲、四六頁。
(42)『官報』明治三〇年五月三一日・第四一七一号、四〇二頁。
(43)『警察沿革誌』第一編、前掲、三六六頁。
(44)『民政事務成蹟提要』第三篇、前掲、一四一頁〜一四二頁。
(45)『警察沿革誌』第一編、前掲、三六四頁。
(46)『理蕃誌稿』第一編、前掲、五一頁。
(47) 井出『台湾治績志』、前掲、二八一頁。
(48) 同上、二四七頁。
(49) 大阪商船株式会社『大阪商船株式会社五十年史』、一九三四年、二一〇頁〜二一一頁。
(50) 日本郵船株式会社『日本郵船株式会社百年史』、一九八八年、一三九頁。同『日本郵便百年史資料』、同上、七一六頁及び八三四頁。
(51)『民政事務成蹟提要』第三篇、前掲、一八四頁。
(52) 宮内庁『明治天皇紀』第九、吉川弘文館、一九七三年、二七二頁。
(53)『官報』明治三〇年一〇月二一日・第四二九三号、二八五頁〜二八六頁。
(54)『明治天皇紀』第九、前掲、三一三頁。
(55) 同上、三一四頁。
(56) 同上、三一七頁〜三一八頁。

(57) 台湾史料研究会校訂『台湾史料綱文』上巻、中京大学社会科学研究所・一九八六年、成文堂、一一〇頁。
(58)『明治天皇紀』第九、前掲、二九五頁。
(59) 同上。
(60) 同上、二九五頁~二九六頁。
(61) 同上、三一一頁。
(62) 同上。
(63) 同上、三一二頁~三一三頁。
(64)『公文類聚』第二十一編・明治三十年・巻七・三、国立公文書館所蔵。
(65)「高等官々等俸給改正及判任官俸給令ニ特例ヲ設クル件」(『明治三〇年台湾総督府公文類纂 二』一二二―九、台湾省文献委員会所蔵)。
(66)『民政事務成蹟提要』第三篇、前掲、七七頁。
(67) 同上、一〇四頁。
(68) 同上、九六頁~九七頁。
(69)『官報』明治二九年三月三一日、前掲、四九〇頁~四九一頁。
(70) 同上、四九一頁~四九二頁。
(71)『明治天皇紀』第九、前掲、一六八頁。
(72)『台湾総督府警察沿革誌第二編 領台以後の治安状況(上巻)』、一九三八年、前掲、一九〇頁~一九八頁。
(73)『日本』明治三〇年五月一九日・第二七六一号、二頁。
(74)『万朝報』明治三〇年八月一〇日・第一四一六号、二頁。
(75)『読売新聞』明治三〇年八月二九日・第七二二四号、三頁。
(76)『台湾史料綱文』上巻、前掲、一〇七頁。

(77)『明治天皇紀』第九、前掲、二八五頁。
(78)『万朝報』明治三〇年八月七日・第一四一四号、二頁。
(79)『日本』明治三〇年六月二五日・第二七九八号、一頁。
(80)『進歩党報告』第六号、明治三〇年七月一五日、二三頁。
(81)『台湾総督府文書目録』第二巻、前掲、二六一頁。原文書は、『明治三〇年台湾総督府公文類纂　甲種追加』第二巻、国史館台湾文献館所蔵番号00225。
(82)同上、二六五頁。原本は、『明治三〇年台湾総督府公文類纂　甲種追加』第三巻で、国史館台湾文献館所蔵番号00227。
(83)『万朝報』明治三〇年七月二四日・第一四〇二号、二頁。
(84)『台湾総督府文書目録』第三巻、前掲、二〇五頁。原文書は、『明治三一年台湾総督府公文類纂』第四六巻、国史館台湾文献館所蔵番号00304。
(85)『万朝報』明治三〇年四月一七日・第一三一八号、一頁。
(86)同上、明治三〇年七月二四日、前掲、一頁。
(87)同上、明治三〇年七月二八日・第一四〇五号、一頁。
(88)同上、明治三〇年七月三〇日・第一四〇七号、一頁。
(89)同上、明治三〇年七月三一日・第一四〇八号、一頁。
(90)同上、明治三〇年八月一日・第一四〇九号、二頁。
(91)同上、明治三〇年八月三日・第一四一〇号、一頁。
(92)『台湾総督府文書目録』第二巻、前掲、二六五頁。原文書は、『明治三〇年台湾総督府公文類纂　甲種追加』第三巻、国史館台湾文献館所蔵番号00227。
(93)『進歩党報告』第七号、明治三〇年八月一日、四二頁。

(94)『明治天皇紀』第九、前掲、三二三頁～三二四頁。
(95)井出『台湾治績志』、前掲、二五三頁。
(96)同上、二五五頁。
(97)『明治天皇紀』第九、前掲、一三五頁。
(98)同上、一三六頁。
(99)『民政事務成蹟提要』第三篇、前掲、一頁。
(100)『台湾総督府文書目録』第二巻、前掲、二五頁。原文書は、『明治三〇年台湾総督府公文類纂　甲種追加』第二巻、国史館台湾文献館所蔵番号00122。
(101)『公文類聚第二十一編　明治三十年　巻十一』九、国立公文書館所蔵。
(102)同上、第八文書。
(103)竹越与三郎『台湾統治志』、博文館、一九〇五年、四七頁。
(104)『日本』明治三〇年五月二六日・第二七六八号、一頁。
(105)同上、明治三〇年六月四日・第二七七七号、一頁。
(106)『万朝報』明治三〇年八月五日・第一四一二号、二頁。
(107)同上、明治三〇年八月七日・第一四一四号、二頁。
(108)同上、明治三〇年七月一五日・第一三九四号、一頁。
(109)『明治天皇紀』第九、前掲、二九七頁。
(110)『公文類聚第二十一編・明治三十年・巻七』二下、前掲。
(111)『明治天皇紀』第九、前掲、二九〇頁。
(112)同上、三六一頁。
(113)『日本統治下五十年の台湾』、前掲、一五三頁。

(114)『万朝報』明治三〇年八月一二日・第一四一八号、二頁。
(115)『官報』明治二九年五月五日・第三八五二号、五〇頁。
(116)同上、明治二九年五月一五日・第三八六一号、一九四頁〜一九五頁。
(117)『台湾総督府文書目録』第二巻、前掲、二六五頁。原文書は、『明治三〇年台湾総督府公文類纂　甲種追加』第三巻、国史館台湾文献館所蔵番号00225。
(118)『警察沿革誌』第二編、前掲、一九八頁。
(119)井出「台湾治績志」、前掲、二七三頁。
(120)『官報』明治二九年七月三〇日・第四二二四号、四二〇頁。
(121)『警察沿革誌』第二編、前掲、一九九頁。
(122)『万朝報』明治三〇年一一月四日・第一四九〇号、一頁。
(123)『台湾総督府文書目録』第二巻、前掲、二七五頁。原文書は、『明治三〇年台湾総督府公文類纂　甲種追加』第五巻、国史館台湾文献館所蔵番号00227。
(124)『東京朝日新聞』明治三〇年八月一四日・第四〇〇〇号、一頁。
(125)『東京日日新聞』明治三〇年八月一二日・第七七四五号、三頁。
(126)前註(114)同。
(127)『万朝報』明治三〇年八月一五日・第一四二一号、二頁。
(128)同上、明治三〇年一〇月二七日・第一四八三号、一頁。
(129)同上。
(130)同上、明治三〇年一〇月二九日・第一四八五号、一頁。
(131)同上、明治三〇年一〇月三〇日・第一四八六号、一頁。
(132)同上、明治三〇年一一月三日・第一四八九号、一頁。

(133) 同上、明治三〇年一一月四日・第一四九〇号、一頁。
(134) 同上、明治三〇年一一月五日・第一四九一号、一頁。
(135) 『台湾総督府文書目録』第二巻、前掲、二六六頁。原文書は、『明治三〇年台湾総督府公文類纂 甲種追加』第三巻、国史館台湾文献館所蔵番号00225。
(136) 『台湾総督府文書目録』第二巻、前掲、二七三頁。原文書は、『明治三〇年台湾総督府公文類纂 甲種追加』第五巻、国史館台湾文献館所蔵番号00227。
(137) 同上、二七四頁。
(138) 「第九回帝国議会 台湾ニ施行スヘキ法令ニ関スル法律案委員会会議録 明治二九年三月一八日 三月二六日」(「第九回帝国議会 衆議院記事摘要」明治二九年一〇月一三日・衆議院事務局、衆議院事務局議事部資料課所蔵)。
(139) 『万朝報』明治三〇年七月一三日・第一三九二号、一頁。
(140) 『台湾総督府文書目録』第二巻、前掲、二七三頁。原文書は、『明治三〇年台湾総督府公文類纂 甲種追加』第四巻、国史館台湾文献館所蔵番号00223。
(141) 同上、二七二頁。原文書は、『明治三〇年台湾総督府公文類纂 甲種追加』第五巻、前掲、国史館台湾文献館所蔵番号00231。
(142) 同上、二七六頁。
(143) 同上、二七四頁。
(144) 同上、二七五頁。
(145) 同上、三〇八頁。原文書は、『明治三〇年台湾総督府公文類纂 乙種追加』第七巻、前掲、国史館台湾文献館所蔵番号00234。
(146) 持地六三郎『台湾殖民政策』、冨山房、一九一二年、一〇四頁。

清朝時代ニ於ケル地方経済ニ属スル事業費調査ノ件」の史料的考察
前政府時代ニ於ケル地方経済ニ属スル事業費調査ノ件」の史料的考察

大友　昌子

はじめに

『旧慣調査』が台湾統治の方針を定めるための基本事業として明治三四（一九〇一）年一〇月、臨時台湾旧慣調査会の発足とともに本格的に開始されたことは周知のとおりである。これに先立って総督府は領台後、地方行政の開始とともに、内地とは全く異なる地理的、社会的状況から施政上の困難に直面し、司法、行政の各部局において、状況把握のための調査、資料収集を行った。

その背景には、明治三一（一八九八）年七月律令第八号により、民法、商法、刑法及びその付属法を台湾に施行したが、台湾人あるいは清国人のあいだで、これら規定は全く効力を持たず、従来の慣例などによって判断せざるを得ないなど司法、行政上、著しく混乱し、支障が生じた(1)。

本稿で検討の対象とするのは、こうした状況のなかで、総督府民政局が明治三〇（一八九七）年八月から明治三一（一八九八）年にかけて行われた「前政府時代ニ於ケル地方経済ニ属スル事業費調査ノ件」である(2)。

「前政府時代ニ於ケル地方経済ニ属スル事業費調査ノ件」は、明治三〇（一八九七）年八月一六日台湾総督府民生局長通達により、各県を通じて清朝時代の公共事業の種類とその財源賦課の実態を調査せんとしたものである。本調査の意義は次の三点において着目される。①すでに述べたように、調査時期が明治三四（一九〇一）年に開始された臨時台湾旧慣調査会による「旧慣調査事業報告」（以下『旧慣調査』と略す）に先立つものであること、②調査が地方行政開始当初の地方行政官の手によって行われたものであること、③さらに調査内容には公刊された一連の『旧慣調査』より詳細な内容が含まれている例がある。したがって、本調査は臨時台湾旧慣調査会による『旧慣調査』の内容を県・庁単位で具体的に補完している。また清朝時代における台湾人あるいは清国人の地域共同体の実態を明らかにする史料として台湾統治の歴史的研究はもちろん、民俗学、社会学、地域経済学などにも資する内容を含んでいる。調査内容には各県・庁ごとで精粗はあるものの貴重な内容である。

一　史料の性格及び史料的価値

(1)『旧慣調査』との関連性

ここでは、本調査史料と所謂『旧慣調査』との関連性について述べておくこととしよう。

明治三四（一九〇一）年一〇月、勅令第一九六号臨時台湾旧慣調査会規則が公布され、会長に民生局長の後藤新平が就任して、官制機関による法制、農工商経済および原住民に関する旧慣の調査が開始された。これが「臨時台湾旧慣調査会」である。

これに先立ち、明治三三（一九〇〇）年一〇月、官民有志によって台湾慣習研究会が組織され、会長を総督児玉源太郎とし、私設の研究会として明治四〇（一九〇七）年まで継続されて、雑誌『慣習記事』を発行した。その構成メンバーの多くは総督府及び地方官吏であったが、彼等は、日々施政上の矛盾や困難に直面しており、彼等にとって旧慣を理解し、これを踏まえた施政を行うことには切実なものがあったことが、本史料からも読みとれる。[3]

所謂『旧慣調査』の報告書は調査会が発足する以前の明治三三（一九〇〇）年一一月に「台湾旧慣制度調査一斑」が刊行されて以来、大正八（一九一九）年五月に同会が廃止されるまでの間、編纂あるいは翻訳の上印刷された刊行物は八〇点を超えた。報告書の内訳は「調査報告書」とその「付録参考書」七冊、「台湾私法」とその「付録参考書」一七冊、「清国行政法」が漢訳、改訂、索引を含めて九冊、「蕃族調査報告書」「蕃族慣習調査報告書」および「蕃族図譜」など七冊、「経済資料報告」二冊、その他法制度に関するもの、また各種の法令案・草案などからなり、その調査報告内容が高く評価されてきたことはよく知られている。[4]

ここにその刊行物の一覧表を大正六（一九一七）年三月、臨時台湾旧慣調査会編『台湾旧慣事業調査報告』より転載しておこう。[5]

第一　第一部ニ於ケル刊行書目

刊行年月日	書目	冊数
明治三十三年十一月	台湾旧慣制度調査一斑	一
同　三十五年三月	Provisional Report on Investigatings of Laws and Customs in Island of Fermosa.	一
同　三十六年三月十五日	臨時台湾旧慣調査会第一部調査第一回報告書上下	二
同	調査第一回報告書附録参考書	一
同　三十九年三月二十五日	調査第二回報告書第一巻	一
同	調査第二回報告書附録参考書	一
同　四十年一月二十五日	調査第二回報告書第二巻上	一
同　四十年三月二十六日	調査第二回報告書第二巻下	一
同	調査第二回報告書附録参考書	一
同　四十二年三月二十五日	臨時台湾旧慣調査会第一部調査第一回報告書 台湾私法第三編上巻	一
同	台湾私法附録参考書第三編上巻	一
同	台湾私法第三編下巻	一
同	台湾私法附録参考書第三編下巻	一
同　四十三年二月十一日	台湾私法第一巻上	一
同　三月十一日	台湾私法第一巻下	一
同　三月三十日	台湾私法附録参考書第一巻上	一
同　四十四年二月二十五日	台湾私法附録参考書第一巻中	一
同　三月五日	台湾私法附録参考書第一巻下	一

同　一月四日	同　台湾私法第三巻上	一
同　一月十五日	同　台湾私法第三巻下	一
同　四十三年十一月四日	同　台湾私法附録参考書第三巻上	一
同　十一月二十日	同　台湾私法附録参考書第三巻下	一
同　四十四年八月五日	同　台湾私法第二巻上	一
同　八月三十日	同　台湾私法第二巻下	一
同　四十三年十一月十日	同　台湾私法附録参考書第二巻上	一
同　四十四年九月五日	同　台湾私法附録参考書第二巻下	一
同　四十二年十一月二十四日	台湾糖業旧慣一斑	一
同　九月十三日	殖民地組織法大全	一
同　四十三年六月二十九日	仏蘭西殖民法綱要	一
同　十二月二十六日	土地登記トルレンス氏制度	一
同　四十四年五月二十五日	仏独墺国ニ於ケル抵当証券制度並瑞西民法ニ依ル同制度	一
同　三十八年六月六日	臨時台湾旧慣調査会第一部報告清国行政法第一巻	一
同　四十二年五月二十日	清国行政法汎論（漢訳）	一
同　四十三年十一月三十日	臨時台湾旧慣調査会第一部報告清国行政法第二巻	一
十二月五日	同　清国行政法第三巻	一
同　四十四年二月二十八日	同　清国行政法第四巻	一
同　六月三十日	同　清国行政法第五巻	一
同　三十八年三月三十日	支那ニ於ケル所有権ノ専門的観念附証書及公	

刊行年月日	書目	冊数
	文書	一
同　四十年九月三十日	法律上ヨリ観タル支那ノ婚姻	一
同　三十九年九月	行政法大意	一
大正二年三月二十一日	保護領財政自治及自治体財政論	一
大正三年八月十八日	英仏及其殖民地司法行政裁判制度	一
同　二月二十日	改訂清国行政法第一巻上	一
同	同　第一巻下	一
大正二年三月三十日	蕃族調査報告書阿眉族南勢蕃外二社	一
大正三年三月十七日	同　阿眉族奇密社外三社	一
大正四年二月十日	蕃族慣習調査報告書第一巻	一
同　三月二十五日	清国行政法索引	一
同　三月二十八日	支那法制史論	一
同　三月三十日	蕃族調査報告書曹族、阿里山蕃、四社蕃、簡仔霧蕃	一
同　三月三十一日	蕃族慣習調査報告書第二巻	一
同　八月二十八日	台湾蕃族図譜第一巻	一
同　九月二十八日	同　第二巻	一
大正五年三月三十日	契字及書簡文類集	一

第二　第二部ニ於ケル刊行書目

刊行年月日	書目	冊数
明治三十八年三月三十日	臨時台湾旧慣調査会第二部調査経済資料報告上巻	一

同	五月十二日	同　経済資料報告下巻	一

第三　第三部ニ於ケル刊行書目

刊行年月日		書目	冊数
明治四十一年六月		台湾合股令仮案	一
同		台湾合股参考立法例	一
同	四十二年九月		
同	四十四年九月	台湾合股令第一乃至第三草案	三
同	四十三年八月	台湾寛限令仮案	一
同	四十四年九月	台湾祭祀公業令第一、第二草案	二
同	四十五年一月	台湾親族相続令第一草案	一
同	四十五年八月	台湾親族相続令第二草案（理由付）	一
同		台湾不動産権旧慣法要目	一
同		台湾公業令別案（家産主義）	一
同		不動産物権総則案	一
同		家産法梗概	一
同		独逸不動産総則及不動産登記法	一
同		台湾佃、永佃、地基仮案	一
大正二年七月		胎権令参考立法例	一
同		台湾合股令施行規則仮案	一
同		台湾親族相続令施行規則草案	一
同		胎権令草案理由	一
同		台湾不動産物件総則令第一草案	一

大正三年七月	台湾親族相続令第三草案	一
同	台湾戸籍令案	一
同	台湾民事令案	一
同	台湾親族相続令案	一
同	台湾親族相続令施行令案	一
同	台湾不動産登記令案	一
同	台湾競売令案	一
同	台湾非訟事件手続令案	一
同	台湾人事訴訟手続令案	一
同	台湾祭祀公業令案	一
同	台湾合股令改正案	一

臨時台湾旧慣調査会の組織は明治三四（一九〇一）年に成立したが、これに先立って、明治三二（一八九九）年一二月に総督府内において旧慣調査事業を計画しようとの議論が起こり、これを行うために特設機関を設けて、専門の学者による本格的調査研究の必要が認められるにいたった。児玉源太郎および後藤新平は、当時、司法界の権威であった京都帝国大学教授岡松参太郎博士に嘱託し、岡松は明治三三（一九〇〇）年より法制慣例の調査を開始した。[6][7]

この調査の開始にあたって、岡松参太郎等は総督府内の局・課、司法官衙および土地調査局において、本島旧慣に関して採集した資料と台湾に従来からある旧記雑書に基づいて旧慣の概略を調査し、これに基づいて調査項目を作成して実地調査の準備とした。[8] この時岡松等が採集した資料のなかに、ここで分析の対象としている「前政府時代ニ於ケル地方経済ニ属スル事業費調査ノ件」が含まれていたか否かは確認できない。しかし、その可能性は『台湾私法　第一巻下』の記述中には、本史料の記述とほぼ同一と思われる部分があり、同一のデータ・ソースの可能性が推察される。その一例を検討してみよう。

崇文書院に関する記述中

本書院ニ関スル財産ハ明治三〇年七月旧台南県ノ調査に拠レハ金三千八百六十八元、米二百九十七石ノ収益ある田園魚塩ヲ有シ尚他ニ基金アリシカ

（明治四三（一九一〇）年三月一一日発行『臨時台湾旧慣調査会第一部調査第三回報告書　台湾私法　第一巻下』三二七頁　傍点筆者）

また、蓬壺書院に関する記述中

本書院ノ財産ハ明治三〇年七月旧台南県ノ調査ニ依レハ金一千九百十六円米三十四石ノ収益アル田園圳ナリ

（同上書、三二八頁　傍点筆者）

すなわち、このデータの調査時期を『台湾私法』は「明治三十年七月旧台南県調査」と記しており、「前政府時代ニ於ケル地方経済ニ属スル事業費調査ノ件」は、「明治三〇年八月一六日」に調査指令が出されている。二つの調査結果の間に時期的なズレがあるが、崇文書院の石数や蓬壺書院の収益金額、石数は同じ数値で、データ・ソースが同一であると思われる。一方、海東書院のデータは『台湾私法』の数値と本調査の数値が大きく異なることか

ら、「前政府時代ニ於ケル地方経済ニ属スル事業費調査ノ件」が岡松等の調査に含まれていた可能性は低い。しかし、「前政府時代ニ於ケル地方経済ニ属スル事業費調査ノ件」の内容やデータは、『旧慣調査』の内容および項目と重複する部分も多く、この地方行政官の手になる調査を参照しつつ『旧慣調査』の枠組が作成されていったであろうことが推量される。調査は、その調査設計のための予備調査を必要とすることから、「前政府時代ニ於ケル地方経済ニ属スル事業費調査ノ件」が、『旧慣調査』の予備調査としての役割を果したのかもしれない。

ともかくも、『旧慣調査』に先だって、総督府内の各局、各課や司法関係役所および土地調査局などは台湾の民生行政を軌道に乗せるための各種調査を行い、その調査がきわめて困難であったことから、専門家による調査研究の特設機関の必要が認められ、「旧慣調査会」が発足にいたる内部的状況が明らかとなってきた。

(2) 調査の経緯

本稿で取りあげている「前政府時代ニ於ケル地方経済ニ属スル事業費調査ノ件」は、通達から最終回答の到着まで一年四ヵ月余りを要し、再三の提出督促によって、ようやくまとめられたものであった。綴られている文書を掲載順にまとめると次のようである。

文書A　明治三〇年八月五日立案同年八月一六日発送各県知事各庁長宛「前政府時代ニ於ケル地方経済ニ属スル事業費調査ノ件」水野遵民政局長通達

文書B　明治三〇年八月一六日付「前政府時代ニ於ケル県又ハ堡里街庄ノ経済ニ属スル公費賦課徴収ノ方法取調

方」に関し、同年九月八日民政局長代理事務官杉村濬宛「管内ニ該当ノモノ更ニ無之」と台東庁長相良長綱回答

文書C

明治三〇年八月一六日付「前政府時代ニ於ケル県又ハ堡里街庄ノ経済ニ属スル公費賦課徴収ノ方法取調方」に関し、明治三〇年一一月一日民政局長曽根静夫宛「当時地方制度ノ発達シ居サリシカ為メ調査例ニ準拠難致点モ不尠候へ共一先ハ別紙ノ通り調査相遂ケ」「送付候」と宜蘭庁長代理書記官服部譲回答

文書D

明治三〇年一一月六日付督促に関し、同年一一月一三日民政局県治課長代理阿川光祐及民政局長曽根静夫宛「差出済」及「調査事項」「進達」と澎湖庁書記官寺田寛及澎湖庁長伊集院兼良回答

文書E

明治三〇年八月一六日付「前政府時代ニ於ケル県又ハ堡里街庄ノ経済ニ属スル公費賦課徴収ノ方法取調方」に関し、同年一〇月三日民政局長曽根静夫宛「夫々取調候得共旧鳳山県ニ於テハ里街庄ニ公費賦課徴収セシ事例之無稀ニ義捐ヲ以テ道路橋梁ヲ修理スルアルモ其街庄ニ属スル富豪家及紳士ノ出金スル如ニシテ共事業一時ニ止マリ年々継続義捐スル等ノ事例無之ヲ以テ到底調査例ニ準シ取調兼候」と鳳山県知事代理書記官相良常雄回答

文書F

明治三〇年一一月九日付督促に関し、同年一二月一七日民政局県治課長代理阿川光祐宛「富豪又ハ紳士ノ義捐ニ係ル公費事業ノ重ナルモノ四件取調書」「送付」と鳳山県内務部長代理相良常雄回答

文書G　明治三〇年一一月六日受領立案発送宜蘭及台東庁を除く各県庁書記官宛「前政府時代ニ於ケル地方経済ニ関スル調査書差出方督促ノ件」民政局県治課長照会

文書H　明治三〇年一一月六日「前政府時代ニ於ケル公費賦課徴収方取調ノ件」に関し、同年一一月九日民政局県治課長代理阿川光祐宛「各弁務署ニ於テ夫々為取調居候処何レモ開署当時ニテ事務繁忙ヲ極メ且該調査ハ最困難之事業ニシテ期限内ニ出来致サザル向モ有之為送達致兼候次第」と新竹県内務部長代理書記官山下三次回答

文書I　明治三〇年一一月九日立案同年同日発送鳳山県書記官宛「公費事業等取調ノ件調査例ニ準シ取調兼候」との回答があったが、「書面中富豪又ハ紳士出捐ヲ以テ道路橋梁を修繕セシモノ」は「其義捐ノ方法及支出ノ手続等」詳細に取り調べるよう、民政部県治課長照会

文書J　明治三一年二月十六日立案同年同日決定達済台北台中新竹各県書記官宛「前政府時代ニ於ケル地方経済ニ属スル事業取調督促ノ件」民政部県治課長照会

文書K　明治三一年十月二四日付民政部県治課長松岡弁宛「公費賦課徴収方法取調相差出」に関し、「本県へ分属シタル新竹、北浦ノ両弁務署ニ関スル分ハ不日取調可差出候へ共台中県ニ分属シタル地方ニ係ル分ハ難取

調候間全県へ御照会相成候様」台北県内務部長松岡弁照会

文書L　明治三一年十月十九日受領立案同年十月二五日発送台北県内務部長、台中県内務部長宛「調査書差出方元新竹県書記官宛再三督促ニ及ヒタルモ遂ニ提出無之廃県ト相成候ニ付テハ元新竹県ニ係ル調査書差出方分台北県へ左案ヲ以テ照会」と民政部県治課長照会

文書M　明治三一年三月一二日付台湾総督男爵児玉源太郎宛「前政府時代ニ於ケル県堡里等ノ経済ニ属スル公費賦課徴収ノ件」に関し「爾来調査為致候処其大要ニ於テハ稍得ル所アルカ如シト雖モ曽テ徴収シタル金額ニ至リテハ何分調査難行届候得共漸ク時日遷延相成候ニ付不取敢別冊取調書及送付」と台北県知事橋口文蔵回答

文書N　明治三一年一二月二八日付台湾総督男爵児玉源太郎宛「元新竹県管下堡里街庄社ノ経済ニ関スル公費調査進達」と台北県知事村上義男回答

文書O　明治三一年三月九日台湾総督府民政局長代理事務官杉村濬宛「県及堡街庄社ノ経済ニ属スル公費取調方」台中県知事村上義男回答

文書P　明治三一年一二月二七日付民政部県治課長松岡弁宛「元新竹県分ニ係ル前政府時代ニ於ル県又ハ堡街庄ノ

経済ニ属スル公費賦課徴収方法取調方」台中県内務部長渡辺長謙回答

文書Q　明治三一年一月一八日付「前政府時代ニ於ル県又ハ堡里街庄ノ経済ニ属スル公費賦課徴収等ノ方法取調」に関し、「取調ヘ候処各処旧記ノ存スルモノ無之到底詳細ナル調査ヲ為シ難シ堡ニ土人ニ推問シ其梗概ヲ取調候間御参考迄ニ及御送付候也」と嘉義県知事小倉信近回答

文書R　明治三一年二月九日付民政局長曽根静夫宛「前政府時代ニ於ル県又ハ堡里街庄ノ経済ニ属スル公費賦課徴収等ノ方法御指示之調査例ニ準拠シ調査候」と台南県知事磯貝静蔵回答

文書S　明治三二年一月一六日立案「前政府時代ニ於ケル地方経済ニ属スル事業費調査ノ件」悉皆提出済みの書類、総督児玉源太郎、参事官大島、文書課長木村匡、税務課長尚猪等が回覧して、明治三三年一月十日閲了となる。

これらの文書から各県・庁の調査状況をみると、宜蘭庁は地方制度未発達のため、調査例に準拠すること困難との回答、鳳山県はとうてい調査例に準じて取り扱いかねる、新竹県は開署当時にて事務繁忙を極め期限内にこのような調査はできない、台北県は金額などの調査は難しく期限を遅延してようやくまとめた、等の回答がなされた。一方、民政局からは、なかなか報告を提出しない県、庁に対し再三の督促が行われるなど、調査が困難ななかで行われたことが推量される。

この詳しい事情を宜蘭庁の報告書の「緒言」からまとめると次のようである（文書C）。一、宜蘭の土地は開かれてから間がなく、清朝政府時代においても地方体制は整備されておらず、二、地方的公共事業については人民に専ら任せて地方庁もこれに干渉しない。三、公共事業に属するような事業も必要なときに人民がお金を出し合って随意行っている。土木事業なども豊作で余裕にある年に、これを行う。四、お金の徴収、管理方法も簡単でそのために弊害もあるが、徳義制裁で行われている。五、それ故、公費の平均年額など統計することは至難であって、無理に調査を行ってもその答えは憶測に過ぎず、また一〇人問えば一〇人がそれぞれ異なった答えをし、何をもって正確とすべきか判断できない。そのため、信憑性のある範囲内で、参考として報告書を提出する、というものであった。

地方行政が開始された当初、人々の生活実態と総督府の意図との間にはこのように大きなズレがあり、そのことを熟知していたのは専ら地方行政官達であったろう。専門的で体系的な『旧慣調査』の必要性はこうした地方行政官において痛切なものがあったであろうことが推察される。

(3) 史料の価値―『旧慣調査』との比較

ここでは「前政府時代ニ於ケル地方経済ニ属スル事業費調査ノ件」（以下本史料と表す）の史料的価値について、『旧慣調査』のなかから内容の重なっている『台湾私法　第一巻　下』（明治三四（一九〇一）年三月一一日刊）の記述内容との比較で検討してみることとした。『旧慣調査』には記述されているが、本史料では洩れている項目や内容が多くあることから、本史料が『旧慣調査』に比較して不十分な内容のものであることはいうまでもなく、このことは、すでに述べたような困難であった調査経過からも帰結するところではある。しかし、限定的な範囲ではあるけれども、本史料の価値として次のような点をあげることができる。

①『旧慣調査』には記載されていない記述が本史料においてみられること、②『旧慣調査』は法制度整備の資料としてまとめられた経緯から、諸実態に整理、解釈を加えているが、本史料では実態をそのまま報告しており、具体性の高い記述を含んでいること、③『旧慣調査』が調査項目ごとに台湾全土的に叙述しているのに対し、本史料は県・庁単位の報告であることから、各地域の実情が読みとれること、たとえば台南県にこの調査まで「公共事業」と呼んでいる社会的施設が多い、また街庄社など、各地域の共同体としての実態や地域がどのような人によってまとめられていたのか、そこでやりとりされる金銭報酬の動きなどリアルな実態が明らかにされている。

こうした例を、宜蘭庁の報告にみてみよう。

本史料（文書C）

「普度ハ毎年七月孤魂ヲ招祭スルノ盆会ニシテ各街庄各々期日ヲ分定シ期ニ至レハ各処ノ廟宇ニ壇ヲ設ケ僧ヲ延テ招魂ヲ行フ各処一回ノ費用ハ大約一百円以上二百円以下ナリトス是レ各街庄其地ノ殷実ノ人ヲ擇シテ爐主ト為シ又別ニ六七人ヲ擇シテ頭家ト為シ相助ケテ事務ヲ弁セシメ期ニ先タツ半月前ニ於テ轄内大小戸ニ就テ題捐スル所ニシテ期ニ至リ捐戸ヨリ収集支用シ事竣レハ爐主等該捐戸ノ姓名金額並ニ収支結算ヲ掲示場ニ粘附シ以テ民衆ノ覧閲ニ便ス」

「普度」は漢民族の祭事の一つで、宜蘭庁の報告は「本地ノ例」をあげて記述する。祭事の方法、費用の額、費用の徴収方法、責任者である爐主と頭家、祭事後の決算と公示の方法などが述べられている。『台湾私法』では寺廟の管理の項目中、爐主の任期、職務や選び方など各地域共通の実態として詳細な説明がある。

「台湾私法第一巻下」より

「三爐主ノ主タル職務ハ祭典ニ関スル一切ノ事務ヲ掌理スルニ在リ董事ヲ置カサル寺廟ナキニ非ルモ爐主ヲ置カサルモノハ殆稀ナリ而シテ常置ノ董事ナキトキハ爐主財産管理ノ任ニ当ル又董事ハ無任期ナレトモ爐主ノ任期ハ一年ナルヲ普通トシ又半年以下ノモノアリ而シテ爐主ハ各祭ニ一人ヲ置クヲ法トス故ニ寺廟ニ祭レル神仏唯一位ナルトキハ爐主モ亦一人ナレトモ数位ノ神仏アルトキハ数人ノ爐主アルコトアリ又爐主ハ信徒全員又ハ既定頭家ノ中ニテ抜筈ニ因リ又ハ輪値ニ因リ定ムルモノトス抜筈トハ三日月形ノ竹根二箇ヲ投シ神意ヲ伺フモノニシテ之ヲ投スルトキハ陽筈陰筈聖筈ノ三結果ヲ呈ス而シテ　聖筈ヲ以テ神意ニ叶フモノトシ即聖筈ノ最多キ者ヲ以テ爐主ト為ス」

（臨時台湾旧慣調査会第一部調査第三回報告書「台湾私法第一巻下」三四七頁）

このように『旧慣調査』の『台湾私法』と本史料とを合わせみることで、祭事をめぐる地域共同体の実態の把握に、より具体性を増すことができる。

次は台北県の慈善、育嬰堂の例である。

「台湾私法第一巻下」より

「前ニ挙タル大清会典ノ記スル所ニ依レハ育嬰堂ハ或ハ官努ヲ発シ或ハ好義ノ士ノ捐献ヲ以テ設立シ董事ヲ置キ

之ヲ管理ス可キモノニシテ台湾ニ於ケル育嬰堂モ此趣旨ニ依リ設立セラレタルモノナリ台湾ノ育嬰堂ハ北部ニ於テハ艋舺、新竹、擺接堡枋橋街ニ中部ニ於テハ彰化ニ南部ニ於テハ嘉義台南及澎湖島ニ設立セラレタリ」（中略）「又擺接堡枋橋街ニ在リタルモノハ同治五年同街ノ富豪林維源金五千元ヲ捐出シ尚同堡内慈善家ニ勧捐シ二千元ヲ得テ設立シタルモノタリシカ是又其後廃絶ニ帰シタリ而シテ我領有後ハ政府ニ於テ此等育嬰堂所属財産ニシテ残存セシモノヲ継承シ当該地方官ニ於テ保管スルモノトナセシカ明治三二年台北仁済院ノ成立ト共ニ同院ノ所属財産ニ編入シタリ」

（臨時台湾旧慣調査会第一部調査第三回報告書「台湾私法第一巻　下」三六九頁）

本史料（文書K）

「擺接堡枋橋街ニ私立ニ係ル学校育嬰局済貧所アリ学校ハ同治五年中創設ニ係リ今ノ大観社義学是レナリ育嬰局ハ初メ乳母ヲ置キ嬰児ヲ乳養セシメタリシモ其乳母タル往々不親切ヲ極メ遂ニ可憐ノ嬰児ヲシテ死ニ瀕セシムルニ至ルヲ以テ今日ハ其救助金ヲ実母ニ付与シテ養育セシム但該救助金ハ一ヶ月金壱円分娩後四ヶ月間トス救済所ハ極貧者ヲ救助スル所ニシテ終身一ヶ月金壱円弐拾銭宛ヲ給シ現今此ノ恩恵ニ浴スルモノ弐拾四名アリト云フ右ノ外種痘施療ノ事アリテ一ヶ年経費百五拾余円ヲ要スト云フ然シテ以上ノ諸費ハ林本源其十分ノ七ヲ負担シ各庄有志者其十分ノ三ヲ負担セリ学校ニハ弁事二人其他育嬰局等ノ事業補（ニハ四人ノ弁事ヲ置キ外ニ主管者一名アリテ全般ノ事業）ヲ管理セリ其一ヶ年ノ費額大約左ノ如シ

学校費　　　　九〇〇、〇〇〇円

済貧恤救費　九五〇、〇〇〇」

この二つの史料をみると、『台湾私法』の記述に比較すると、本史料中には育嬰堂に関スル非常に具体的な記述があり、しかも『台湾私法』では育嬰堂は廃絶に帰した、と述べているが、本史料では明治三一（一八九八）年の調査時に、この事業は継続されており、給付額や費用の負担の方法が詳細である。また種痘施療が行われていたこと、救済所の記述も具体的で興味深い。

また台南県の慈善事業の報告には、遺棄された子どもを養育する育嬰堂と寡婦であって子どもを養育している母子を保護する邮嫠局の吏員の種類とその人数また俸給が報告されている（写真A）。

さらに、本史料中には『旧慣調査』中には記述されていない祭典費の徴収をめぐる「名誉の制裁」ともいうべき慣行の実態を記した詳細な記述もあり注目される（後述）。

こうした例は他にも見出され、本史料は『旧慣調査』と補完しあい、合わせ研究することで、清朝時代台湾の地域

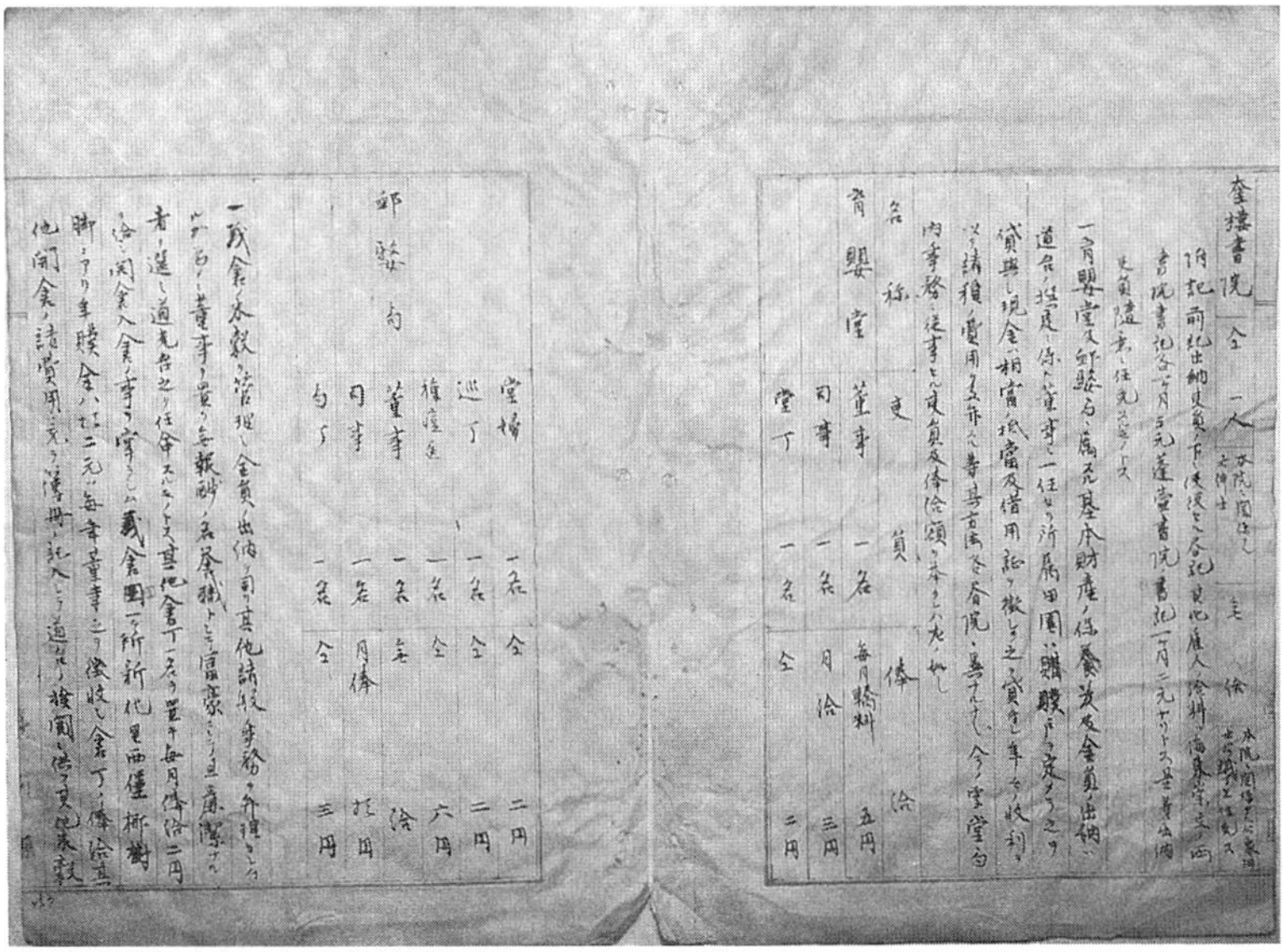

写真A〔文書R〕台南県における慈善の調査報告

共同体の実態を、より明らかにする内容を含んでいると評価することができる。

二　調査結果の概要

(1) 調査の目的と背景

この調査指令は、明治三〇（一八九七）年八月、三庁六県、すなわち宜蘭庁、澎湖庁、台東庁、鳳山県、台北県、台南県、嘉義県、台中県、新竹県に対して出されたもので、回答は台東庁が「当管内ニ該当ノモノ更ニ無之」とし、新竹県が調査回答未提出のまま廃県となって、台北県、台中県が分属後の元新竹県管内の調査を実施して回答したほかは、各県・庁から回答があった。

調査目的は、清朝時代の県または堡里街庄などの「公共事業費」の賦課徴収の「方法」であり、調査理由は「地方経済計画上」行うというものであった。その調査内容は、第一項で県、堡、里の「公費」の有無、公費負担で行っている事業の種類、金品などの賦課徴収および支出の方法、一戸当たりの金額、第二項で夫役あるいは現品を賦課することの有無、夫役あるいは現品を賦課する事業の種類、賦課徴収、使用の方法、一戸当たりの人員数あるいは個数であり、第三項では公費徴収方法の実態について詳細な指示を行っている。すなわち、県あるいは堡里の事業担当者と納入者との間に世話役がいるか、いる場合、賦課額と個人からの徴収金額とに差額がないか、すなわち世話役が間にはいって、一部の金額を差し引くことがないか、もしあればその金額、徴収手続、状況について調査を行うよう指示したものであった。

こうした調査内容について、さらに「調査例」をあげて調査の具体的項目が指示されている。そこでは調査の目的を「本件ハ地方公共事業ニ関シ租税以外ニ能ク人民ノ負担セル金員物件等ノ統計ヲ調査スルニ在リ」としている。

この調査が地方行政整備を進めるなかで、どのような意味と位置をもったかの行政政策との直接的な関連性をただちに明らかにすることはできないが、総督府が地方行政に着手したのは、領台後二年目の明治二九（一八九六）年四月の民政施行後のことで、まず国費支弁の街庄社長事務費を廃して、街庄社民の協議支弁としたことに始まり、明治三一（一八九八）年七月「台湾地方税規則」を制定して、地租付加税、家税、営業税、雑種税等の地方税を設けるに至った。(9) こうしたことから、地方制度整備の初期にあたる明治三〇（一八九七）年八月当時、地方行政の財源、財政制度、税の賦課方式、税の徴収方法などについて民情をふまえた制度の確立が緊要であったことから本調査は実施されたことがその背景として推察される。

(2) 各県・庁の調査報告の概要

各県・庁の調査報告内容に精粗の差があったことはすでに述べたが、ここで各県・庁の報告書の概要と特徴についてまとめておこう。

この調査の目的の一つに「地方経済ニ属スル公共事業」の種類を明らかにすることがあったが、「公共事業」として各県・庁が報告したものは次のとおりであった。

①宜蘭庁

道路橋梁の修築

堤防修理

義倉費及義倉管理法
廟宇の修理
学校費
済貧恤救の事
堡街庄自治機関の□《ママ》理

②澎湖庁

〈庁の経済に属するもの〉
廟宇
書院
育嬰堂
義倉
普済堂
堤橋
橋梁

〈郷の経済に属するもの〉
各郷の廟宇

③鳳山県

義倉に関する件

書院に関する件

済貧恤救に関する件

④台北県

城邑

道路橋梁

書院

済貧恤救

義倉

義渡

義塚

義塾

寺廟及祭典費

団練分局費

生蕃交渉

隘寮隘丁

匪賊防禦

〈台北県内各堡の事業〉

擺接堡（新庄弁務署内）

学校
育嬰局
済貧所
種痘施療
匪徒の襲来予防
道路
橋梁
興直堡
公費に関する事業なし
文山堡（景尾弁務署内）
生蕃交渉
隘寮隘丁
匪賊防禦
廟宇建築修繕
祭典及演技
道路橋梁
海山堡（三角湧弁務署内）
道路橋梁修繕改造費

寺廟祭典費
義渡費
団練分局費
三貂堡（頂双渓弁務署内）
道路（里道）
基隆堡（基隆弁務署内）
廟宇
棲流所
〈台北県内各街の事業〉
寺廟
橋梁
育英社
⑤—1元新竹県（台北県報告分）
道路橋梁費
義倉費
学校費
済貧救恤費
保甲費

済生局費
修城費
修廟費
書院修理費
義渡田費

⑤―２元新竹県（台中県報告分）

城隍廟費
試院営繕費
道路橋梁費
廟社寺院費

⑥台中県

〈県の事業〉

道路橋梁費
義倉費
書院費
済貧救恤費
廟宇維持費

〈堡の事業〉

道路橋梁費
水租
〈街庄社の事業〉
道路橋梁費
保甲費

⑦嘉義県
聯庄自衛諸費
守更費
道路橋梁修繕費
埤圳諸費
迎神諸費
祭神費
済貧救恤費
学校費
義倉
育嬰
義渡

⑧台南県

学校　府学
　　　県学
慈善　育嬰堂
　　　卹嫠局
　　　義倉
　　　義塚
廟宇
土木　道路橋梁
義渡
〈関帝廟弁務署管内〉
廟宇の建築修繕
祭典
〈蕃薯寮弁務署管内〉
廟宇
道路橋梁
〈湾裡弁務署管内〉
廟宇

城門の建設
道路橋梁

「公共事業」として各県・庁が共通してあげたものは、寺廟および祭典費、書院・学校、道路橋梁、済貧恤救、義倉、義渡、義塚であり、これら以外に台北県があげたものが、団連分局費、生蕃交渉、隘寮隘丁、匪賊防御、種痘施療、元新竹県があげたものが試院営繕費、保甲費、嘉義県があげたものが連庄自衛諸費である。これらは寺廟祭典、教育、土木、恤救の各費目であり、また団連分局費、隘寮隘丁、匪賊防御、保甲費などは自衛のための私兵費あるいは警察費であり、生蕃交渉は「蕃人トノ往来交通ヲ為スニ当テ其心ヲ和ケンガ為メ豚酒或ハ米塩等ヲ贈与スルノ費目」で、「貧富ヲ論セス」負担するものであった。

こうした各種「公共事業」の実態、費用の負担方法、費用の総額、費用の徴収方法などを明らかにすることが当局の調査目的であったが、詳細な費額を調査例に準拠して作表し、回答し得たのは澎湖庁、台北県、元新竹県（台北県報告分）、台南県で、嘉義県が概数を回答するにとどまった。

史料として価値ある詳細な統計データの例として台北県の場合をみると、地方行政の末端単位である堡および街における事業の種類、出損の方法、事業の総経費、そして一戸当たりの負担額が明らかにされている。堡単位の事業としては廟と台湾において特色ある流民のための棲流所が、街単位の事業としては寺廟のほかに教育機関である育英社が運営されていた（写真B・C）。

賦課金品の徴収方法については、納入者と官あるいは事業担当者の間に入って金品を徴収する世話役のごときもののの存在については詳細な調査の指示があるが、澎湖庁では、董事看守などは有給の場合も無給の場合もあり、看守が瓜や芋の寄贈を受けることがあると回答し、台北県では主事、董事、頭人には報酬はないが、わずかな慰労金を給することがあるとしている。なかでも同一県内の文山堡における徴収の事情が詳細である。

すなわち、事業を興して集金・管理する監督者は「多数者ガ心服スル所ノ公平ナル人物」を誰ともなく指名する。公然たる報酬はこうした人に与えられることはないが、実際には無報酬ではなく、一〇〇〇円を要する事業には二〇〇～三〇〇円を上乗せして寄付金を集め、これが監督者の収入となる。その額は随意であって、寄付者たちはこれを黙認するのであるが、もし監督者が慣例以外に法外な収入を貪ると人々に指弾され、名望を失ってしまうことが報告されている。

本史料（文書H）

然ルニ以上ノ監督者ヲ撰定スルニハ勿論官命ニ依ルニアラス又人民総体カ形式的ノ撰挙ヲ行フニモアラス要スルニ多数者カ心服スル所ノ公平ナル人物ヲ誰指名スルトモナク所謂不言ノ間ニ推薦スルヲ例トシ何等ノ官命吏称ダモ附セサルト共ニ公然報酬ヲ与ヘタルコトナシ然レトモ其実際ニ至リテハ彼等決シテ無報酬ノ徒労ニ甘ンスルモノニアラス即彼等ハ或ル手段ニ依テ是カ報酬ニ値スヘキ相当ノ金円ヲ収得シタル者ナリ或ル手段トハ他ナラス例セハ実際一千円ヲ要スル事業ニ対シテハ其以上少クモ二三百円ヲ徴収シ而テ剰余ノ二三百円ハ実費ヲ除クノ外之ヲ自己ノ収入トナシ彼自ラハ固ヨリ他ノ損出者モ亦正当ノ所得トシテ敢テ怪マサル者蓋シ然ラシムル所ナラン果シテ然レハ彼レ監督者ハ如何ニ多額ノ報酬ヲ曖昧ナル徴収ノ間ニ着服スルモ唯其人ノ随意ニシテ他ニ制裁スヘキモノナキカ否大ニアリ即彼等ヲシテ若シ慣例以外ノ大金ヲ貪ンカ其結果ハ不正徴収ノ声裡ニ人民ノ指弾スル所トナリテ積日ノ名望ハ忽チ地ニ塗レ再ヒ這般ノ如キ名誉ナル地位ニ起ツコト克ハサルニ至ル

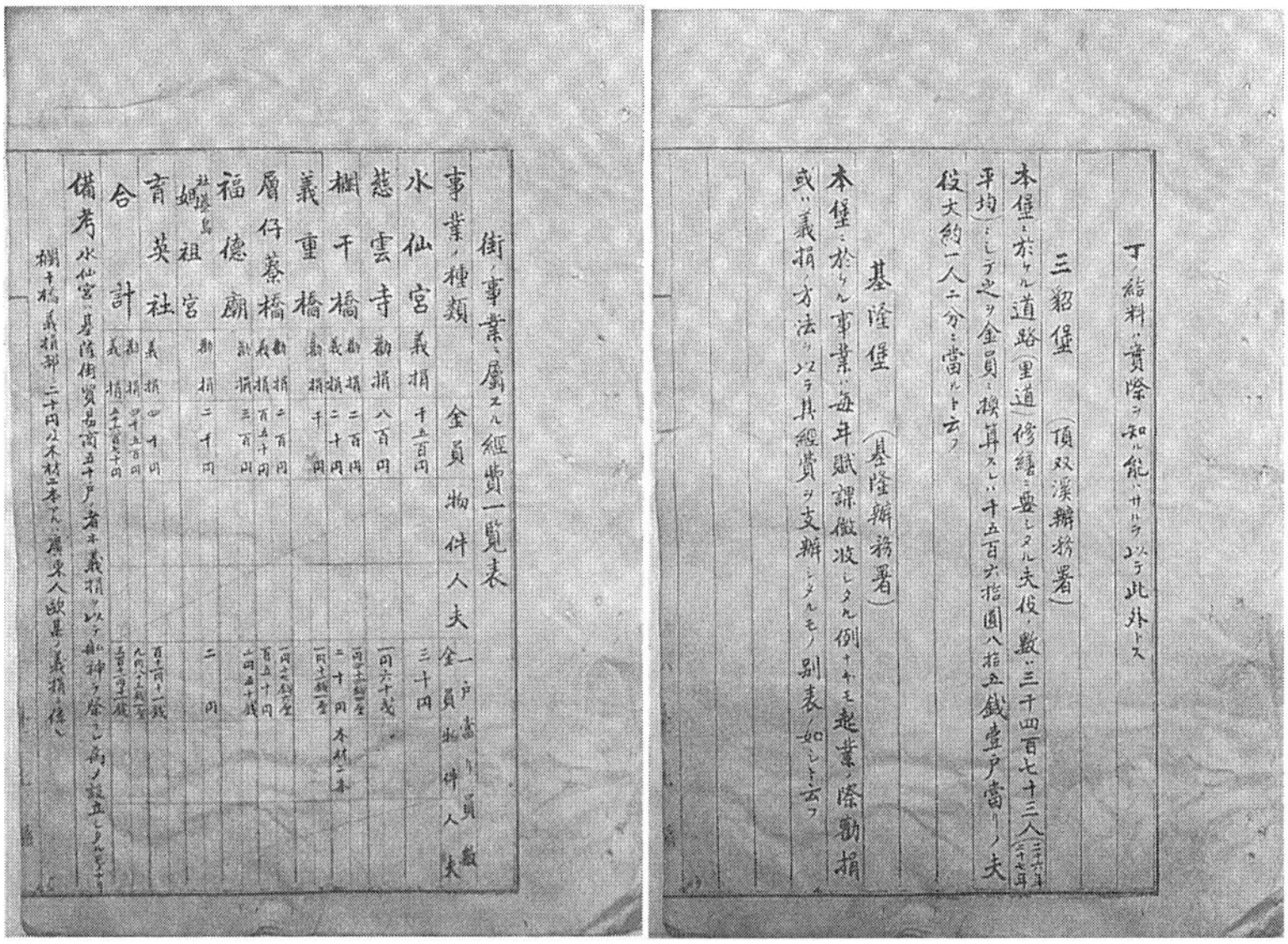

ス給料ハ實際ヲ知ル能ハサルヲ以テ此外トス

三貂堡（頂双溪辧務署）

本堡ニ於ケル道路（里道）修繕ニ要シタル夫役ノ數ハ三千四百七十三人（二十六年二十七年平均）ニシテ之ヲ金員ニ換算スレハ千五百六拾圓八拾五錢壹戸當リノ夫役ハ大約一人二分ニ當ルト云フ

基隆堡（基隆辧務署）

本堡ニ於ケル事業ハ毎年賦課徴收シタル例ナキモ起業ノ際勸捐或ハ義捐ノ方法ヲ以テ其經費ヲ支辦シタルモノ別表ノ如シト云フ

街ノ事業ニ屬スル經費一覧表

事業ノ種類	金員	物件人夫	一戸當リ員數 金員	一戸當リ員數 物件人夫
水仙宮	義捐 千五百円		三十円	
慈雲寺	勸捐 八百円		一円六十戔	
楓干橋	勸捐 二百円 義捐 二十円		[illegible] 二十円	木材二本
義重橋	勸捐 千円		[illegible]	
暦仔蔡橋	勸捐 二百円 義捐 百五十円		[illegible] 百五十円	
福德廟	勸捐 三百円		[illegible]	
媽祖宮	勸捐 二十円		二円	
育英社	義捐 四十円		[illegible]	
合計	勸捐 [illegible] 義捐 [illegible]		[illegible]	

備考 水仙宮ハ基隆街貿易商五十戸ノ者ヨリ義捐ヲ以テ媽神ヲ祭ニ為ノ設立シタル[illegible]

楓干橋義捐部二十円以木材二本ハ廣東人欧某ノ義捐ニ係ル

写真B〔文書M〕台北県調査報告書から

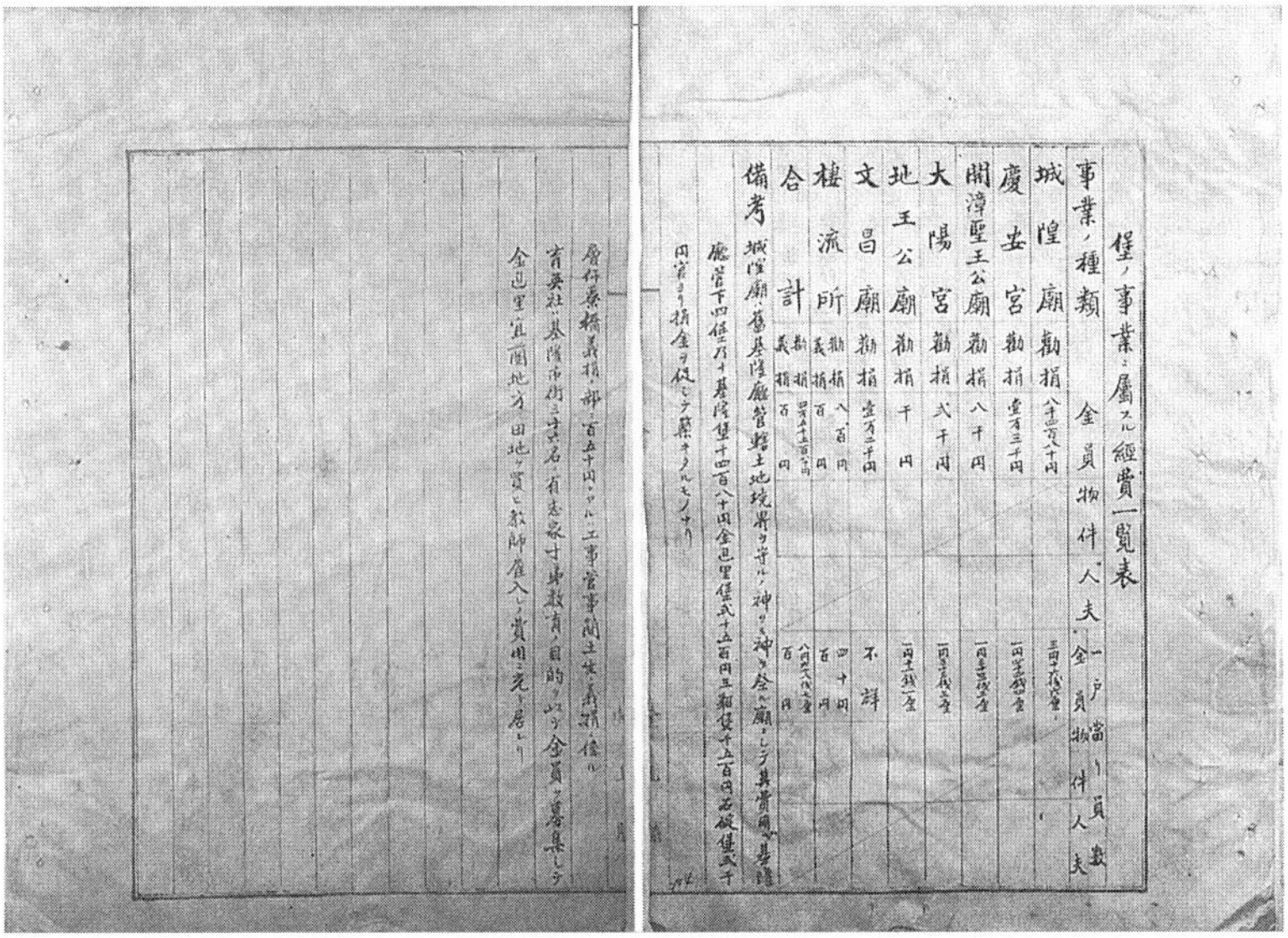

堡ノ事業ニ屬スル經費一覧表

事業ノ種類	金員	物件人夫	一戸當リ員數 金員	一戸當リ員數 物件人夫
城隍廟	勸捐 八千四百八十円		[illegible]	
慶安宮	勸捐 壹万三千円		[illegible]	
開漳聖王公廟	勸捐 八千円		[illegible]	
大陽宮	勸捐 弐千円		[illegible]	
地王公廟	勸捐 千円		[illegible]	
文昌廟	勸捐 壹万二千円		不詳	
棲流所	勸捐 八百円 義捐 百円		四十円 百円	
合計	勸捐 [illegible] 義捐 百円		[illegible] 百円	

備考 城隍廟ハ舊基隆廳管轄土地境界ヲ守ルノ神ナリ神ヲ祭ル廟ニシテ其費用ハ基隆廳當下四堡乃チ基隆堡十四百八十円金包里堡弐千五百円三貂堡千五百円石碇堡弐千円宛ヨリ捐金ヲ徴シテ築キタルモノナリ

暦仔蔡橋義捐部百五十円ナルハ工事當事関ニ於テ義捐ニ係ル

育英社ハ基隆市街ニ[illegible]名ノ有志家寸𣪘教育ノ目的ヲ以テ金員ヲ募集シテ金包里宜蘭地方田地ヲ買ヒ教師雇入レノ費用ニ充テ居レリ

写真C〔文書M〕台北県調査報告書から

之ヲ是レ名誉ノ制裁ト云フ不可ナキナリ故ニ衆望ヲ担フカ如キ名望家ハ其名誉ヲ維持スルノ点ニ於テモ却テ衆望ニ背クカ如キ所為ニ出ルモノ稀レナリシト

各県・庁からの報告書はそれぞれ、文献調査と聞取り調査を合わせたものと推察される報告、また聞取り調査のみを報告したと推察されるものがあり、その内容や記述方法も各県・庁ごとに特徴を示している。

おわりに

以上、「前政府時代ニ於ケル地方経済ニ属スル事業費調査ノ件」史料の背景、調査の経緯、その史料的価値などについて述べてきたが、本史料がもつ研究上の意義は『旧慣調査』を補完して高いものがあると思われる。

植民地における地方行政は国家統治の具体的な執行を担う性格をもち、植民地経営の基礎的な公的秩序部分を担い、住民と国家とが直接接触する領域である。一方、統治の実績を高めるためには、国家は地域住民のもつ歴史的社会的特質、あるいは地域住民の自発性を容認していかなければ、自らの統治基盤を確立することが難しいという内包的矛盾をはらんでいる。植民地統治における地方行政においてこの矛盾は極限に達するのであるから、住民と国家の接触点である地方行政の具体的諸相を明らかにすることは、植民地統治が台湾社会の、また台湾の人々の暮らしや営みの何を変え、何を変えなかったのかを明らかにすることになり、その後の台湾社会の形成を解明する基本課題の一つである。

ここでとりあげた「前政府時代ニ於ケル地方経済ニ属スル事業費調査ノ件」史料は、台湾社会ことに漢民族社会に日本の植民地政策が与えた具体的影響の実態を地域単位で明らかにする貴重な史料である。

註

（1）旧慣調査事業の実施理由、方針、制度及び成績については、井出季和太著『台湾治績史』（昭和一二〔一九三七〕年二月、台湾日日新報社刊、四一三～四一七頁参照）。

（2）本史料は「明治三三年台湾総督府公文類纂二〇　永久乙種　第一三門租税」に第五〇六文書―四〇として綴られている。

（3）山根幸男著『論集　近代中国と日本』（昭和五一〔一九七六〕年、山川出版社）所収論文「臨時台湾旧慣調査会の成果」（一一五～一一六頁）において、山根は「旧慣研究会」は「その会員の大部分が総督府及び地方官庁の官吏であった」ので「民間研究団体としてはあまりに官に偏している」とし、「おそらく地方の官吏は上からの強い勧誘で、否応なく会員になったのではないか」と推察している。しかし、日々施政の最先端にある官吏は、住民と上級官吏からの施政の要請との間にあって、中間管理者として葛藤すること多く、業務の合理的な運用を行ううえで旧慣調査は切実な彼等自身の課題であったと筆者は推察している。

（4）『旧慣調査』の学術的評価、機関設置の経緯、調査の成果及び調査に関わったメンバーなどについては、山根前掲論文に詳述されている。とくに調査の成果として「台湾私法」及び「清国行政法」についての高い評価がなされている。山根の論文によれば、終始『旧慣調査』に関わり、これを指導した岡松参太郎は『旧慣調査』の拠り所を文書資料に求めたということであり、山根もここに『旧慣調査』の史料的、学術的価値の高さを認めている。その後、岡松自身も文書資料のみではない調査研究「台湾蕃族慣習研究」の価値を認めるようになるが、山根もまた、法学者福島正夫と同じく、日本最初の総合的な人類学的調査としてこれを評価している。

（5）大正六（一九一七）年三月、『臨時台湾旧慣調査事業報告』、一二三～一二八頁参照。ただし、このリストの作成後にも『人種学的法学綱要』などの諸成果が刊行されている。

（6）井出季和太、前掲書、四一三頁参照。

（7）明治三六（一九〇三）年三月刊『臨時台湾旧慣調査会第一部　調査第一回報告書　上巻』、一頁参照。

（8）井出、前掲書、四一五頁。

（9）井出、前掲書、一二八頁。

（本稿作成には、中央研究院台湾史研究所鍾淑敏氏のご教示を得、また史料原文書の確認にあたっては元台湾省国史館文献館陳文添氏のご協力を得ました。謝して記します。なお本稿は『台湾総督府公文書目録』（第五巻、一九九八年、ゆまに書房）に掲載した大友昌子著「解説　清朝時代における台湾地方経済に関する調査報告書―『旧慣調査』前史として」を一部修正したものです。翻刻史料を参照するためには、前掲書の史料部分を閲覧願います。）

台湾総督府文書と日本語教育史研究

―「台湾教科用書国民読本」の編纂を例に―

酒井　恵美子

はじめに

台湾総督府文書や他の台湾の行政文書には日本語教育に関する史資料が数多く残っている。酒井（一九九八）において筆者は台湾総督府文書にある公学校用教科書の教科書検定の記録について解説しその重要性を指摘した。日本の研究でも台湾統治時代の行政文書を日本語教育、あるいは日本語教育史の解明に利用した研究も多くなっており、たとえば藤森（二〇一六）は地方の行政文書を精査し、今までほとんど研究されてこなかった国語講習所の成立とその拡大、人々への影響を明らかにした。このような日本語教育、日本語教育史に関係する記録はその他にも数多くあり、文献の性質上従来研究に使われていた資料の誤謬を正すことも可能である。たとえば、盲教育の基礎を築いたとされる町田則文の伝記である「町田則文先生伝」にある国語学校校長時代のいくつかの間違いを正すことなどである。台湾総督府文書の利用が容易になった現在さらなる活用が望まれるところである。

本稿は酒井（一九九八）の内容を踏まえて、さらに台湾総督府文書やその他の行政文書を利用して、日本語を母語としない学齢期の子供のために作られた最初の教科書である「台湾教科用書公学読本」「台湾教科用書国民読本」(1)の編纂過程の解明を試みるものである。まず、この教科書編纂の発端について述べ、編纂者たちとその役割、特に木村（一九七三）で不明だとされたまま実証的研究が難しかった山口喜一郎の渡台までの足取り、実像がつかめなかった杉山文悟の履歴、編纂者たちの役割などを明らかにする。また、最初の台湾の教科書検定となった『国民読本』の検定の概要について台湾総督府文書を史資料として考察する。(2)

一　『国民読本』編纂の発端

日本は台湾の統治をはじめてから三年後の明治三一年七月に台湾公学校令を発布し、台湾での本格的な公教育制度を開始した。その公学校で使用する教科書は台湾公学校令第二条及び第七条で次のように定められていた。

第二条　公学校ノ種別、編成、教則ハ台湾総督ノ定ムル所ニ依ル
第七条　公学校ノ教科用図書ハ台湾総督ノ検定ヲ経タルモノタルヘシ

公学校での教授内容、つまり教則は台湾総督が定め、その教科書は「台湾総督ノ検定ヲ経タル」ものとされている。内地の教科書は、その頃、検定制度をとっており、形の上ではこれに倣ったものと思われる。しかし、内地と同じくとはいっても台湾では内地と同じく各出版社が教科書を各種出版するというような状況ではなかったし、また、台湾での日本語教育は端緒についたばかりで成果を上げているとは言いがたく、出版社が発行する教科書を検定できるような状況になる可能性もなかった。そこで、それまで台湾での日本語教育を中心的に行ってきた台湾総督府学務部は母語を異にする児童に六年間通して使用できる教科書の編纂に着手するのである。そうして編纂されたのが、「台湾教科用書公学読本」改称後は「台湾教科用書国民読本」と呼ばれることになる台湾総督府の手になる初めての「国語」「読書」の教科書である。

渡台期には、台湾の日本語教育は訳読法で行われたことが知られている。日本語教育機関である国語伝習所では

当時土語と呼ばれていた台湾語を媒介語として対照させる一種対訳式の教授法を採っていた。そして、新たに発足した公学校でもその方法を踏襲していた。公学校規則では、「国語」及び「読書」に関し、その教授方法を「土語ト対照シテ其ノ意義ヲ会得セシメ」あるいは「土語ニ訳述セシメテ語句文章ノ解否ヲ検定シ」と土語を媒介することを明記している。

しかし、この教授法は満足できる成果を上げていなかった。「本島人ニ国語ヲ教授スル」ための方法を研究することを目的に設立された国語教授研究会でもしばしば指摘されていたし、後述する教科書検定を実施した公学校教科用図書審査会の一連の記録(3)では現場で指導に当たっていた前田孟雄もそれまでの教材について「採用スル当時既ニ有害ヲ知ルモノアリ今日ハ全ク有害ト認」めたとまで言っている。当時の教育現場でのこの問題の深刻さが窺える。

学務課ではこの事態に対し新たに有効な方法を求めた結果、明治三二年に国語学校教授の橋本武が紹介したゴアン氏言語教授法(4)に着目する。そして、国語学校第一附属学校で山口喜一郎・前田孟雄・鈴木金次郎に試験的に試させ、ゴアン氏言語教授法に切り替えることを決定する。(5)ゴアン氏言語教授法はフランス語教育の過程で案出された一種直接教授法でそれまでの対訳式教授法とはかなり異なっており、教科書を流用することはできない。できるだけ効率よく新しい教授法を導入するためにも公学校用の新しい国語教科書は欠かせなかったと思われる。こうして編纂に着手されたのが『国民読本』である。この教科書は台湾総督府による最初の公学校用の教科書で、明治三三年に巻一が「台湾公学読本巻一」として刊行され、その後、「台湾教科用書国民読本」と改称されて、明治三四年に巻一から巻六が、また、明治三五年に巻七、巻八、巻九、そして、明治三六年に巻十、巻十一、巻十二と、断続的に公刊されている。また、この教科書は「国民読本参照国語話方教材(6)」と対で使用されることになっているが、双方とも同時に出版されたものではない。おそらく教授法に苦慮する教育現場では出版されたものから順に臨機応変に使用するというような形をとったと思われる。内地での最初の『国定読本』[7]が明治三七年にいっせいに使用がはじまったことを考えると教科書不足に悩む当時の台湾の事情が窺える。

『国民読本』は、出版の完了した明治三六年公学校令規則中改正が行われ、第一一条公学校教科課程表中「読書」欄に配当され、すべての公学校での教科書、いわば国定教科書に準じるようなものとして位置することになるのである。この教科書は台湾総督府の第Ⅱ期の読本といえる「公学校用国民読本」が明治四五年に出版開始となるまで約一〇年間使用された。

二『国民読本』の編纂者とその役割

さて、学務部には新しい『国民読本』の編纂にあたってもう一つの問題があった。それはいくつかの会話教材をはじめとする教科書編纂の経験はあるが、まだ、六年間の長きにわたる統一された教科書を編纂した経験がなかったことである。内地では言語的にもまだ標準語成立には到っていない時期である。教科書検定制度のもと、教材や表現に関する様々な問題が生じていた時期[8]でもあった。教科書編纂には専門的な熟練を要した。そこで学務課としては従来のスタッフや日本語教育担当者ではない内地の国語読本の編纂に詳しい人材が必要となったと思われる。そのため内地から二人の教科書編纂に詳しい人材を召喚することになる。これが民政部学務課編書事務嘱託の大矢透と杉山文悟である。明治三一年『台湾総督府事務成蹟提要』には「公学読本一、同掛図一ハ大矢透、杉山文悟ヲシテ担当セシメタリ」と記されている。ここでいう「公学読本一」とは先に記したように「台湾教科用書公学読本

巻一」のことである。この決定に基づく人事が四五五－三四文書にある。この一件書類を以下に示す。(9)

四五五－三四

［A文書］

民政部学務課編書事務嘱託月手当金九十円
新潟県平民　大矢　透
民政部学務課編書事務嘱託月手当金七十円
埼玉県平民　杉山文悟
右ハ本課編纂事務嘱託欠員ニ候処学識経歴共ニ当器之者ト認メ候ニ付来ル四月一日現住地発提之日取ヲ以テ仰
召喚之上頭書之通被命度履歴書相添此段内申候也
追テ杉山文悟ハ埼玉県視学ニ奉職置在候処項日辞職シタル趣ニ付召喚状ハ東京市小補(石)川区久堅町七十四
番地当ニテ御発送相成度候
明治三十二年三月六日
学務課長　児玉喜八　朱印（台湾総督府民政部学務課長之印）
民政長官代理　石塚英蔵殿

（台湾総督府用一一行×2朱罫用紙一枚に墨筆）

［B文書］

受信人　秘書官
発信人　埼玉県知事
発局　浦和局　三月十四日　午後四時五十分
着局　午前一時四十分
消印　総督府電信取扱所卅二年三月十五日
スギヤマキタアダチグンシカタカワ《キタアダチグンシガクカンか?》イフツゴウナキモイマダカイニンニイタラズ

（和紙一枚に墨筆）

［C文書］

御　届

御喚出ニ拠リ本日到着致候間此段御届申上候也
明治三十二年四月八日
大矢　透　朱印（透）
台湾総督府秘書官殿

［D文書］

御　届

御喚出ニ拠リ本日到着致候間此段御届申上候也

明治三十二年四月八日

杉山　文悟　朱印（文悟）

台湾総督府秘書官殿

（和紙一枚に墨筆）

〔E文書〕

秘甲第三六七号　明治　年　月　日受　明治　年　月　日決裁

明治　年　月　日立案　明治　年　月　日施行　主任

人事課長　朱印（大島）

総督　委任

民政長官　朱印（石塚）

文官普通試験委員長

文官普通試験委員　朱印（大島）（湯目）

詞《ママ》令案

大矢　透

民政部学務課編書事務ヲ嘱託ス

為手当一ヶ月九十円ヲ給ス

杉山　文悟

民政部学務課編書事務ヲ嘱託ス
　為手当一ヶ月七十円ヲ給ス
　　辞令四月八日付

「第　号　三月卅一日　朱印（□□不明）」
　　召喚案
当府へ採用相成ルベキニ付四月一日其地出発出向セラルヘシ
　　　　　　　　　　　　　　　　　　　　　　　秘書官
　東京麻布区飯倉狸穴町五十八番地
　　　　　　　　　　　　　　　　大矢　透　朱印（透）
　東京小石川区久里町七十四番地
　　　　　　　　　　　　　　　　杉山　文悟　朱印（文悟）

「秘甲第三六七号　三月三十一日　朱印（□□不明）」
　　照会案（電報）
元北足立郡視学杉山文悟在務中右命令ナキヤ

（台湾総督府用一三行×2朱罫紙二枚に墨筆）

秘書官

埼玉県知事宛

A文書によると「民政部学務課編書事務嘱托」として「学務課編纂事務嘱託員」に欠員が出来たため、明治三二年四月一日付で大矢透と杉山文悟を召喚するための内申が明治三二年三月六日に出されていることがわかる。この内申に基づいた伺令案はE文書にある。まず、伺令案が作成され、三月三一日付の召喚案が作成されている。内容は内申と一致している。そして、杉山文悟はこのとき埼玉県北足立郡視学だったので、埼玉県知事への照会案が末尾にある。そして、その返信がB文書の電報である。やや起こした文字にあいまいなところがあるが、内容は杉山文悟の解任に問題はないが、まだ、解任していないというものである。ここは後述する杉山文悟の履歴書とは若干の日付のずれがあるが、大きくは異なっていない。二人は台湾総督府からの召喚に応じて明治三二年四月一日台湾に向かい同八日台湾に着き、辞令を受け取っている。その到着の届けがC文書とD文書である。

以上が、『国民読本』の編纂者となる大矢透と杉山文悟の台湾総督府文書に記されている台湾召喚に関する一件書類である。日付等から見ると滞りなく手続きが進められたことがわかるが、A文書「履歴書相添此段内申候也」とされている履歴書はここには綴られていない。では、二人はどのような人物であったのだろうか。

大矢透は後に「標準語」の成立にも大きな影響力を持った国語調査委員会に補助委員、委員として加わり、後にはかな研究に専心した国語学者として著名な人物である。彼自身の手になる伝記である大矢（一九二八）も残されており、渡台までの履歴がある程度わかる。それによると、大矢は新潟出身、当時五〇才、勤務していた文部省編輯局を非職となり、この間携わった教科書編纂の経験を生かして大日本図書で教科書編纂に携わっていた。教科書では明治二二年「小学読本」、同二六年「大東読本全四巻」、同二八年「大東商工読本全四巻」を執筆したことが記されている。この他にも明治二四年に「わづかのこらへ」と題する児童向けの読み物を普通体に近い文体で執筆している。まさしく当時学務部で求めていた人材として適任であった。

また、大矢は伊沢修二とも交流があった。明治一九年友人を介して知り合った伊沢修二との縁で文部省雇編修局詰となったこと、同職を非職となった時に同じく伊沢との関係で大日本図書で教科書編纂に携わることになったことが記されており、彼がこの時期に大日本図書で編纂した『大東読本』『大東商工読本』は伊沢修二の校閲である。教科書編纂でも字音研究でも、専門書であるが、明治二七年出版された『日清字音鑑』は伊沢修二との共著である。二人は密接な関係にあったと言えよう。はたして台湾行きの経緯に伊沢がどのくらい関与していたかはふれられていないが、「文部省在職中及びその以後に於ても、伊沢修二氏には一方ならぬ好意をうけた」とあることから彼の渡台に伊沢がなんらかの関係があったのは間違いないであろう。

大矢は明治三四年八月にご用済み解雇となり帰国する。これは『国民読本』の図書審査が巻八まで終わった時期で、大矢は編纂途中で内地に帰ったことになる。『審査記録』の中の委員会の議事録が巻八で終わり、後は審査済み稿本と回覧稿本が添付されるだけになるのは、大矢の帰国と関係があるのだろうか。または、巻八で編纂業務が一段落したと言うことなのであろうか。とにかく大矢は内地に帰り、国語調査委員会に携わるなど以後教育畑を離れて言語研究に邁進するのである。

一方、杉山文悟は当時埼玉県北足立郡視学をしており、それを辞しての渡台であったことが文書からわかる。杉山文悟の履歴書はここにはないが、「大正二年永久保存進退第一二巻甲」の二二〇二一五〇に残されている。以下杉山の履歴書より台湾に来るまでの足取りを抜粋しまとめる。

万延一年（一八六〇）五月　埼玉県比企郡にて出生。
明治八年（一八七五）一〇月　椙山小学校卒業
明治九年（一八七六）一二月　熊谷学校三等授業生
明治一〇年（一八七七）二月　同依願解任
　　　　　　　　　　　一〇月　埼玉県初等師範学校初等師範学科卒業
　　　　　　　　　　　一二月　任椙山小学校五級訓導補
明治一二年（一八七九）同依願解任
明治一五年（一八八二）一〇月　埼玉県師範学校中学師範学科卒業
　　　　　　　　　　　一二月　任児玉中学校助教補
明治一九年（一八八六）四月　廃校のため同解職
　　　　　　　　　　　七月　東京開拓社にて書籍編纂に従事
明治二九年（一八九六）三月　大日本図書嘱託として編修に従事

以上が杉山の渡台前の履歴である。杉山は埼玉県の郡部に生まれて一五歳で小学校を卒業、最初は正規の資格を持たない授業生からのスタートであった。その後、埼玉県の初等師範学校へ進学し、訓導補になるが、職に就く時期と就学の時期が交互するなど、大変な努力を重ねたようである。転機は明治一九年、二六歳の時である。勤務校が廃校のため解職になると教師を辞め埼玉を出て、東京の開発社で「教育時論」の編輯に携わる。「教育時論」は教育振興団体である開発社より明治一八年から昭和六年まで発行された教育雑誌である。履歴には挙げなかったが、仕事をしながら、一方で物理学や英語を学んでいる。実はこの時期ゴアン式教授方案を翻訳した橋本武も開発社で教科書の編纂に従事していた。杉山は教科書や教育書籍の編纂にも関与し、一八九一年に「国史通釈」「小学幾何初歩」などの編纂に携わっている。また「幼年宝玉」という児童向けの読み物を執筆している。擬古文や口語体に近い文体などを書き分けたこの読み物を見ると、教科書執筆には必須の才能を備えていたと考えられる。

明治二九年、杉山は大矢透が教科書編纂をしていた大日本図書の嘱託となり編修に従事する。おそらく東京で橋本武や大矢透とも面識を持ったであろうし、明治二九年に橋本武が一足先に植民地台湾へ発ったことも知っていたであろう。そして、渡台前の最後の履歴は埼玉県の視学で、三五円の賞与を得て辞職している。視学は教育を目指す者にとっては目標ともなる高い地位であるが、努力しながら、ステップアップしてきた杉山は植民地での新しい教科書の編纂という仕事を選択したのである。また、台湾での月俸は七〇円である。『坊っちゃん』の主人公の中学校教師は帝大出で八〇円であった当時を考えると埼玉の師範学校卒の杉山には高給であったであろう。こんなこともこの選択の理由ではなかっただろうか。

杉山は大矢と異なり『国民読本』刊行後も台湾に残り「台湾教育会」に書記として関わり、「台湾史談」などを発表するなど同会と深く関わり、台湾教育界に影響を与えた。「台湾教育会雑誌」に明治三八年七月一七日付で帰国挨拶の広告も出している。(10) 編修事務嘱託解託は「明治三八年永久保存進退第八巻」一一二七—七文書にある。辞令は同年八月三日である。彼は帰国後も二回嘱託を引き受けている。(11) どちらも台湾総督府編纂の第Ⅱ期「公学校用国民読本」に関するもので、東京在勤で事務をこなした。帰国後一〇年近く経ってからの嘱託の依頼は彼の人望と人柄をよく表していると言えよう。

以上に内地より召喚された二人の履歴について見てきた。『国民読本』は明治三二年四月より大矢透、杉山文悟の二人により執筆が始まったことは確実であると思われる。『審査記録』によれば、編纂主任は大矢透である。年齢的にも経験的にも妥当である。彼は番外として後述する公学校教科用図書審査会に出席し、教科書の内容について説明し、質問に答えている。訂正等の必要がある場合委員会は彼に委任している。彼は編纂主任として実質的にも全体を統括していたことが見てとれる。

さて、この二人は内地の教育事情には詳しかったが、台湾での教科書編纂にはそれだけでは不十分であった。台湾での日本語教育についてはあまり知識がなかった。まして、ゴアン氏言語教授法については未知の部分が多く、この方面に詳しい現場の教員の意見が欠かせなかったであろう。編纂を開始した半年後の同年一〇月三一日より国語学校教諭山口喜一郎が新たに学務課の編纂事務を嘱託されていることはその点で注目しなければならない。その辞令は四六八一四六文書にあり、次のような内容である。

四六八－四六

明治卅二年十月三十日立案　明治卅二年十月卅一日施行　　主任

総督　委任

民政長官　花押（石塚）

詞令案

台湾総督府国語学校教諭山口喜一郎

民政部編纂事務ヲ嘱託ス
民政部学務課勤務ヲ命ス

先の大矢・杉山の場合は「民政部編書事務嘱託」で、山口は「民政部編纂事務嘱託」である。その仕事内容には隔たりがあったかもしれないが、山口は後に述べる図書審査会でも委員以外の「番外」として大矢・杉山と同席している。『国民読本』編纂に何らかの関係があったことは確実と思われる。後に山口は朝鮮へ渡り、台湾と朝鮮と日本の二つの植民地で日本語教育を実践し、『日本語教授法概説』などを著す戦前の代表的な日本語教育者である。第二回国語講習員として渡台した山口は当時二八才、三人の中で最も年若い。三校あった国語学校附属学校のひとつ第一附属学校の教諭であった。この第一附属学校は台北城外の艋舺にあり、後述の図書審査会の委員の前田孟雄、鈴木金次郎も勤務していた。前述の新しく導入するゴアン氏言語教授法の実験を行った学校で、山口も参加し積極的に発言していた。

では、山口の履歴書から、余り知られていない渡台までの時期[12]について追ってみよう。以下、明治三〇年の一九八-四文書「平井又八外四四名教員嘱託ノ件」の内申に鈴木金次郎の履歴書とともに山口の履歴書は添付されている。

明治五年（一八七二）四月　石川県輪島町にて出生
明治一五年（一八八二）一二月　小学五年後期修了
明治一六年（一八八三）一月　輪島小学師範学校に入学、廃校のため金沢小学師範学校に転校

明治二〇年（一八八七）三月　同校を卒業し、小学校教員地方免許状を取得
　　　　　任石川県輪島小学校授業生
　　　四月　任石川県河井小学校訓導
　　　五月　河井小学校訓導を依願免本官
　　　　　石川県尋常師範学校入学
明治二二年（一八八九）三月　石川県尋常師範学校修了
　　　四月　任石川県鳳至小学校助手
明治二三年（一八九〇）四月　任石川県輪島小学校訓導兼任石川県鳳至小学校訓導
明治二四年（一八九一）六月　石川県輪島小学校訓導・石川県鳳至小学校訓導依願免本官
　　　七月　東京市私立岡村尋常高等小学校訓導
明治二五年（一八九二）七月　任東京市番町尋常高等小学校尋常科訓導
明治二九年（一八九六）二月　東京府教員甲種検定試験合格

山口は石川県輪島生まれ、小学校卒業後教職を目指して、輪島小学師範学校に入学、廃校になると金沢の小学師範学校で学ぶ。卒業後は小学校教員地方免許状をとり、輪島に戻り小学校に勤務する。が、それだけでは飽き足らず、今度は県の尋常師範学校(13)に入り、検定試験で免許状を取得する。彼もまたチャンスを求めてステップアップしていくことを目指していたようだ。一九歳の時に東京へ行くことを決心すると東京で小学校の教員をしながら東京物理学校(14)などで学び、明治二九年二月二四歳で、東京府教員甲種検定試験に合格する。五年の歳月をかけ、やっと

小学校本科正教員の資格を有したのである。当時地方の師範学校を出た教師が甲種検定試験に合格することは長い年月と研鑽を要した。東京師範学校中学師範科を二年半で明治一一年に卒業した町田則文は茨城師範学校の二等予科教師となり、次の年には一等予科教師となっている。月俸は三〇円である。大変な努力をしてこつこつと上を目指して来た山口は東京でこのような現実を目の当たりにし、達成感と同時に焦燥感を感じたとしても不思議ではない。そんな中、彼は台湾に新たな活躍のチャンスを見出していくのである。新天地には彼の活躍の場を広げる可能性が広がっていた。明治二九年一二月に渡台し、半年足らずの間に彼は国語学校の教諭となり、月俸四二円を得ることになる。履歴書に書かれた日本での最後の給与は一四円であった。

以上が『国民読本』の編纂に携わった三人の履歴である。日本での経験を生かし、さらに活躍する場を求めて彼らは台湾にやってきたのである。では『国民読本』を実際に執筆したのは誰だったのか。大矢（一九二八）の年譜には明治三四年に『国民読本』巻三を刊行したことが記されている。他の巻については何も言及がないなか、特別に記述されていることを考えると、この巻については大矢の執筆になるものと考えてよいであろう。では、その他の巻を直接執筆したのは誰だったのか。私は杉山の可能性が高いと考えている。理由の一つは彼の経歴である。山口は日本でも台湾でも教員として教壇にずっと立って来た。それに対し、杉山は教壇に立つことをやめ、書籍の執筆と編集に活路を見出した。教科書の編纂に携わる一方、児童向けの読み物を文体を書き分けて執筆してきた。教科書執筆では彼は山口よりも多くの経験があるだけでなく、才能もあったとみるべきであろう。短い時間で教科書を出版しなければならない台湾の事情を考えると杉山が大矢と協力して執筆したと考えるのが妥当である。

では、山口はどのような役割を果たしたのか。『国民読本』巻一一の『審査記録』である七六二—一六文書には山口がこの教科書に果たした役割を表している文書が残っている。それは執筆者の杉山を「貴兄」と称し、山口が杉山の執筆部分に対する意見を綴ったものである。書式は小川尚義が意見の述べた書式に近い。[15]この文書は内容から考えて巻一二に関するもので、本来は巻一一の『審査記録』である七六二一―一六ではなく次の七六二一―一七文書に綴られるべきものを誤綴したものである。なぜ誤綴したのか[16]、編纂者が他の編纂者に宛てた意見が『審査記録』になぜ挟み込まれたのか、意見の内容から編纂途中おそらく初稿を出した後くらいの時期に寄せられたものであることがわかるが[17]、本来は編纂者間でこの調整を終えてから、図書審査会に諮るべきものではないのかなど、その経緯には疑問が残る。しかし、ここに記載されている意見自体は大変興味深い。

たとえば、巻一二第五課「我が国の気候」について山口は「‥‥雪の有無を引用して寒暑の差をのべられたがこれはむしろ衣服の厚さ薄さで理解させた方よからん、‥‥」という意見を述べている。この課は「我国ノ気候」として南北に長い多彩な日本の気候の利点を述べ、さらに酷暑酷寒の地もある海外の例と比べて日本の気候の穏やかさを認識させることを目的に書かれたものである。元の文が残されていないので、推測ではあるが、元の文には寒いところは雪が降り、暑いところは降らないというような記述があったのではないかと推測される。山口は内地ではすんなりと理解されるであろうこのステレオタイプの記述が雪を知らない台湾の子供には理解しがたく、台湾でも例のある衣服の厚さ薄さを記述して違いを認識させた方がいいと指摘したのである。刊行された『国民読本』では、衣服の厚さが採用されることはなかったが、「北海道ワ、毎年十月ノ末カラ、雪ガ降リ出シテ、翌年ノ四月頃マデ、キエナイクライデアルガ、台湾デワ、ゴク寒イトキサエ、雪ワ、高山ノ頂エツモルバカリデ、平地へ降ルコトワナイ。」のように台湾の事例も入れながらかなり丁寧に説明をしている。内地児童向けに執筆をしていた者にとっては頭の中では台湾は雪が降らないと理解できていてもそれが児童にどのように理解されるかは判断できない部分がある。山口のこのような指摘は、内地と台湾の彼我の差を埋めるものとして役立ったに違いない。山口は台湾での日本語教育関係者として二人の『国民読本』編纂を補う関係にあったのではないかと思われるのである。

三　『台湾教科用書公学読本』巻一の出版と同書の改称

このようにして始まった『国民読本』の編纂はその初巻を『公学読本』巻一として明治三三年三月に出版する。同年、同書の掛図と同書の使用に先んじて会話教材として使用される「国語読本参照国語話方教材巻一」[18]も出版され、巻一の教材はこれで出そろったことになる。更に対訳法からゴアン式への移行を円滑に行うために「ゴアン氏言語教授方案」及び「台湾公学校国語教授要旨」が出版されている。[19]新しく導入した教授方法に対し周知徹底する必要と、新しい教授法に不慣れな現場からの要請で五〇〇部が印刷され配布されたということである。[20]さて、着手一年あまりで出版された「台湾教科用書公学読本」巻一であるが、出版後時を経ずして『台湾教科用書国民読本』と改称されることになる。この改称に関する文書が五三九―八文書である。

五三九―八

［欄外付箋］台湾公学校読本改称ノ件

民学第　二二〇号　　明治　年　月　日受領　局長附書記

学第一三三九号　明治三三年　七月十四日決済

第　　号　明治　年　月　日発送

明治三十三年　七月十三日立案　主任　朱印（沢登）

学務課長　朱印（木村匡）　朱印（小川）

民政削[局]長官　花押（後藤新平）

総督　花押（児玉源太郎）

台湾公学読本改称ノ件

民政部学務課ニ於テ従来公学校教科書トシテ読本ノ編纂ニ従事シ該読本第一巻ハ既ニ刊行相成居候処公学読本ノ名称不適当ト認メ候ニ付訂[台湾]（台湾教科用書）国民読本ト改称相成可然仰高批

一　第一巻ハ印刷出来ノモノニ限リ標題ヲ別紙ニ印刷シテ貼付セシ訂[ムルコト第一巻　二]（メ）次ノ印刷ヨリ本文ノニ依リ標題ヲ改ムルコト

二　第二巻訂[ヨリ]（ハ直ニ）本文ノ旨趣ニ依リ標題ヲ改訂[ムル]（メ印刷ニ付スル）コト

上記の文書では現在印刷済みのものについては新しい書名を印刷した紙を貼付することや第二巻からは標題を変えて印刷することなどが細かく指示されているが、ほとんど出版されたばかりといえる『公学読本』の異例の改称の理由については「名称不適当」としか書かれていない。

この事情について説明されている部分が第四回目の図書審査会の『審査記録』の中にある。先の第二回第三回に欠席だった前田孟雄はこの二回の委員会で当然説明されたものとして、「拙者ノ不在中ニ何回カ審査会ガ開カレシカ尚公学読本ノ国民読本ト改メラレシハ何カ理由アリシカ」と改称の事情について説明を求めた。これに対して木村匡図書審査委員長は次のように答えている。

公学読本ノ国民読本ト改称セラレシハ公学ノ意義如何ナルカ解シ難キニ由ル、偖、予テヨリ公学校ノ名称ノ奇異ナルニ依リ国民学校ト改称セントセシガ公学校令ヲ発布シテ日、猶、浅キニ之ガ名ヲ改ムルハ事実、甚、困難ニ属スルヲ以テ暫ク時ノ至ルヲ待チ茲ニ末、行ハレザル公学読本ノ国民読本ト改称スルハ事誠ニ容易ニシテ且、之ガ亦公学校ノ名称ヲ改ムルヲ得ルノ準備トモナラントイフニ在リ尤、此ハ拙者一個ノ意見ニ非ズ民政長官ノ話ニ出ヅ

木村は、台湾の「公学校」という名称自体にもともと問題があり、国民学校と改称したかったが、「公学校」の名称変更は公学校令を出したばかりで時期的に無理であるので、変更の容易な読本の方の名称変更を行い、公学校の名称変更に先鞭をつけたかったとその理由を説明している。しかし、国民学校への名称変更は昭和一六年の国民学校令まで議論があった形跡がない。この名称変更自体は学務課長でもある木村匡がわざわざ自分の意見ではなく「民政長官ノ話」(21)とことわっているところを見ると、どうも全体で議論されたものではなく民政長官をはじめとする少数で決定されたもののようである。それにしても国民学校への改称はただ名称の変更にとどまらず、「国民性の涵養」を重視するといった台湾の公教育制度に大きな改変をもたらすことになるかもしれない考え方を包摂している。こうした大きな議論が教科書の実験や編纂に関係のある前田孟雄のような図書審査委員も全く知らなかったのは奇異な感じがする。読本の名称の改称について編纂を行っている当事者や審査委員たちが全く知らないうちに総督府内部でさえ十分な意見の一致を見ないまま決定されたということなのであろうか。

四　公学校教科用図書審査会

先に台湾では内地と同じく教科書検定制度を布いたことについて述べたが、台湾での教科書検定制度は公学校に関する限り内地の小学校と少し異なる。公学校令では教則は台湾総督が決め、使用する教科書は公学校規則の公学校教科課程表に配当されている。実際同規則制定当時「国語作文」「読書」の欄には「小学読本」「会話国語読本初歩」などの教科書が配当されている。そして、総督府編纂の『国民読本』や「台湾教科用書国民習字帖」が完成すると同規則の改正が行われ、この二つの教科書が配当されている。このような状況を見ると公学校で使用するに適当な教科書がある場合は国定教科書のようにすべての公学校での使用を前提とし、そのような教科書がない場合においてのみ検定制を取るという方針があったのではないかと思われる。

内地でも明治三〇年に小学校読本と修身教科書の国費編纂を決定するなど小学校教科書の国定化に向けて動いていた時期であった。内地では小学校教科書を各出版社が独自に出版してきた経緯があり、教科書の国定化のため小学校図書審査会が廃止されるには明治三四年を待たなければならなかった。しかし、台湾で検定制を布きつつ公学校規則で使用教科書を定めるというようなことが可能であったのである。発足間もない公学校を総督府が掌握していたことと、未だ使用教科書で教科書出版社が競合するような状態になく、学務課編纂の教科書類に頼るというような台湾独自の事情がその理由であったと思われる。としても、検定制を布きながらその教科書の審査機関である公学校用図書審査規程が発布されたのは明治三三年七月四日、公学校令制定後すでに二年たっていた。学務課長の木村匡は内地で教科書行政に携わっていた人物であり、梶山（一九八八）には木村が教科書の国定化に向けて動いていた経緯が記されている。木村匡のような内地の文部省の官僚が学務課にいながら、ただ、二年にわたって図書審査委員会の設立を失念していただけとは考えがたい。既に審査を経ることなく『公学読本』巻一は出版されていたからだ。では、総督府は教科書検定についてどのように考えていたのだろうか。

この時期に台湾で公学校用図書審査規程が発布された経緯については、明治三四年「台湾総督府事務成蹟提要」に垣間見ることが出来る。同書学務課の項には「七月図書ノ編纂著訳ヲ完全ナラシメンカ為公学校教科図書審査規程ヲ制定シテ審査委員ヲ置キ」とある。また、これを反映して同規程第一条には「審査委員ハ民政部ニ於テ編纂シタル公学校教科用図書ニ付意見ヲ述ブルモノトス」とあり、審査の対象を民政部編纂の図書と限定している。「事務成蹟提要」及び同規程のこのような記載は図書審査会が公学校用教科書の適否を審査するためというよりも、使用する教科書編纂という学務課の業務を完全に行うために設けられたこと、そしておそらく当時編纂途中であった『国民読本』及び「台湾教科用書国民習字帳」がとりあえずは念頭にあったであろうことを示している。学務課でのこれら教科書を編纂する過程で図書審査の切実な必要性がはじめて認識され、図書審査会の発足に至ったというのが可能性として最も高いのではないだろうか。そのため、比較的問題となる事項の少ない一年生用の『国民読本』巻一が審査を経ることなく出版されるということがおこったのだし、また、規程発布後五日目に『国民読本』の審査がはじまるという慌ただしい出発となったのだと思われる(22)。

さて、公学校教科用図書審査規程発布を受けて翌五日には国語学校教授小川尚義・同橋本武・同小室龍之介・台北師範学校教授鈴江団吉・国語学校第一附属学校教諭前田孟雄・同鈴木金次郎の六名が委員として任命されている(23)。委員長は規程により学務課長木村匡である。

第一回の審査会はその四日後の七月九日である。このとき審査の対象となったのは『国民読本』巻二であるが、教科書名改称は七月一四日であるからまだ『公学読本』巻二と呼ばれていた。これを皮切りに『国民読本』の審査は明治三五年一二月まで二年半にわたる審査が行われることになる。

五 『国民読本』の図書審査記録

『国民読本』はそれまでの教科書の中でも異例の教科書である。まず、使用年限が六年と長い点、外地でゴアン氏言語教授法という直接法で母語を異にする児童に教える教科書であるという点、表音式の仮名表記を採用したという点、また、土語読方という仮名表記による台湾語の記載があるという点などである。巻一の初出が「ハナ・ハト」のような単語ではなく文であることも戦前の教科書としては珍しい。審査会でも各事項を易しいものから難しいものへ構成されていることや文化的に異なる背景を持つ児童のために客観的な観察可能の事象から入ること、児童の思想に違和感のないこと、台湾の風俗に関するものを採用することなどの工夫が語られている。そうしてなおかつ本土との一体感や好印象を持たせ、国民としての国家意識を植え付けるための配慮も必要であった。編纂に携わった人々がどのようにして『国民読本』を編纂したかについては教育史ばかりでなく植民地統治の側面からもまた、内地の『国定読本』に先んずるものとして教科書史、国語史からも興味深いものがある。

『国民読本』の『審査記録』は総督府文書五三九ー七、五三九ー九、六五七ー一三、六五七ー一四、六五七ー一五、六五七ー一六、六五七ー一七、七六二ー一六、七六二ー一七、七六二ー一八の各文書で報告されている。巻二から巻八までは審議録の形式で各委員の意見や訂正の経緯を記したものと審査済謄本（未綴）を中心に構成されており、それ以降のものについては各委員の意見を記した初稿本や再稿本等をそのまま添付するという形で残されている。初稿本から再稿本、定稿本に至る過程や当時の台湾で実際に教育の現場にあった各委員の意見やそのやりとりがよくわかる貴重な資料である。

図書審査会の報告がこのような二つの形式での『審査記録』となったのは教科書についての審査委員の意見を総督に報告することが図書審査会の目的であるとしながら、学務課のねらいは前述のように「図書ノ編纂著訳ヲ完全ナラシメン」ことにあり、訂正意見を吟味して教科書の定稿本を作ることにあったため、比較的委員の意見の調整のはかりやすい低学年使用のものについては定稿本を作り、調整の難航した高学年用のものについては初稿本、再稿本、定稿本のように意見を重ねては行くが、調整しきれない場合はこのような体裁で報告することになったものと思われる。最終的な決断は総督がすることになっていた。

六 『国民読本』図書審査のあらまし

さて、巻二から巻八については図書審査会の開催に従った議事録が作成されている。それにより期日や出席者についても詳細にわかる。次に掲げる表はその一覧である。委員以外に番外とされている『国民読本』の編纂者も記載した。第一から八回までは出席者に番外の記載がないので番外の出席者については『審査記録』に意見の記述があるものを挙げた。第三回の委員会は番外の記載がないが、実際にいなかったかどうかは不明である。

第七回と第八回は委員長が不在で行われ、小川が出席者の同意を得て、四回から出席している田中敬一が議事進行を行っている。木村は最初の二、三回は演説をしたり、質問に答えたりしていたが、基本的には議事進行のみであった。「公学校用漢文読本」の図書審査会で重要なメンバーが欠席をしている場合、審査を行わないまま散会しているので、委員長の不在は特に議事に支障がなかったのであろう。次の委員長の松岡弁は議事録からは議事進行もしていたようには見えない。開会や閉会の宣言を番外である杉山が行ったりしているのは異例である。第一四回からは委員長の松岡も不在となり、後を学務課長代理であった佐藤弘毅が引き継いでいる。彼は明治三四年二月に学務課の事務嘱託として月俸一三〇円で採用され、四月から審査委員に任命されている。[24] 内地では明治三〇年に設立された兵庫県龍野尋常中学校の校長であった。教育畑の人材であったので、多少意見は述べているが、議事の進行にとどまっている。図書審査会は基本的には委員長以外の委員の手によって実際の審議がされていたのである(表)。

表　═は図書審査委員長、―は図書審査委員、無印は番外

回	日時	審査箇所	出席者
1	明治三三年七月九日午前九時～	巻二	木村匡・小川尚義・橋本武・鈴江団吉・前田孟雄・鈴木金次郎・大矢透・山口喜一郎
2	明治三三年七月一〇日午後九時～一一時五〇分	巻二	木村匡・小川尚義・橋本武・鈴江団吉・鈴木金次郎・大矢透・山口喜一郎
3	明治三三年七月一八日午後一時～二時三五分	巻二	木村匡・小川尚義・鈴江団吉・鈴木金次郎
4	明治三三年九月二一日午後一時～五時	読本全体について	木村匡・田中敬一・小川尚義・橋本武・鈴江団吉・前田孟雄・鈴木金次郎・大矢透・山口喜一郎
5	明治三三年一〇月二〇日午後一時～四時	巻三	木村匡・田中敬一・小川尚義・橋本武・鈴江団吉・前田孟雄・鈴木金次郎・大矢透・山口喜一郎

6	明治三三年一〇月三〇日午後三時～一一時	巻四	木村匡・小川尚義・鈴江団吉・前田孟雄・鈴木金次郎・大矢透・杉山文悟・山口喜一郎
7	明治三三年一一月二八日午後四時～六時	巻五	田中敬一・小川尚義・橋本武・鈴江団吉・前田孟雄・鈴木金次郎・大矢透・杉山文悟・山口喜一郎
8	明治三三年一一月二九日午後八時～一一時	巻五	田中敬一・小川尚義・橋本武・鈴江団吉・前田孟雄・鈴木金次郎・大矢透・杉山文悟・山口喜一郎
9	明治三四年四月一三日午後一時～五時三〇分	巻六	松岡弁・田中敬一・小川尚義・橋本武・前田孟雄・鈴木金次郎・杉山文悟・山口喜一郎
10	明治三四年四月一六日午後二時～五時三〇分	巻六	松岡弁・田中敬一・小川尚義・佐藤弘毅・橋本武・鈴江団吉・前田孟雄・鈴木金次郎・杉山文悟・山口喜一郎
11	明治三四年四月二二日午後二時～五時三〇分	巻六	松岡弁・田中敬一・佐藤弘毅・鈴江団吉・前田孟雄・鈴木金次郎・杉山文悟・山口喜一郎
12	明治三四年五月二二日午後一時～五時	巻七	松岡弁・小川尚義・佐藤弘毅・鈴江団吉・前田孟雄・鈴木金次郎・杉山文悟
13	明治三四年五月二四日午後一時～五時	巻七	松岡弁・小川尚義・鈴江団吉・前田孟雄・鈴木金次郎・杉山文悟・山口喜一郎
14	明治三四年五月二八日午後一時～五時	巻七	小川尚義・佐藤弘毅・橋本武・鈴江団吉・前田孟雄・鈴木金次郎・杉山文悟・山口喜一郎
15	明治三四年七月二六日午後八時～五時	巻八	田中敬一・小川尚義・佐藤弘毅・前田孟雄・鈴木金次郎・杉山文悟・山口喜一郎
16	明治三四年七月二九日午前八時～	巻八	田中敬一・小川尚義・佐藤弘毅・前田孟雄・鈴木金次郎・杉山文悟・山口喜一郎

17	明治三四年八月二三日 午後一時～	巻八	小川尚義・佐藤弘毅・前田孟雄・鈴木金次郎・杉山文悟

委員はいずれも国語学校・師範学校の関係者で巻一の編纂時に決定したと思われる仮名遣いや応用、土語読方の設定の意義などについてはすでに周知のようで話し合われていない。各課毎に文章表現の適正さ、教材選択の意図、教材の科学的根拠、あるいは台湾の児童に教える教材として適切かどうかなどが非常に細かく検討されている。中でも天皇や日本の歴史をどのような立場から記述すべきか、また内地と外地の一体感をどのように表現するか、日本の社会制度・文化・風俗等の優位性と台湾の後進性をどう印象づけるかなどが話し合われていることは統治政策とも絡む重要な審査事項であった。表向きは外部には出さない本音の部分も窺い知ることが出来る。[25]

おわりに

以上、台湾総督府文書を資料として、『国民読本』の編纂についてその過程を明らかにした。従来『国民読本』についてゴアン氏言語教授法を取り入れた教科書として教材研究は行われてきたが、編纂の経緯や編纂者についてもよくわかっていなかった。特に杉山文悟についてはその人物像がよくわからなかった。また、『国民読本』の図書審査については、それ自体が行われたことさえあまり注目されてこなかった。図書審査会の資料は日本内地での教科書検定の議事録が残されていないなか、その空白を埋める要素も持っている。また、従来個人の伝記などからは窺い知ることが出来ない編纂者の関係や教育振興団体と言われている開拓社、教科書出版を手がける大日本図書、あるいは帰国した伊沢修二との関係も浮かび上がってきた。総督府文書を利用した新たな研究を期待するところである。

註

（1）『台湾教科用書公学読本』及び改称後の『台湾教科用書国民読本』を以下『国民読本』と略記する。
（2）以下、本稿は一部文字化した文書資料を使用したが、用字法、分かち書きなどは現在常用のものに改めた。原文の加筆、訂正についてはその都度述べることにする。
（3）酒井（一九九八）「『国民読本』編纂に関する史料」参照。以下公学校教科用図書審査会『審査記録』と略記する。
（4）現在はグアン氏と表記されることが多いが、この時期台湾総督府文書などではゴアン氏と表記されているので本稿ではそれに従った。
（5）『台湾教育沿革誌』二五六頁。
（6）直説法であるゴアン式教授法では各課の読本を使用する前に会話で読本の内容を周知徹底することを必要としている。そのため、巻六までは読本の内容に即した話方教材が作成された。
（7）明治三六年より始まった教科書の国定制による第一期から第六期までの本土の国語科教科書を以後『国定読本』と呼ぶ。
（8）中村（一九九二）等参照。
（9）以下、原文書の文中にある加筆は補［ ］に補う。訂正は訂［ ］（ ）として［ ］に訂正前の文字を（ ）に訂正後の文字を記す。また、朱印、花押は判読できる場合は（ ）内に記す。
（10）この広告は『台湾教育会雑誌』第四一号（明治三八年七月二五日発行）に掲載されているが、これは前後の号数を考えると第四〇号の誤りと思われる。

(11) 大正元年永久保存進退第一一巻二〇七三－二〇文書、大正二年永久保存進退第一二巻甲二二〇二－五〇文書参照。
(12) 山口の日本語教授法について最も早い時期に注目した木村宗男は木村（一九七三）において山口の渡台理由が不明であることを記している。
(13) 明治一九年師範学校令施行により小学校教員養成は尋常師範学校に統一される。
(14) 東京物理学校は専門学校であったが、検定試験の受験資格を与えられた。
(15) 酒井（一九九八）に掲載の『国民読本』編纂に関する史料」参照。
(16)『審査記録』に巻を違えるような誤綴はここ一ヵ所である。
(17) 意見は課ごとに述べられているが、刊行された巻一二と課の構成がかなり異なっている。また、回覧稿本の下張りに見える「約束の松」に対する意見も掲載されている。
(18) 直接法であるゴアン氏言語教授法では各課の読本を使用する前に会話で読本の内容を周知徹底することを必要としている。そのため、巻六までは読本の内容に即した話方教材が作成された。
(19) 第Ⅱ期以降の教科書には編纂趣意書が残っているが、『国民読本』の編纂趣意書は現存していない。第一回審査会で大矢透が編纂趣意書を委員に回覧したと述べている。編纂趣意書は作成されたが、印刷はしなかったと考えられる。
(20) 台湾総督府文書五二二－一「公学校国語教授要旨刊行ノ件」参照。
(21) 当時の民政長官は後藤新平である。
(22) 明治三四年五月一日台湾総督府図書編修職員官制が公布され、編修官に二人の奏任官を、同書記に五人の判任官をあてることになっており、編修官には図書審査委員の小川尚義と学務課長心得の佐藤弘毅が任じられた。このとき前述の山口喜一郎は専任の編修書記となっている。委員が増員されたことについて「台湾教育沿革誌」は「教科書は必ずしも民政局編纂のものばかりでなく、民間出版のものも採用する事があるので、適否を検定する必要を生じたのと本島は内地と各般の事情を異にする結果、特殊の図書を著訳編纂する機関をもうける必要を生じた」ためとしている。師範学校や中等教育機関の設置により教科書検定の必要性がこの背景にあると思われる。

(23) ただし、小室龍之介は図書審査会には出席しておらず、第四回の『国民読本』の審査会に国語学校教授田中敬一が出席するまで実質的に委員は五人であった。
(24) 台湾総督府文書六八四－四〇、六八六－三一二文書参照。
(25) 審議の内容については酒井(二〇〇八)参照。

参考文献

『台湾総督府事務成蹟提要』明治三一年・明治三二年・明治三三年・明治三四年
大矢透(一九二八)「大矢博士自伝」『国語と国文学』第五巻第七号
町田則文先生謝恩事業会(一九三四)『町田則文先生伝』
教育会編(一九三九)『台湾教育沿革誌』
豊田国夫(一九六八)『言語政策の研究』錦正社
木村宗男(一九七三)「山口喜一郎の日本語教授法について－対訳法から直接法へ－」『一〇周年記念論文集』早稲田大学語学教育研究所
李園会(一九八一)『日本統治下における台湾初等教育の研究』(私家版)
木村宗男(一九八六)「山口喜一郎―人物日本語教育史」『日本語教育六〇号』
梶山雅文(一九八八)『近代日本教科書史研究　明治期検定制度の成立と崩壊』ミネルヴァ書房
中内敏夫(一九八八)『軍国美談と教科書』岩波書店
蔡茂豊(一九八九)『台湾における日本語教育の史的研究－一八九五－一九四五年』東呉大学
中村紀久二(一九九二)『教科書の社会史：明治維新から敗戦まで』岩波書店

近藤純子（一九九五）「台湾における山口喜一郎―公学校規則改正との関わりについて」『日本語教育八五号』
酒井恵美子（一九九八）「『台湾教科用書国民読本』の編纂と公学校教科用図書審査会」『台湾総督府文書第五巻』ゆまに書房
酒井恵美子（一九九九）「台湾公学校教科用図書審査会報告『国民読本』巻九」『社会科学研究』第一九巻第二号
酒井恵美子（二〇〇〇）「台湾公学校用教科用図書審査会報告『国民読本』巻十」『社会科学研究』第二〇巻第二号
酒井恵美子（二〇〇一）「台湾公学校用教科用図書審査会報告『国民読本』巻十一」『社会科学研究』第二一巻第二号
酒井恵美子（二〇〇二）「台湾公学校用教科用図書審査会報告『国民読本』巻十二」『社会科学研究』第二一巻第二号
酒井恵美子（二〇〇八）「植民地編纂教科書の中の隠されたカリキュラム」『社会科学研究』第二八巻第一号
酒井恵美子（二〇一五）「台湾総督府之教科書検定与公学校用教科書之編纂」『第八回台湾総督府檔案学術研討会論文集』
藤森智子（二〇一六）『日本統治下台湾の「国語」普及運動　国語講習所の成立と影響』慶応義塾大学出版会
酒井恵美子（二〇一八）「植民地台湾における教科書検定の性格―公学校用教科用書図書審査会を例に」『台湾総督府の統治政策（社研叢書四四）』

台湾総督府における文書管理体制の構築と崩壊

東山　京子

はじめに

日本の近代公文書として纏まった形で残されてきた豊富な資料源である台湾総督府文書、その基幹文書たる『台湾総督府公文類纂』から、台湾総督府の文書管理制度制定のみならず、その制度と実態との乖離が、文書管理体制を作り上げていったことが草創期における文書管理を見ていくなかで分かってきた。ここでは、台湾総督府の文書管理制度の構築から完成、さらには崩壊に至るまでを、制度の変遷と実態とを合わせながら見ていくことで、台湾総督府の文書管理制度の全体像を明らかにしていく。

台湾総督府では、明治二八年に制定された「民政局分課規程」[(1)]、「台湾総督府民政局記録規則」[(2)]（以下、「二八年民政局記録規則」という）、「台湾総督府民政局記録分類規則」[(3)]（以下、「二八年民政局記録分類規則」という）、次いで、同二九年に制定された「民政局処務規程」[(4)]、「民政局記録規則」[(5)]（以下、二九年民政局記録規則」という）、「民政局記録分類規則」[(6)]（以下、「二九年民政局記録分類規則」という）および「民政局文書保存規則」[(7)]を柱に文書管理制度が形作られようとしていた。

「草創期における台湾総督府の文書管理」[(8)]において既述したように、草創期の文書管理制度は、「民政局処務規程」[(9)]、「二九年民政局記録規則」、「二九年民政局記録分類規則」および「民政局文書保存規則」[(10)]をもって整備されていった。この草創期を第一期と見ると、この期間は、これらの四つの規則による台湾総督府における文書管理システム構築過程の初期段階であった。その後の第二期と第三期の台湾総督府の文書管理については、次のように区分することとした。

第二期の完成期では、その中においても三つに分けられる。先ず一つ目に、「民政局処務規程」は、明治三一年に台湾総督府官制により民政局が民政部へと体制が変更したことから、「民政部処務規程」が制定され、その後、「民政部処務規程」は、明治三四年一一月に「台湾総督府処務規程」[(11)]（以下、「処務規程」という）が定められるとともに廃止される。「二九年民政局記録規則」も明治三三年に民政部の記録規則（以下、「民政部記録規則」という）に改正[(12)]され、明治三四年の「処務規程」をもって明治三八年まで文書管理が行われることとなる。この「処務規程」は、三四年の制定から昭和二年までの間、事務処理における基盤となった規程であり、この規程を中心として文書管理システムが運用されていたといえよう。次いで二つ目に、明治三八年には、それまでの記録・分類・保存の三つの規則が改正されて、「官房並民政部文書保存規則[13]」（以下、「文書保存規則」という）が制定される。そのため、三四年の「処務規程」と三八年の「文書保存規則」の二つの規程により、文書管理システムが完成に近づき安定期に向かおうとした時期である。最後の三つ目に、台湾統治三〇年を過ぎた昭和二年に、明治三四年の文書の取扱を行うための「処務規程」と明治三八年の文書の保存管理を行うための「文書保存規則」とを合わせた「文書取扱規程[14]」が制定され、台湾総督府の文書管理に関する規程が完成する。このように改正を経ながら文書管理体制を構築していった時期を第二期として区分した。

しかし、太平洋戦争下の昭和一九年三月一二日に、戦時体制に合わせた極端な規程に改正され、この制度が台湾統治の終焉まで運用されることとなる。この時期を第三期とし、戦時下における文書管理制度と区分した。

本稿では、「草創期における台湾総督府の文書管理[15]」において、「民政局処務規程」から「民政部処務規程」への移行についての言及は紙幅の関係でできなかったため、まず、この点を組織の改編から述べ、制度面からは、明治三一年の「民政部処務規程」の制定から、その後の同三四年に制定された「処務規程」との相違点を見ていく。次いで「民政部記録規則」から「文書保存規則」への移行については、部局の業務分掌および文書分類における処理上の関係から考察していく。この明治三一年、明治三四年および同三八年における改正を中心に分析していくが、その中で制度と実態とを合わせて見ていく。ここでは、第一節を展開期の文書管理制度とする。

第二節は、完成期の文書管理制度として、明治三八年に改正された「文書保存規則」と同三四年に制定された「処務規程」が昭和二年まで運用されてきたが、さらに、これらの二つの規程を合わせた「文書取扱規程」を制度化することにより、台湾総督府の文書管理システムの構築が展開期を経て完成し、昭和一九年までは文書管理システムの安定期であった。ここでは、この文書管理システム完成までの制度と実態をも合わせて見ていく。

最後の第三節は、完成された文書管理システムが安定期から突如として崩壊へと向かう戦時期の文書管理制度を取りあげる。台湾総督府は、文書保存年限を永久または一年とする極端な制度に変えてしまうが、これは戦時体制における本国政府からの依命であったことから、この時点での文書管理システムの崩壊が、戦後直後の我が国における公文書廃棄に繋がり、さらには、今日における公的メールの削除や一年保存文書の一年未満での廃棄問題[16]にまで及んでいるのではなかろうか。

このように、組織の改編、制度の変遷、文書分類の処理方の問題、さらに実態との乖離も合わさり、台湾総督府における文書管理システムは、草創期から発展を遂げながら完成期を迎え、戦時体制により崩壊していった。換言すれば、これらの構築から崩壊までの一連の変遷が見て取れるのは、日本統治時代の台湾における統治機関であった台湾総督府の文書が、偶々、台湾であったために残されたという偶然的なものであり、そのために、本国政府である日本の近代公文書の文書管理システムについても、台湾総督府文書を通して考察できるという皮肉な面もある。

本稿は、台湾総督府の文書管理制度を初期段階を経た展開期から完成期、そして戦時期による崩壊までを、文書管理制度、制度改正の理由および文書管理の実態とを合わせて考察し、システム構築から完成、そして崩壊へと向から台湾総督府の文書管理を明らかにしていく。

一　展開期の文書管理体制

明治二九年に制定された「民政局処務規程」は、明治三一年の台湾総督府官制改正[17]により、台湾総督府の組織が民政局から民政部へと改組されたため、名称が「民政部処務規程」となる。これについては、組織体の改編ということで、公文書を接受する部局が、民政局総務部文書課から民政部文書課に変更された。さらに、この官制改正により、総督官房文書課の事務分掌の一部が「機密事務及文書ノ取扱」から「機密ニ関スル事務」へと改められた。そのため、「民政部処務規程」において、「人事又ハ警察ニ関シ秘密ヲ要スルモノハ発受件名簿ヲ区別スヘシ」との条文が追加されたと考えられる。なぜなら、この文言の「秘密ヲ要スルモノ」を区別して発受件名簿を作成した後、これらの案件を処理する部局が総督官房文書課であったと思われるからである。民政部側からすると、人事や警察に関する案件文書について、発受件名簿を区別し別途作成するようになったことから、民政部に到着した際に人事および警察案件に関する秘密を要する重要案件を区別する必要が生じ、これらの案件を選別するという責務を負っていたことになる。換言すれば、重要案件を処理することが可能な人材が配属されていたといえよう。

では、内容について、第一表（次頁）により、「民政部処務規程」と「民政局処務規程」とを比較していく。

まず、特筆すべき相違点を挙げると、第二条において、民政局では、総務部長が本局に到着する文書を査閲、主務部を指示し文書課長が各部に配付していたが、民政部では、行政官トップである民政長官自らが便宜各課長を召集して当日の事務の処分方を指示していた。また、民政局処務規程第五条では、各部課宛または各部課の職員に宛てた公文は各部の取扱に属すると定めていた。この条文を「民政部処務規程」では削除していることから、規程を作成した当初から、文書行政の統括および一括した処理を目指そうとしていたことがわかる。

さらに、「民政部処務規程」の第一四条と第一七条において、電信にて発するものを官報であることを証明するために、文書課長が検印すること、各課に於て発する電信も総督または民政長官の特命ある場合および人事または警察に関し機密を要するものを除き、そのほかは事の如何を問わず文書課長を経由すること、機密として取り扱う

第一表「台湾総督府民政局処務規程」と「台湾総督府民政部処務規程」との比較表

	台湾総督府民政局処務規程 （明治二九年六月一一日制定）	台湾総督府民政部処務規程 （明治三一年七月二日制定）
第一条	凡ソ本局ニ到達スル公文書ハ総務部文書課ニ接受シ課長ハ毎日午前之ヲ取纏メ開封シ件名番号等ヲ簿冊ニ記入シ総務部長ノ査閲ニ供スヘシ 民政局長ハ若ハ総務部長親展ノ文書ハ文書課長ヨリ総務部長ニ差出スヘシ（一条）	凡ソ民政部ニ到達スル公文書ハ文書課ニ接受シ文書課長ハ毎日午前之ヲ取纏メ開封シ其件名若ハ要旨ヲ発受件名簿ニ登記シ及接受ノ月日記号ヲ本書ニ付記シ恒例ノ文書ハ之ヲ各課長ニ配付シ重要ナルモノハ総督又ハ民政長官ノ査閲ニ供シテ配付スヘシ 総督又ハ民政長官親展ノ文書ハ文書課長ヨリ秘書官ニ移シ若ハ民政長官ニ差出スヘシ 人事又ハ警察ニ関シ秘密ヲ要スルモノハ発受件名簿ヲ区別スヘシ
第二条	総務部長ハ前条ノ文書ヲ査閲シ主務部を指示シ文書課長ニ下付シ直ニ之ヲ配付セシム文書課長ヨリ各部ニ配付スル文書ハ直ニ之ヲ各部ニ交付ス（二条）	民政長官ハ便宜各課長ヲ召集シテ当日ノ事務ノ処分方ヲ指示スルコトアルヘシ
第三条	各部長ハ民政局長ヨリ事務ノ処分方ヲ受ケ又ハ文書ノ配付ヲ受クルトキハ其主務ニ従ヒ各課長ニ文書ヲ配付シ緩急ヲ示シ処分方ヲ授ケテ之ヲ処理セシムヘシ（三条）	各課長ハ民政長官ヨリ事務ノ処分方ヲ受ケ又ハ文書課長ヨリ文書ノ配付ヲ受クルトキハ其主務ニ従ヒ各主任ニ文書ヲ配付シ緩急ヲ示シ処分方ヲ授ケテ之ヲ処理セシムヘシ
第四条	本局ニ到達スル文書ノ内本局ニ受領スヘカラサルモノアルトキハ総務部長ハ文書課長ヲシテ直ニ返却ノ手続ヲ為サシムルヘシ（四条）	民政部ニ到達スル文書ノ内ニ受領スヘカラサルモノアルトキハ文書課長ハ直ニ返却ノ手続ヲ為スヘシ

	各部課宛又ハ各部課ノ職員ニ宛タル公文ハ各部ノ取扱ニ属スヘシ（五条）	
第五条	文書課ヨリ各部ニ配付シタル文書ヲ他ノ主務部ニ移スヘキトキハ之ヲ文書課ニ返付スヘシ直ニ他ノ主務部ニ転送スルコトヲ得ス（六条）	文書課ヨリ当該課ニ配付シタル文書ヲ他ノ主務課ニ移スヘキトキハ之ヲ文書課ニ返付スヘシ直ニ他ノ主務課ニ転送スルコトヲ得ス
第六条	凡ソ文書ハ主務部ニ接受シタル日ヨリ二日以内ニ処分案ヲ具ヘテ文書課ニ回付スヘシ 其他部ニ合議ヲ要スルモノハ文書課ヨリ之ヲ合議部ニ送付シ合議部ハ一日以内ニ文書課又ハ他ノ合議部ニ回付スヘシ但本条ノ日数ニハ休暇日ヲ算入セス（七条）	凡ソ文書ハ主務課ニ接受シタル日ヨリ二日以内ニ処分案ヲ具シテ文書課ニ回付スヘシ 其他課ニ合議ヲ要スルモノハ文書課ヨリ之ヲ合議課ニ送付シ合議課ハ一日以内ニ文書課又ハ他ノ合議課ニ回付スヘシ但本条ノ日数ニハ休暇日ヲ算入セス
第七条	各部ニ於テ受領ノ文書ヲ処理スルハ前条ノ定期ヲ超ユルコトヲ得ス若調査ノ為ニ定期外ノ時日ヲ要スルコトアルトキハ其日数ヲ定メテ総務部長ノ承認ヲ受クヘシ但事ノ種類ニ従ヒ前条ノ定期ニ依リ難キモノハ其種目ヲ限リテ特ニ其調査期日ヲ定メ予メ総務部長ノ承認ヲ受クヘシ（八条）	各課ニ於テ受領ノ文書ヲ処理スルハ前条ノ定期ヲ超ユルコトヲ得ス若調査ノ為ニ定期外ノ時日ヲ要スルコトアルトキハ各課長ハ其日数ヲ定メテ文書課長ノ検視ヲ受クヘシ但事ノ種類ニ従ヒ前条ノ定期ニ依リ難キモノハ其種目ヲ限リテ特ニ其調査期日ヲ定メ予メ文書課長ノ検視ヲ受クルコトヲ得
八条	事ノ数部ニ聯渉スルモノハ主務部ニ於テ処分案ヲ起草シ関渉諸部長ニ合議シテ其検印ヲ要スヘシ若彼此意見ヲ異ニスルトキハ面議商量シ尚決セサルトキハ直ニ民政局長ニ面陳シテ決裁ヲ請フヘシ(九条)	事ノ数課ニ聯渉スルモノハ主務課ニ於テ処分案ヲ起草シ関渉各課長ニ合議スヘシ若彼此意見ヲ異ニスルトキハ面議商量シ尚決セサルトキハ直ニ民政長官ニ面陳シテ決裁ヲ請フヘシ
九条	各部調査済ノ成案ハ文書課長ニ於テ之ヲ取纏メ総務部長ニ提出シ総務部長査閲ノ上民政局長ノ資格ヲ以テ之	各課提出ノ成案ハ文書課長ニ於テ取纏メ其文例書式及字句ノ当否ヲ点検シ民政長官ニ提出シ民政長官査閲ノ

	ヲ決定シ尚総督ノ裁定ヲ要スルモノハ秘書官ニ移スヘシ（一一条）	上之ヲ決定シ尚総督ノ裁定ヲ要スルモノハ秘書官ニ移スヘシ
一〇条	各部長ハ文書調査ノ為所属官署ニ照会応答ヲ要スルトキハ直ニ各部長ノ名ヲ以テ往復スルコトヲ得（一〇条）	各課長ハ文書調査ノ為所属官署ニ照会応答ヲ要スルトキハ直ニ各課長ノ名ヲ以テ往復スルコトヲ得文書課長ノ点検ヲ経ルコト前条ノ例ニ依ル
一一条	各部ノ成案中参事官ノ審議ニ付スヘキモノニ就テハ文書課長ハ民政局長ノ旨ヲ承ケ之ヲ参事官ニ回付スヘシ（一二条）	各課ノ成案中参事官ノ審議ニ付スヘキモノニ就テハ文書課長ハ総督又ハ民政長官ノ旨ヲ承ケ之ヲ参事官ニ回付スヘシ
一二条	各部長ニ於テ発議セントスル事件アルトキハ口頭ヲ以テ民政局長ニ具陳シ若ハ案ヲ具ヘテ民政局長ノ決定ヲ請フヘシ（一三条）	各課ニ於テ発議セントスル事件アルトキハ口頭ヲ以テ民政長官ニ具陳シ若ハ案ヲ具ヘテ民政長官ノ決定ヲ請フヘシ
一三条	臨時ニ審査立案ヲ要スルコトアルトキハ便宜委員ヲ命スルコトアルヘシ委員命ニ依テ審査立案スルトキハ報告書ヲ提出スヘシ（一四条）	臨時ニ審査立案ヲ要スルコトアルトキハ便宜委員ヲ命スルコトアルヘシ委員命ニ依リ審査立案スルトキハ報告書ヲ提出スヘシ
一四条	決裁済ノ文書ハ直ニ文書課ニ回付シテ執行セシムヘシ其指令照会等文書ヲ発送スヘキモノハ文書課ニ於テ之ヲ浄書校正シ文書課長検印ノ上簿冊ニ記号シテ発送スヘシ其総督ノ官印ヲ要スルモノハ副官又ハ秘書官ニ就キ鈐印ヲ求ムヘシ（一五条）	決裁済ノ文書ハ直ニ文書課ニ於テ処理スヘシ其指令照会等文書ヲ発送スヘキモノハ文書課ニ於テ之ヲ浄書校正シ文書課長検印ノ上発受件名簿ノ記号ト照校発送スヘシ其総督ノ官印ヲ要スルモノハ秘書官ニ就キ鈐印ヲ求ムヘシ
		電信ヲ以テ発スルモノハ官報タルコトヲ証明スル為文書課長之ニ検印ス各課ニ於テ発スル電信モ亦総督又ハ民政長官ノ特命アル場合及人事又ハ警察ニ関シ機密ヲ

		要スルモノヲ除ク外ハ事ノ如何ヲ問ハス文書課長ヲ経由スヘシ
一五条	前条文書ノ発送ハ決裁済ノ即日之ヲ取計フヘシ若文書輻湊シ即日運ヒ難キトキハ文書課長ニ於テ其前後緩急ヲ示シ成ルヘク速ニ施行セシムヘシ 文書課ニ於テ施行シタル後各部ニ於テ附随シテ施行ヲ要スル文案ハ文書課ヨリ直ニ各部ニ送付スヘシ其部ニ於テハ三日以内ニ処分ヲ了シ速ニ之ヲ文書課ニ回付スヘシ 施行済ノ文案ニシテ要再回ノ記識アルモノハ文書課ヨリ直ニ其部ニ送付シ其部ハ五日以内ニ文書課ニ回付スヘシ(一六条)	前条文書ノ発送ハ決裁済ノ即日之ヲ取計フヘシ若文書輻湊シ即日運ヒ難キトキハ文書課長ニ於テ其前後緩急ヲ示シ成ルヘク速ニ施行セシムヘシ 文書課ニ於テ施行シタル後各課ニ於テ附随シテ施行ヲ要スル文案ハ文書課ヨリ直ニ各課ニ送付スヘシ其課ニ於テハ三日以内ニ処分ヲ了シ速ニ之ヲ文書課ニ回付スヘシ 施行済ノ文案ニシテ「要再回」ノ記識アルモノハ文書課ヨリ更ニ其課ニ送付シ其課ハ十五日以内ニ文書課ニ回付スヘシ
一六条	凡ソ公文ノ印刷ニ付スヘキモノハ別ニ定ムル所ノ印行手続ニ依リ取扱ヒ公文ニ添付シテ発送スヘキ別紙及図表等ハ主務部ニ於テ之ヲ浄書調製シテ文書課ニ交付スヘシ（一七条）	凡ソ公文ノ印刷ニ付スヘキモノハ別ニ定ムル所ノ印行手続ニ依リ取扱ヒ公文ニ添付シテ発送スヘキ別紙図表等ハ主務課ニ於テ之ヲ浄書調製シテ文書課ニ交付スヘシ
一七条	事ノ急施ヲ要シ又ハ機密ニ係ルモノハ通常ノ手続ニ依ラス各部長ヨリ直ニ決裁ヲ請ヒ又ハ便宜主任者ニ於テ自ラ携帯シテ諸部ノ議ヲ取リ並民政局長ニ提出スルコトヲ得其決裁済施行ニ至ルノ順序モ亦便宜ニ従フコトヲ得 至急又ハ機密ノ文書ハ「急」又ハ「秘」ノ印ヲ捺シ取	事ノ急施ヲ要シ又ハ機密ニ係ルモノハ通常ノ手続ニ依ラス各課長ヨリ直ニ決裁ヲ請ヒ又ハ便宜主任者ニ於テ自ラ携帯シテ関渉各課ノ議ヲ取リ並民政長官ニ提出スルコトヲ得其決裁済施行ニ至ルノ順序モ又便宜ニ従フコトヲ得 機密トシテ取扱フヘキ文書ノ種類ハ臨時緊急事件ノ外

	扱ノ際特ニ注意ヲ要ス（一八条）	主務課長予メ之ヲ定メ文書課長ノ検視ヲ受クヘシ至急ノ処分又ハ機密ノ取扱ヲ要スル文書ハ「急」又ハ「秘」ノ印ヲ捺シ取扱ニ際特ニ注意ヲ要ス
一八条	部長ハ属ノ内書記一人乃至二人ヲ文書主任トシ機密ノ文書ヲ取扱ハシメ及文書往復等総テ部中ノ庶務ヲ担当セシムヘシ（一九条）	各課長ハ属ノ内一人若ハ二人ヲ文書主任トシ文書課トノ文書受授ノ責ニ任セシム
一九条	凡ソ文書ハ本局ニ接受シ若ハ成案ヨリ施行ニ至ルノ間之ヲ受授スル毎ニ簿冊ニ記入シ受領者ノ検印ヲ要シ且其月日ヲ明ニシ何時タリトモ直ニ文書ノ所在ヲ知リ得ルヲ要ス其取締ハ文書課并各部文書主任ノ担任ナリトス（二〇条）	凡ソ文書ハ民政部ニ接受シ若ハ成案ヨリ施行ニ至ルノ間之ヲ受授スル毎ニ簿冊ニ記入シ受領者ノ検印ヲ要シ且其月日ヲ明ニシ何時タリトモ直ニ文書ノ所在ヲ知リ得ルヲ要ス
二〇条	文書課長ハ各部ニ配付シタル文書ノ日限ヲ計算シ処分ノ文書表ヲ製シ之ヲ総務部長ニ呈スヘシ（二一条）	文書課長ハ各課ニ配付シタル文書ノ日限ヲ計算シ文書処分功程表ヲ製シ之ヲ民政長官ニ提出スヘシ
二一条	公文ノ浄書ハ楷行二体ヲ限リ明瞭ニ書記スヘシ総テ文案ヲ草スルモ亦之ニ準ス若文案ノ字句ヲ加削シ又ハ改正スルコトアルトキハ主任者之ニ検印スヘシ（二二条）	公文ノ浄書ハ楷行二体ヲ限リ明瞭ニ書記スヘシ総テ文案ヲ草スルモ亦之ニ準ス若文案ノ字句ヲ加削シ又ハ改正スルコトアルトキハ主任者之ニ検印スヘシ
二二条	凡ソ処分施行済ノ文書ハ之ヲ文書課ニ於テ保存セシム其機密ニ係ルモノハ別ニ民政局長ノ命スル所ニ依リ特別ノ方法ヲ設ケ之ヲ保管スルコトアルヘシ（二三条）	凡ソ処分施行済ノ文書ハ之ヲ文書課ニ於テ保存ス其機密ニ係ルモノハ別ニ民政長官ノ命スル所ニ依リ特別ノ方法ヲ設ケ之ヲ保管スルコトアルヘシ
二三条	凡ソ公文書類ハ公務ノ外局長ノ許可ヲ得スシテ他人ニ示シ又ハ写帖ヲ与フルコトヲ得ス其他各員所管ノ文書	凡ソ公文書類ハ公務ノ外総督又ハ民政長官ノ許可ヲ得スシテ他人ニ示シ又ハ写帖シテ与フルコトヲ得ス其他

	類ハ総テ散乱セサルコトニ厳重取締スヘシ（二四条）	各員所管ノ文書類ハ総テ散乱セサルコトニ厳重取締スヘシ
二四条		此規程ハ官房ニ於ケル行政事務ニモ適用ス

「台湾総督府民政局処務規程」および「民政部処務規程」より作成（傍線は筆者による）

べき文書は臨時緊急事件のほかに主務課長が予め定めて文書課長の検閲を受けることと定めていることからも文書課長における一括した文書管理システムを構築しようとしていたといえよう。

このほかに、「民政局処務規程」第二一条の「何時タリトモ直ニ文書ノ所在ヲ知リ得ルヲ要」し、その取締は「文書課并各部文書主任ノ担任ナリ」という取締における条文を「民政部処務規程」では削除している。これは、傍点部分の「各部文書主任ノ担任ナリ」および第一九条の「文書往復等総テ部中ノ処務ヲ担当セシムヘシ」という傍点部分の中で使用されている「担任」および「担当」という言葉を、「民政部処務規程」第一八条では、「各課長ハ属ノ内一人若ハ二人ヲ文書主任トシ文書課トノ文書受授ノ責ニ任セシム」として、傍点部分の「責ニ任セシム」という言葉に置き換えている。「担任」や「担当」よりも重い「責任」という言葉に変更することで、各課の文書授受における責任の所在を明確にしている。このように責任の所在を明確にすることで、文書回付の遅延防止を図ろうとしていたのではないかと考えられる。

次いで、再回文書については、民政局では、施行済の文案にして要再回の記識があるものは、文書課より直にその部に送付し、その部は五日以内に文書課に回付するという五日という期限を、民政部では、その課は一五日以内に文書課へ回付するといったように「五日」を「一五日」に変更し、回付期限を三倍に延ばしている。これについては、五日間で回付するのは非常に難しいと判断したためであり、これは各部局に考慮したものといえよう。

次に、明治三四年二月二一日に立案され、翌日二二日に決裁された「文書課長点検書類廃止ノ件[18]」とする通達を見ていく。この通達は、「民政部処務規程」第一〇条において「各課長ハ文書調査ノ為所属官署ニ照会応答ヲ要スルトキハ直ニ各課長ノ名ヲ以テ往復スルコトヲ得文書課長ノ点検ヲ経ルコト[19]」と定められていたものを、「成案文書ハ文書課長ノ点検ヲ経ルコトニ規定相成居候処今日ニ在リテハ最早其必要ヲ認メス之レヲ廃止スルモ何等不都合ノ廉無之様被存候ニ付」いて、この条文を廃止するというものであった。この文書課長の点検は最早必要ではないという理由には、これまで文書課長という専門的な役職の者が行う書類の点検については重要とされてきたが、起案文書の進行の上で妨げとなっていたこと、点検という業務よりも事務処理の効率化が希求されていたことが内包されていたのではないかと思われる。それまでは、各部局の不始末がもたらした文書の紛失や文書の遅延等への教訓から、「文書処理期限ノ儀ニ付キ訓令ノ件[20]」や「各官衙提出文書返戻之件[21]」を通達し、徹底した管理を実施していこうとしたことが、かえって時間的な面で廃止となってしまった。つまり、文書課長による徹底した文書管理を実現しようとしていたが、それよりも効率化が優先されたと考えられよう。

このように、効率化のための施策として、文書の取扱における定型化が図られていった。五月八日に立案され同日決裁された「文書発送方ニ付通牒ノ件」は、近年文書の発送方がまちまちであることから支障を来しており、新たな官衙が設置されたこともあり、次の三点に従って発送するようにするというものであった。

第一に、近年の文書の取扱について、そもそも従来から総督宛親展として発送された文書に普通の公文書が封入されていることがあり、事務進行上差し支えを生じていたことを踏まえて、次の各項に従って発送するように変更させるという旨の案件である。

一　高等官ノ進退又ハ政畧上ニ関シ特ニ総督ノ閲覧ヲ要トスル文書
　　右総督宛親展トス
一　前項ノ外重要ノ事件ニ関シ特ニ当局者ノ閲覧ヲ要トスル文書
　　右ハ総督宛ナルト長官宛ナルトヲ問ハス封皮ハ民政長官宛親展トス
一　前二項ニ属セサルモノニシテ総督及長官宛ノ文書ノ封皮ハ総テ台湾総督府民政部文書課宛トス(22)

第二に、各灯台所、台東と恒春を除く測候所、法院（検察官）、郵電局長、税関、恒春庁を除く県庁、製薬所、国語学校、伝習所、医院など、総督府の事業や業務が拡大したため新設の機関が増えており、これまでの慣例的な方法ではさらに混乱が起こる可能性もあることから、文書発送の取扱方を定型化しそれを徹底させること、第三に、患者の報告は総督宛親展にて発送するようにというものであった。

ここで発せられた文書課長名による通牒は、文書課の間違いや混乱を避けるよりも、正確で効率的な事務処理を図るためのものであった。案件を処理するために文書を発送する時の封皮の書き方については、高等官の進退と政略上の案件で「特ニ総督ノ閲覧」が必要な案件については、「総督宛親展」とし、それ程高位の案件ではないが重要案件で「当局者ノ閲覧」を要する事案に関する文書については、文書の宛先が総督宛であろうが長官宛であろうがそれらを問わずすべて「封皮ハ民政長官宛親展」とし、さらにこれらに属しない事案で「総督及長官宛ノ文書」のものに関しては「封皮ハ総テ台湾総督府民政部文書課宛」とするというような細かな規則を設けていた。

このように、事務処理における部分的な改正を実施しながら、明治三四年一一月に文書管理制度における最初の大改革が行われることになる。

　その一つが、勅令第二〇一号の「台湾総督府官制中改正ノ件」(23)であった。この改正により、民政部をそれまでの一三課を有する大所帯から、警察本署および総務・財務・通信・殖産・土木の五局という本来の所帯に戻したことにある。もう一つは、廃県置庁である。これは、それまでの台北・台南・台中の三県を廃止し庁を置くことで(24)、これまでの宜蘭・台東・澎湖・恒春の四庁と新設する基隆・深坑・桃園・新竹・苗栗・彰化・南投・斗六・嘉義・塩水港・蕃薯寮・鳳山・阿緱と合わせて地方庁は二〇庁となった(25)。そのため、地方行政単位は組織機構の規模としては大幅に縮小されたことから、いわば「小さな政府」ともいうべききめの細かな地方行政が行い得るようになった。これによって、地方行政はそれぞれの地域の特徴を活かした行政が可能になり、行政機関と住民との関係がより接近し、地域に根付いた密接型の統治が行われるようになる。

　しかし、それは本府、特に文書課からすると、往復書類をはじめとする処理文書量が倍以上に膨れあがり、それだけに事務量が倍増することになった。このため、先の文書発送方法の定型化にみられるような事務処理方法の画一化や統一化といった合理化と効率化への要請がさらに強まっていったことから、明治三四年一一月一一日に「処務規程」が制定されることになる。なお、廃県置庁により廃止された県が所蔵していた文書類で、行政区画上管轄区域の関係で新たな庁に引き継げない文書も大量に発生することから、旧県文書として文書課に引き継がれることになり(26)、ここに文書取扱の規定も改正されることになる。これは、廃県置庁および文書課の合併・合理化がもたらした改正である。

　ここで、この地方行政機構の改正に伴い制定された「処務規程」と、それまで施行されていた明治三一年七月二日に制定された「民政部処務規程」との違いをみるために、これらの二つの規程を纏めた次頁の第二表「民政部処

第二表「台湾総督府民政部処務規程」と「台湾総督府処務規程」との比較表

	台湾総督府民政部処務規程（明治三一年七月二日制定）	台湾総督府処務規程（明治三四年一一月一一日制定）
第一条	凡ソ民政部ニ到達スル公文書ハ文書課ニ接受シ文書課長ハ毎日午前之ヲ取纏メ開封シ其件名若ハ要旨ヲ発受件名簿ニ登記シ及接受ノ月日記号ヲ本書ニ付記シ恒例ノ文書ハ之ヲ各課長ニ配付シ重要ナルモノハ総督又ハ民政長官ノ査閲ニ供シテ配付スヘシ 総督又ハ民政長官親展ノ文書ハ文書課長ヨリ秘書官ニ移シ若ハ民政長官ニ差出スヘシ 人事又ハ警察ニ関シ秘密ヲ要スルモノハ発受件名簿ヲ区別スヘシ	凡ソ本府ニ到達スル公文書ハ文書課ニ接受シ文書課長ハ毎日午前之ヲ取纏メ開封シ接受ノ月日記号ヲ本書ニ付記シ其ノ件名若クハ要旨ヲ発受件名簿ニ登記シ総督又ハ民政長官ノ査閲ニ供シ之ヲ各部局長ニ配付スヘシ 其総督又ハ民政長官宛親展文書ハ封緘ノ儘総督宛ハ文書課長ヨリ秘書官ニ移シ民政官宛ハ民政長官ニ差出スヘシ
第二条	民政長官ハ便宜各課長ヲ召集シテ当日ノ事務ノ処分方ヲ指示スルコトアルヘシ	総督又ハ民政長官ハ便宜各部局長ヲ召集シテ当日ノ事務ノ処分方ヲ指示スルコトアルヘシ
第三条	各課長ハ民政長官ヨリ事務ノ処分方ヲ受ケ又ハ文書課長ヨリ文書ノ配付ヲ受クルトキハ其主務ニ従ヒ各主任ニ文書ヲ配付シ緩急ヲ示シ処分方ヲ授ケテ之ヲ処理セシムヘシ	各部局長ハ総督又ハ民政長官ヨリ事務ノ処分方ヲ受ケ又ハ文書課長ヨリ文書ノ配付ヲ受ケタルトキハ主務課長ヘ処分方ヲ授ケ之ヲ処理セシムヘシ
第四条		収受発送ノ文書ニハ本府ノ符記番号ヲ標記ス番号ハ毎年一月ニ起リ十二月ニ止ム 官房各課ノ立案ニ係ルモノ並官房各課ニ配付スヘキ文書ニハ番号ノ上ニ官字及主務課ノ頭字ヲ連冠シ各部局

	民政部ニ到達スル文書ノ内ニ受領スヘカラサルモノアルトキハ文書課長ハ直ニ返却ノ手続ヲ為スヘシ	ニ関スルモノハ民字及主務部局ノ頭字ヲ連冠ス同一事件ハ其ノ終結ニ至ルマテ同一番号ヲ用ヒ一二三ヲ以テ之ヲ細別ス（四条）総督府ニ到達スル文書ニシテ受領スヘカラサルモノアルトキハ文書課長ハ直ニ返却ノ手続ヲナスヘシ（五条）
第五条	文書課ヨリ当該課ニ配付シタル文書ヲ他ノ主務課ニ移スヘキトキハ之ヲ文書課ニ返付スヘシ直ニ他ノ主務課ニ転送スルコトヲ得ス	文書課ヨリ各部局ニ配付シタル文書ヲ他ノ部局ニ移スヘキトキハ之ヲ文書課ニ返付スヘシ直ニ他ノ部局ニ転送スルコトヲ得ス（六条）
第六条	凡ソ文書ハ主務課ニ接受シタル日ヨリ二日以内ニ処分案ヲ具シテ文書課ニ回付スヘシ其他課ニ合議ヲ要スルモノハ文書課ヨリ之ヲ合議課ニ送付シ合議課ハ一日以内ニ文書課又ハ他ノ合議課ニ回付スヘシ但本条ノ日数ニハ休暇日ヲ算入セス	凡ソ文書ニハ主務部局ニ接受シタル日ヨリ二日以内ニ処分案ヲ具シテ文書課ニ回付スヘシ其他部局ニ合議ヲ要スルモノハ文書課ヨリ之ヲ合議部局ニ送付シ合議部局ハ一日以内ニ文書課又ハ他ノ合議部局ニ回付スヘシ但シ本条ノ日数ニハ休暇日ヲ算入セス（七条）
第七条	各課ニ於テ受領ノ文書ヲ処理スルハ前条ノ定期ヲ超ユルコトヲ得ス若調査ノ為ニ定期外ノ時日ヲ要スルコトアルトキハ各課長ハ其日数ヲ定メテ文書課長ノ検視ヲ受クヘシ但事ノ種類ニ従ヒ前条ノ定期ニ依リ難キモノハ其種目ヲ限リテ特ニ其調査期日ヲ定メ予メ文書課長ノ検視ヲ受クルコトヲ得	各部局ニ於テ受領ノ文書ヲ処理スルハ前条ノ定期ヲ超ユルコトヲ得ス若シ調査ノ為定時外ノ時日ヲ要スルコトアルトキハ各部局長ハ其ノ日数ヲ定メテ文書課長ノ検視ヲ受クヘシ但シ事ノ種類ニ従ヒ前条ノ定期ニ依リ難キモノハ其ノ種目ヲ限リテ特ニ其ノ調査期日ヲ定メ予メ文書課長ノ検視ヲ受クルコトヲ得（八条）
八条	事ノ数課ニ聯渉スルモノハ主務課ニ於テ処分案ヲ起草	事ノ各部局ニ聯渉スルモノハ主務部局ニ於テ処分案ヲ

	シ関渉各課長ニ合議スヘシ若彼此意見ヲ異ニスルトキハ面議商量シ尚決セサルトキハ直ニ民政長官ニ面陳シテ決裁ヲ請フヘシ	起草シ関渉各部局長ニ合議スヘシ若シ彼是意見ヲ異ニスルトキハ面議商量シ尚決セサルトキハ直ニ総督又ハ民政長官ニ面陳シテ決裁ヲ請フヘシ（九条）
九条	各課提出ノ成案ハ文書課長ニ於テ取纏メ其文例書式及字句ノ当否ヲ点検シ民政長官ニ提出シ民政長官査閲ノ上之ヲ決定シ尚総督ノ裁定ヲ要スルモノハ秘書官ニ移スヘシ	各部局提出ノ成案ハ文書課長ニ於テ取纏メ其ノ文例書式及字句ノ当否ヲ点検シ民政長官ニ提出シ民政長官査閲ノ上之ヲ決定シ尚総督ノ裁定ヲ要スルモノハ総督ノ決裁ヲ経ヘシ（一〇条）
一〇条	各課長ハ文書調査ノ為所属官署ニ照会応答ヲ要スルトキハ直ニ各課長ノ名ヲ以テ往復スルコトヲ得文書課長ノ点検ヲ経ルコト前条ノ例ニ依ル	各部局長ハ文書調査ノ為所属官署ニ照会応答ヲ要スルトキハ直ニ各部局ノ名ヲ以テ往復スルコトヲ得（一一条）
一一条	各課ノ成案中参事官ノ審議ニ付スヘキモノニ就テハ文書課長ハ総督又ハ民政長官ノ旨ヲ承ケ之ヲ参事官ニ回付スヘシ	各部局ノ成案中参事官ノ審議ニ付スヘキモノニ就テハ文書課長ハ総督又ハ民政長官ノ旨ヲ承ケ之ヲ参事官ニ回付スヘシ（一二条）
一二条	各課ニ於テ発議セントスル事件アルトキハ口頭ヲ以テ民政長官ニ具陳シ若ハ案ヲ具ヘテ民政長官ノ決定ヲ請フヘシ	各部局ニ於テ発議セントスル事件アルトキハ口頭ヲ以テ総督又ハ民政長官ニ具陳シ若クハ案ヲ具ヘテ決定ヲ請フヘシ（一三条）
一三条	臨時ニ審査立案ヲ要スルコトアルトキハ便宜委員ヲ命スルコトアルヘシ委員命ニ依リ審査立案スルトキハ報告書ヲ提出スヘシ	臨時審査立案ヲ要スルコトアルトキハ便宜委員ヲ命スルコトアルヘシ委員命ニ依リ審査立案スルトキハ報告書ヲ提出スヘシ（一四条）
一四条	決裁済ノ文書ハ直ニ文書課ニ於テ処理スヘシ其指令照会等文書ヲ発送スヘキモノハ文書課ニ於テ之ヲ浄書校	決裁済ノ文書ハ直ニ文書課ニ於テ処理スヘシ其ノ府名若クハ総督名又ハ部名若クハ民政長官名ヲ以テ発スル

	正シ文書課長検印ノ上発受件名簿ノ記号ト照校発送スヘシ其総督ノ官印ヲ要スルモノハ秘書官ニ就キ鈐印ヲ求ムヘシ 電信ヲ以テ発スルモノハ官報タルコトヲ証明スル為文書課長之ニ検印ス各課ニ於テ発スル電信モ亦総督又ハ民政長官ノ特命アル場合及人事又ハ警察ニ関シ機密ヲ要スルモノヲ除ク外ハ事ノ如何ヲ問ハス文書課長ヲ経由スヘシ	文書ハ文書課ニ於テ浄書校正シ文書課長検印ノ上発受件名簿ノ記号ト照校発送スヘシ其ノ総督ノ官印ヲ要スルモノハ秘書課長ニ就キ鈐印ヲ求ムヘシ 電信ヲ以テ発スルモノハ官報タルコトヲ証明スル為文書課長之ニ検印ス各部局ニ於テ発スル電信モ亦総督又ハ民政長官ノ特命アル場合及人事若クハ警察ニ関シ機密ヲ要スルモノヲ除ク外ハ事ノ如何ヲ問ハス文書課長ヲ経由スヘシ（一五条）
一五条	前条文書ノ発送ハ決裁済ノ即日之ヲ取計フヘシ若文書輻湊シ即日運ヒ難キトキハ文書課長ニ於テ其前後緩急ヲ示シ成ルヘク速ニ施行セシムヘシ 文書課ニ於テ施行シタル後各課ニ於テ附随シテ施行ヲ要スル文案ハ文書課ヨリ直ニ各課ニ送付スヘシ其課ニ於テハ三日以内ニ処分ヲ了シ速ニ之ヲ文書課ニ回付スヘシ 施行済ノ文案ニシテ「要再回」ノ記識アルモノハ文書課ヨリ更ニ其課ニ送付シ其課ハ十五日以内ニ文書課ニ回付スヘシ	前条文書ノ発送ハ決裁済ノ即日之ヲ取計フヘシ若シ文書輻輳シ即日運ヒ難キトキハ文書課長ニ於テ其ノ前後緩急ヲ示シ成ルヘク速ニ施行セシムヘシ 文書課ニ於テ施行シタル後各部局ニ於テ附随シテ施行ヲ要スル文書ハ文書課ヨリ直ニ各部局ニ回付スヘシ其ノ部局ニ於テハ三日以内ニ処分ヲ了シ速ニ之ヲ文書課ニ返付スヘシ（一六条）
一六条	凡ソ公文ノ印刷ニ付スヘキモノハ別ニ定ムル所ノ印行手続ニ依リ取扱ヒ公文ニ添付シテ発送スヘキ別紙図表等ハ主務課ニ於テ之ヲ浄書調製シテ文書課ニ交付スヘシ	凡ソ公文ノ印刷ニ付スヘキモノハ別ニ定ムル所ノ印行手続ニ依リ取扱ヒ公文ニ添付シテ発送スヘキ別紙図表等ハ主務部局ニ於テ之ヲ浄書調製シ文書課ニ交付スヘシ（一七条）

一七条	事ノ急施ヲ要シ又ハ機密ニ係ルモノハ通常ノ手続ニ依ラス各課長ヨリ直ニ決裁ヲ請ヒ又ハ便宜主任者ニ於テ自ラ携帯シテ関渉各課ノ議ヲ取リ並民政長官ニ提出スルコトヲ得其決裁済施行ニ至ルノ順序モ又便宜ニ従フコトヲ得 機密トシテ取扱フヘキ文書ノ種類ハ臨時緊急事件ノ外主務課長予メ之ヲ定メ文書課長ノ検視ヲ受クヘシ 至急ノ処分又ハ機密ノ取扱ヲ要スル文書ハ「急」又ハ「秘」ノ印ヲ捺シ取扱ノ際特ニ注意ヲ要ス	事ノ急施ヲ要シ又ハ機密ニ係ルモノハ通常ノ手続ニ依ラス各部局ヨリ直ニ決裁ヲ請ヒ又ハ便宜主任者ニ於テ自ラ携帯シテ関渉各部局ノ議ヲ取リ直ニ総督又ハ民政長官ニ提出スルコトヲ得其ノ決裁済施行ニ至ルノ順序モ亦便宜ニ従フコトヲ得 機密トシテ取扱フヘキ文書ノ種類ハ臨時緊急事件ノ外主務部局長予メ之ヲ定メ文書課長ノ検視ヲ受クヘシ 至急ノ処分又ハ機密ノ取扱ヲ要スル文書ハ「急」又ハ「秘」ノ印ヲ捺シ取扱ノ際注意ヲ要ス（一八条） 凡ソ発送スヘキ文書ニシテ親展又ハ至急ノ符記ヲ要シ又ハ書留郵便ニ付スヘキモノハ主務部局ニ於テ其ノ旨回議案ニ朱記スヘシ（一九条）
一八条	各課長ハ属ノ内一人若ハ二人ヲ文書主任トシ文書課トノ文書受授ノ責ニ任セシム	各部局長ハ属ノ内二人以上ヲ文書主任トシ文書課トノ文書受授ノ責ニ任セシム（二〇条）
一九条	凡ソ文書ハ民政部ニ接受シ若ハ成案ヨリ施行ニ至ルノ間之ヲ受授スル毎ニ簿冊ニ記入シ受領者ノ検印ヲ要シ且其月日ヲ明ニシ何時タリトモ直ニ文書ノ所在ヲ知リ得ルヲ要ス	凡ソ文書ハ総督府ニ接受シ若クハ成案ヨリ施行ニ至ルノ間之ヲ受授スル毎ニ簿冊ニ記入シ受領者ノ検印ヲ要シ且其ノ月日ヲ明ニシ何時タリトモ文書ノ所在ヲ知リ得ルヲ要ス（二一条）
二〇条	文書課長ハ各課ニ配付シタル文書ノ日限ヲ計算シ文書処分功程表ヲ製シ之ヲ民政長官ニ提出スヘシ	文書課長ハ各部局ニ配付シタル文書ノ日限ヲ計算シ文書処分功程表ヲ製シ之ヲ総督又ハ民政長官ニ提出スヘシ（二二条）
二一条	公文ノ浄書ハ楷行二体ヲ限リ明瞭ニ書記スヘシ総テ文	公文ノ浄書ハ楷行二体ヲ限リ明瞭ニ書記スヘシ総ヘテ

	案ヲ草スルモ亦之ニ準ス若文案ノ字句ヲ加削シ又ハ改正スルコトアルトキハ主任者之ニ検印スヘシ	文案ヲ草スルモ亦之ニ準ス若シ文案中ノ字句ヲ加削シ又ハ改正スルコトアルトキハ主任者之ヲ検印スヘシ（二三条）
二二条	凡ソ処分施行済ノ文書ハ之ヲ文書課ニ於テ保存ス其機密ニ係ルモノハ別ニ民政長官ノ命スル所ニ拠リ特別ノ方法ヲ設ケ之ヲ保管スルコトアルヘシ	凡ソ処分施行済文書ハ之ヲ文書課ニ於テ保存ス其ノ機密ニ係ルモノハ別ニ総督又ハ民政長官ノ命スル所ニ依リ特別ノ方法ヲ設ケ之ヲ保管スルコトアルヘシ（二四条）
二三条	凡ソ公文書類ハ公務ノ外総督又ハ民政長官ノ許可ヲ得スシテ他人ニ示シ又ハ写帖ヲ与フルコトヲ得ス其他各員所管ノ文書類ハ総テ散乱セサルコトニ厳重取締スヘシ	凡ソ公文書類ハ公務ノ外総督又ハ民政長官ノ許可ヲ得スシテ他人ニ示シ又ハ写帳ヲ与フルコトヲ得ス其ノ他各員所管ノ文書類ハ総テ散乱セサルコトニ厳重注意スヘシ（二五条）
二四条	此規程ハ官房ニ於ケル行政事務ニモ適用ス	

「台湾総督府民政部処務規程」・「台湾総督府処務規程」より作成（傍線は筆者による）

務規程と処務規程との比較表」を基に検討していくことにする。

民政部から再び民政局へ再編され、「処務規程」が制定された際の台湾総督府報第一〇五四号の訓令第三五五号には、規程の冒頭に「明治三十一年七月訓令第百六十八号ハ廃止ス」という文言が掲載されていたが、明治三一年の処務規程改正である民政局から民政部への改編における「民政局処務規程」の廃止に関わる文言は付されていなかった。このことから、規程の改廃についての一定の規則または文言が定まらず、想定もされていなかったため、明治三一年の改正の際のような廃止に関わる文言は付されていなかったと考えられよう。

この再編された「民政部処務規程」から「処務規程」への移行による大きな違いは、台湾総督府民政部というこの時代の民政部が大所帯であったとはいえ一部局の規程であったことである。この改正により、民政部の処務規程から台湾総督府の本府全体の規程になったことで、これにより査閲の権限が民政長官から総督または民政長官に変更されたことにある。したがって、対象とする文書については、民政部に到達する文書から台湾総督府本府に到達する文書のすべてを対象とすることになる。それを定めた条項が、第一条である。この条項からは、「恒例ノ文書ハ之ヲ各課長ニ配付シ重要ナルモノハ総督又ハ民政長官ノ査閲ニ供シテ配付スヘシ」の条文の一部分を廃止して、すべての文書を総督または民政長官が査閲することに改めた。しかし、これは制度上におけるものであって、それまでも民政部に到着したものの中にも台湾総督府全体への文書も文書課が取り扱っていたものもあった。このことは、第一条の最後に「総督又ハ民政長官親展ノ文書ハ文書課長ヨリ秘書官ニ移シ若ハ民政長官ニ差出スヘシ　人事又ハ警察ニ関シ秘密ヲ要スルモノハ発受件名簿ヲ区別スヘシ」とあることから、総督または民政長官への親展文書、人事や警察関係の案件などの秘密を要する文書についても、文書課が収受しており、秘密を要する文書については発受件名簿をも作成していることからも、民政部という一つの部局でありながらも本府全体の文書を収受し、分類し、配付していたことがわかる。

では、特筆すべき条項を見ていくことにする。まず、第一条の「人事又ハ警察ニ関シ秘密ヲ要スルモノハ発受件名簿ヲ区別スヘシ」との条文は削除されていることから、人事や警察に関するものを含めたすべての案件文書を含めて発受件名簿を作成するようになったことから、これらを含むすべての規程となった点である。また、第四条の「収受発送ノ文書ニハ本府ノ符記番号ヲ標記ス番号ハ毎年一月ニ起リ十二月ニ止ム　官房各課ノ立案ニ係ルモノ並官房各課ニ配付スヘキ文書ニハ番号ノ上ニ官字及主務課ノ頭字ヲ連冠シ各部局ニ関スルモノハ民字及主務部局ノ頭

字ヲ連冠ス　同一事件ハ其ノ終結ニ至ルマテ同一番号ヲ用ヒ一二三ヲ以テ之ヲ細別ス」という条文が加えられ、①符記番号を標記すること、②官房各課立案の文書または各課に配付すべき文書には官字と主務課の頭字を連冠させること、③同一事件の場合は終結までの文書に至るまで同一番号を使用し漢数字により細別することなどを補筆することが定められたことは、それまで、細則において定めていた条文を規程に追加したものである。[27]このことから、これらの①から③の三点が、文書を分類する文書課にとっては重要な用件となってきたといえよう。さらに、分類処務規程と処務細則に分けていた条文を規程に纏めることで、規則等の参照において容易になったのではないかと思われる。

また、第一九条では「凡ソ発送スヘキ文書ニシテ親展又ハ至急ノ符記ヲ要シ又ハ書留郵便ニ付スヘキモニハ主務部局ニ於テ其ノ旨回議案ニ朱記スヘシ」として、発送する文書については親展または至急かを記すこと、書留郵便については主務部局においてその旨を回議案の中で朱書きすることが追加されていることから、主務部局において気づくことを促すための強調すべき箇所は、朱書きすることで対応していたことがわかる。

このほかに、民政部の第二四条において、「此規程ハ官房ニ於ケル行政事務ニモ適用ス」とあるため、「民政部処務規程」が、台湾総督官房の行政事務に適用されていたことから、文書を取り扱う文書課が台湾総督府全体の文書管理も行っていたという制度と実態が伴い、民政部の文書課長の権限が大きかったことが、この条文から窺えよう。

最後に、第一五条の「施行済ノ文案ニシテ『要再回』ノ記識アルモノハ文書課ヨリ更ニ其課ニ送付シ其課ハ十五日以内ニ文書課ニ回付スヘシ」という部分が削除されている。これについては後述する。

これまで見てきたように、台湾総督府の文書行政に関わる処務規程を明治二九年、三一年、三四年と五年間で三回もの改正を行っている。大きな理由は、最初は民政局の局としての処務規程であり、次いで、民政部の部としての処務規程、最後に台湾総督府本府としての処務規程へという組織改編によるものであるが、このことから見ても、総督府の文書行政が正常に起動するのに六年を要したといえよう。しかし、基盤である処務規程は台湾統治六年目にして体制が整うが、文書管理システムの整備にはさらに時間が必要であった。

明治三四年に「処務規程」が制定された直後の一一月二二日に、本国政府の小松謙次郎逓信省通信局長より後藤民政長官に対し親展文書が送られている。(28)後藤は、その文書に対する返書を二九日に起案し、一二月三日に裁可するという極めて短期間で決裁にまで持ち込んでいた。その内容とは、公文発送の際の符号表記方について、総督府から逓信省通信局への文書や電報原書在中の文書については、封皮に「電」の符号を付し、通信局宛の親展文書には封皮に在中の本書番号を表記するというものであった。この本国政府の逓信省から後藤長官への親展文書という重要な案件は、電報や親展文書が非常に多くなった逓信省通信局にとって、通信局において開封する前にそれらを区別し分類を可能にすることは、必要に応じて早急に解決しなければならない案件にたどり着くために必要不可欠な課題でもあった。また、この後藤への親展文書については、本国政府の逓信省からの通牒であることから、明治三四年における台湾総督府の監督機関であった内務省からの文書ではなかったことがわかる。つまり、総督府は直接、本国政府の各省（ここでは逓信省）との文書の送受信を行っていたことから、監督官庁である内務省が本国政府から台湾総督府に向けてどのような文書を発送していたのかという発信文書の把握はしていなかったと考えてよいだろう。小松逓信省通信局長が、「追テ本文ノ次第御区内関係局へ夫々御通達相成度」という添書きをしていたことからも、台湾総督府の監督機関が台湾総督府の文書を管理しているという意識はなかったといえよう。

一方台湾では、明治三一年二月二三日付の台湾事務局野村政明局長から曽根静夫民政局長への通牒に、「総督府管下ノ各地方庁ヨリ可差出書類ハ総テ総督府ヲ経由」(29)するようにとあり、本府はこの通牒を受け取った後、三月一九日に各県知事庁長に向けて「本府各地方庁ヨリ内地諸官衙ニ宛テ可差出書類ハ本府ヲ経由シテ送付スベキ筈ニ有之候処近年往々右ノ手続ヲ省略シ直接送付スル向モ有之哉」と、台湾事務局からの通牒の写を添えて各県知事庁長へ改めて直接諸官衙へ送付しないよう求めていた。このことから、台湾事務局としては、台湾の各地方官庁の文書をも含めて総督府が管轄する文書はすべて本府を通じて本国政府各官衙へ送付させるという、それらの業務を担当している総督官房文書課が文書行政を統括するシステムを構築させようとしていた。しかし、この通達を受け取った台中県知事村上義雄は、三月二三日付にて、

台湾事務局ニ進達スヘキ書類ノ如キ夫々総督府ヲ経由スヘキ規定有之候モノハ貴府ヘ向ケ送附スヘキハ勿論之義ニ候得共内地諸官衙ト有之候テハ内地ノ一県若クハ一郡役所ニ対スル照会書類迄モ貴府ヲ経由スヘキ趣旨ニ有之候哉為念一応及御照会候也(30)

と、台湾事務局への書類については総督府経由をすべきことは了承しているが、念のため、県や郡などの一地方へ送付するものまで本府を経由するものなのかを照会するといった文書を民政長官後藤新平へ送っている。このほかに宜蘭庁長西郷菊次郎と嘉義県知事小倉信近代理警部長宮川武行も同様の問い合わせをしていた。西郷宜蘭庁長に至っては、総督府を経由すべき文書とは、各省に差し出す文書にして本府経由の必要を認めるものであり、「取調其他ノ為メ各府県等、照会往復スルモノヽ如キハ貴府経由ノ必要ナキ様被存候条如何ニ候哉」と府県への問い合わせのための往復文書までも本府を通じて送付しなければならないのかと問い合わせている。三月三〇日に送付した台中県知事中への回答書には、「各地方庁ヨリ内地諸官衙ニ可差出書類ハ総テ本府ヲ経由スベキ趣旨ニ有之候条」

としながらも、「追テ軽易ナル事件又ハ一時ノ取調ヲ委嘱シ或ハ質問ニ答フル時ニシテ半公文ヲ以テ往復□《破損》場合ハ本府ヲ経由セサルモ苦シカラズ候条為念此段申添候也」と、内地の諸官衙との軽易な事件や一時的に委嘱する取調べおよび質問等を往復で取り交わす際などは本府を経由しなくてもかまわないといったことを申し添えていることから、総督府では、本府を通じて送付する文書と各地方庁において直接取り交わす文書とを分けて、本国政府間との送付業務を執り行っていたことがわかる。

しかし、本国政府に至っては、度重なる監督官庁の変更により本国からの外地たる台湾への文書行政の徹底した統括はできていなかったといえよう。これについては、それぞれの監督官庁であった時期の各省の文書を見る必要があるため、今後の課題としたい。

台湾総督府文書課による文書処理事務の統一や本国政府の関係各機関からの文書発送時における統一化は図られていくが、これは文書処理業務の停滞をなくし、事務の敏活化を促すためのものであった。

このように事務の敏活化を図るための努力の成果はなかなか表れず、規則通りには文書の処理がなされなかったようである。なぜならば、文書処理に関する「文書検閲及回収規程」という規程の制定を文書課が求めていたからである。(31)

近来文書取扱上定例違反可有之懸念セラレ又従来文書課ヨリ要再回トシテ回付シ又ハ貸付シタル書類ニシテ再三督促ヲ為スモ更ニ返納セス甚シキニ到リテハ各主任ニ於テ便宜綴込ミ居ル向モ有之急速回収ノ途モ立チ難ク書類編纂上不都合不尠候条左案検閲及回収規程制定相成可然哉

文書取締規程

一　文書課長ハ文書整理上必要アリト認メタルトキハ其課員ヲ各部局ニ派シ文書帳簿等ノ検閲ヲ為サシムルコトヲ得

二　検閲員ニ於テ文書取扱ニ関スル定例違反ノ文書ヲ発見シタルトキハ其取扱者ノ属スル課長又ハ部局長ニ告ケ其文書ハ直チニ之ヲ回収スヘシ
　検閲員文書ヲ回収シタルトキハ其書類ノ目録ヲ作リ之ヲ当該部局ノ文書取扱者ニ交付シ其文書ハ文書課長ニ提出スヘシ

三　検閲員ニ於テ文書捜索ノ必要アリト認メタルトキハ其取扱者又ハ其課員ヲ立会ハシメ文庫其他ノ容器ヲ開披検索スルコトヲ得

四　検閲及捜索ハ何時ニテモ之ヲ行フコトヲ得但執務時間外ニ於テ之ヲ行フ必要アルトキハ予メ其課又ハ課長ニ通知スルヲ要ス

五　検閲員ノ検定捜索及文書回収ニ付テハ何人ト雖之ヲ拒ムコトヲ得ス

六　各部局ニ於テ文書課ヨリ借受書類ヲ参照トシテ添付シ已ニ決裁ヲ経タルモノハ文書課ニ於テ直チニ之ヲ分離シ貸付簿ニ済印シ所定ノ書函ニ収蔵スルコトヲ得此場合ニアリテハ借覧者ヘ其旨通報スヘシ(32)

　ここで取り上げた「文書取締規程」とは、まさしく文字通り「取締規程」であった。それは、近年の文書取扱上における「定例違反」がなされていることや、「文書課ヨリ要再回トシテ回付シ又ハ貸付シタル書類」のなかで、「再三督促」しても「返納」されず、「甚シキニ到リテハ各主任ニ於テ便宜綴込」む事例すらあり、緊要な場合にそれへの対処すらできない状況をも生じさせているといった総督府官吏の職務怠慢により、府内各部局における文書管理の杜撰さが深刻な状況にあったからである。このため、まず、第一項で文書課長は必要に応じて課員を各部局に派遣して当該部局が保管している「文書帳簿等ノ検閲」するとして、文書課長へ部局への立入検閲権を与え、第二項で「文書取扱ニ関スル定例違反ノ文書ヲ発見」したときには、当該文書を回収する権限を、第三項では「文書捜索ノ必要」があると文書課の検閲員が判断したときには、「其取扱者又ハ其課員ヲ立会」のもとにその部局の「文庫其他ノ容器ヲ開披検索スル」という開披検索権を、第四項ではその検閲捜索は執務時間に限らず文書課の判断で「何時ニテモ之ヲ行フ」とし、第六項では各部局に文書課の借受書類を参照して添付させ、さらに決裁を経たものについては「直チニ之ヲ分離」し「所定ノ書函ニ収蔵スルコト」とし、これらについては、第五項で「何人ト雖之ヲ拒ムコトヲ得ス」と強力な権限を与えていた。職務態度の引き締めと、職務への忠実な執務の実行を求めるといった悲惨な状態にあったといえよう。

だが、このような強権的ともいえる強力な権限を付与したことから、この「文書取締規程」については各部局の強い抵抗を受けることになる。それを示しているのが、原案の規程の名称変更であり、文書課が立案してから最終的な決裁が出るまでの時間の経過であり、参事官長と参事官の決裁印であった。文書課が立案した原案の件名標題は、「文書検閲及回収規程」であったものが、最終的に決裁された名称は「文書取締規程」と書き直していた。規程の内容からすると、明らかに文書課原案の方が適切である。それを、「検閲及回収」から「取締」に訂正しているところに、各部局による抵抗と反発を窺うことができよう。

本規程は二月六日に立案されていながら、決裁は三月一三日であった。文書課長より民政長官に提出され、民政長官の了解を得て文書課に戻され、それから関係部局と参事官・参事官長を経て、最終的な民政長官・総督の決裁を経るのに一箇月近くの時日が必要であった。いかに関係部局の了解を得るのが困難であったかがわかる。それ故、内局が立案した案件としては通常ではあり得ない程の日数がかかってしまったといえよう。さらに、このような内局の、しかも内規のような規程案で参事官・参事官長の決裁を得るというのも、この規程が極めて重要なものであったかがわかる。文書に限定したものであったとはいえ、立入捜査権や押収権のような、立入検閲権・文書回収権・開披検索権・絶対服従権といった権限を文書課長に付与することに、部局内での抵抗は激しいものであったに違いない。このように、参事官決裁が必要になった経緯については、明治三二年に遡る。従来は、一定の準則もなく、まちまちに審議していたところを、「参事官ノ審議ニ付スベキ事項」として決定されたのが、次の事項である。

一　法律、勅令、律令、府令、訓令（内訓ヲ含ム）告示及決議
二　重要ノ指令、認可、回答、通牒及照会
三　条約、約束及外国人ニ関スル重要ナル事項
四　鉱業、樟脳製造、塩田開発ノ許否開墾牧畜若ハ植樹ノ為及有林野ノ売渡若ハ貸渡及移民ニ関スル事項
五　法人ノ設立ニ関スル事項
六　訴訟ノ提起及訴訟ニ対スル答弁
七　訴願、請願及建議
八　重要ナル命令書及契約書
九　中央衛生会、台北市区計画委員会其他委員会及民政部内ニ於テ開会スル諸会議ニ対スル諮問事項
十　地方庁ノ発シタル命令報告其他諸報告

十一　其他重大ナル事項及総督又ハ民政長官ノ特命ニ係ル事項(33)

これら一一項目のほかに参事官長には、特に予算に関する重要な事項と匪情報告を回付し、急を要する匪情報告については総督閲了後に回付されることとなっていた。この案件は、明治三一年の「民政部処務規程」の第一一条に「参事官ノ審議ニ付スヘキモノニ就テハ」とあり、その審議事項については一定の準則もなく、明文化もされていなかったことからまちまちであったため、三二年において「参事官ノ審議ニ付スベキ事項」としてこれらの一一項目が置かれたのである。この度の「文書取締規程」では、一の内訓および一一の重大なる事項として参事官および参事官長の決裁を必要としたのであろう。その後の参事官および参事官長の決裁については次節において論述する。

このほかに、当該起案文書によりわかったこととして、処務規程で削除されていたものが改めて問題視されたことである。それは、「文書課ヨリ要再回トシテ回付シ又ハ貸付シタル書類ニシテ」とある「要再回」文書である。これは、処務規程において削除された条文ではあるが、参事官長を経ることを義務づけるとして起案されたように厳しく監視されるようになったといえよう。「要再回」文書の取扱方については、次節において取り上げることとする。

このように、現実的な各部局における文書管理の杜撰さ、それによって引き起こされる通常業務の停滞、これに対する措置がこのような強権的ともいえる方法しか残されていなかったところに、その深刻さをみることができる。現在、台湾総督府文書をみると、原本そのものの中で明らかに綴られていなければならない文書が綴られていないという事例が散見される。その原因は、このような各部局の文書管理の杜撰さにあった。これは、アーカイブズ学研究にとっても、近代公文書学研究にとっても重大な意味を持っており、我が国における公文書管理の問題に通じるものがあるからにほかならない。

では、次に明治三八年の改正から完成までを見ていく。

二　完成期における文書管理体制

ここでは、明治三四年制定の「処務規程」および同三八年における「文書保存規則」をもって行われた文書管理について制度と実態とを合わせながら見ていく。次いで、昭和二年に完成した台湾総督府の文書管理システムの規程である「文書取扱規程」について考察していく。

まず、明治三六年二月二七日には、

総督並民政長官ノ決裁又ハ閲覧ヲ要スル文書ハ民政長官ニ提出スル前ニ於テ総督府官制第二十一条前段ノ規定ニ依リ参事官長ノ決判ヲ経ルヘキコトニ決定相成候条依命此段及通牒候也[34]

として、官制第二一条により、総督並びに民政長官の決裁を要する文書は、最初に参事官長の決判を経ることと定められる。これにより前節でみた「参事官ノ審議ニ付スベキ事項[35]」が、総督および民政長官の決裁ならびに閲覧を必要とするすべての文書、つまり総督及び民政長官の決裁を必要とする重要事項・重要案件へと拡大し、参事官長がその責任を負うことになったことを示している。

この総督及び民政長官の決裁を必要とするすべての案件に対して、参事官長に介入させた基本的な理由は、台湾総督府における統治行為や行政行為において、総督や民政長官が本来的業務を行えないという客観的で実務的な事情があったことによるのではないかと思われる。台湾総督も民政長官も、本来的には現地統治機関の責任者として現地機関に常駐していなければならないが、実際には、台湾総督府が通常の概念でいう独立した植民地官庁ではなく本国政府の機構の下に置かれた執行代行機関でしかなかったため、行政事務の停滞を補う必要があったからであろう。それは、台湾統治制度上台湾に施行するさざまな施策の多くは本国政府の承認が必要であった（法律や律令や勅令をもって施行する重要な案件）ことから、総督と民政長官は台湾を離れ、多くを本国の東京に在住しなければならなかった。さらに、帝国議会開催期間中民政長官は議会に政府委員として出席しなければならず、律令や勅令にかかわる事案については関係省庁との折衝が必要であった。このため、参事官長の存在は欠かせないものになっていく。そこに、この通牒の意味があったのではなかろうか。

この通牒の文書上における影響は、起案決裁文書に参事官長と参事官の決裁のスペースが設けられた点にある。もっとも、台湾総督府の起案文書は、総督も民政長官も参事官長も参事官も、さらには文書課長をはじめとする各課長から係長などのスペースは、すべて押印されたものか筆記されたもので、印字されたものは多くはない。汎用性を考慮して、ゴム印や木印をもって黒インクで押印されるというのが一般的であった。なお、参事官長と参事官の押印などの領域であるが、位置的には総督・民政長官の下の位置で、総督の左側に指定されていた。

だが、これだけでは十分ではなかったようだ。一二月二八日に、次のように民政長官代理より所属官衙長に対してさらに厳しい訓示が発せられていたからである。

文書取扱ニ付テハ従来之レヲ軽視スルノ傾アリテ各主任ハ往々自己ノ取扱ニ係ル書類ハ或ハ之レヲ秘蔵シ或ハ之レヲ綴込トシ甚シキハ数年之レヲ筐底ニ埋却シ転免異動ニ際シテ終ニ其ノ所在ヲ失スルモノ蓋シ尠シトセス抑モ文書取扱ニ付テハ一定ノ法則アルニ拘ラス之ヲ等閑ニ付スルハ其ノ責務ヲ怠リタルモノト謂フヘシ自今各上官ハ一層其ノ監督ヲ厳ニシ各主任ヲ督励シテ積年ノ冗弊ヲ打破シ各規定ヲ遵守シ指定ノ期間ニ其ノ所要ヲ弁セシメ毫モ滞慢ノ行為ナカランコトヲ要ス文書課ハ期日ヲ定メ文書取扱ノ経過ヲ点検シ違法ノ行為ニ付テハ督責ノ任務ヲ全フシ毎月其ノ結果ヲ申報シ車軸相待テ遺憾ナキヲ期スヘシ(36)

この訓示から、台湾総督府官吏の文書管理の実態が分かってくる。この訓示は、「文書取扱ニ付テハ従来之レヲ軽視スルノ傾アリ」として、文書取扱に対する自覚の欠如が総督府官吏の問題点の一つであるとの指摘がなされ、その具体的な事例として「各主任ハ往々自己ノ取扱ニ係ル書類」について「秘蔵」したり「綴込」とし、甚だしいものに至っては「数年之レヲ筐底ニ埋却シ転免異動ニ際シテ終ニ其ノ所在ヲ失スルモノ蓋シ尠シトセス」としているからである。如何に、総督府官吏における文書管理が杜撰であったのかというだけでなく、それが総督府の通常業務に見過ごすことが出来ない程の重大な弊害が起こっていたのかが分かる。

かかる事態に対して各上官は、「一層其ノ監督ヲ厳ニシ各主任ヲ督励シテ積年ノ冗弊ヲ打破シ各規定ヲ遵守シ指定ノ期間ニ其ノ所要ヲ弁セシメ毫モ滞慢ノ行為ナカランコトヲ要ス」(傍点は筆者による)とし、「文書課ハ期日ヲ定メ文書取扱ノ経過ヲ点検シ違法ノ行為ニ付テハ督責ノ任務ヲ全フシ毎月其ノ結果ヲ申報シ車軸相待テ遺憾ナキヲ期スヘシ」(傍点は筆者による)と厳に指示していた。それまでは所属官衙において、文書の紛失がかなり多く、杜撰な管理をしていたことが指摘されていたことを踏まえ、この訓示をもって各官衙長が監督を厳格にして指定の期日を守り、文書取扱の経過に責務を負うことを周知させたのであった。

この訓示は、戦後の日本の公文書管理のあり方に対する警告のようにも思われる。訓示の言葉の中に、「文書取扱ニ付テハ従来之レヲ軽視スルノ傾アリ」、「文書取扱ニ付テハ一定ノ法則アルニ拘ラス之ヲ等閑ニ付ス」、「違法ノ行為ニ付テハ督責ノ任務ヲ全フシ」などは、現在の公文書管理に対する戒めにも聞こえないだろうか。いずれにせよ、これも、前述したものと同様に史料学研究にとっても重大な意味を持つものといえよう。

このようにして、二月二五日には、未済文書並びに再回文書の取扱方について、総督官房文書課長よりの通牒[37]がなされた。この通牒文では、①未済文書の督促は、毎月一五日と月末の二回行うこと、②未済文書および再回文書の督促に対して、「処分中、調査中」などと漠然とした理由を記入しないこと、③再回文書について照会中に係わるもので回答を接受していないものを除いては一五日間を過ぎたものはすぐに返戻し、必要なものは改めて文書課から借り出すこと、④③の場合で一五日間を過ぎても返却されない場合は、今後再回しないこと、が定められている。

これまで、明治三〇年一一月一七日に、民政局長は再回文書及び完結文書の引継方を周知させるための手段として、次のような「再回文書及完結文書引継方[38]」を定めている。まず、①施行後再回を受けた文書は三日以内に民政局長付書記に返付すること、②処分完結後、主務課において借り入れた文書は五日以内に民政局長付書記に引き継ぐこと、③完結の成案には「完結」と朱記すること、④①と②について、期限内に返付および引継が不可能な場合は、事由と返付および引継の予定期を付箋に記し再度借入の手続をすること、但し予定期は一箇月は超えないこと、など、四項目になる再回文書および完結文書の引継方が周知徹底されることとなった。

これまで処分完結後の完結文書および再回文書については、「民政局処務細則」の第三一条において、合議を受けた文書にして、決裁後に再回を必要とするものは「課名ノ上部ニ『要再回』ノ印ヲ捺」し、その後に再回文書が要求した課にて閲覧後には、「閲覧者ハ『要再回』ノ傍ニ捺印シテ之ヲ了リシヲ表シ返付ス」ることと、再回文書における取り決めがなされていた。一方の「官房処務規則」では、第一二条において、施行済の文書にして「要再回ノ記識アル」文書は、「文書課ヨリ更ニ主務局ニ送付」すること、「主務局ハ十日以内ニ文書課ニ回付ス」ることと定められている。

このことから、「民政局処務細則」において、決裁後に再回を希望する場合の「要再回」の印を押し、閲覧者がその印の横に捺印して閲覧したという印を残すといった取決めが定められ、「官房処務規則」においては、再回文書は、必ず文書課が完結した決裁文書を受け取ってから主務局へ送付し、受け取った主務局は一〇日以内に返付するといった取扱方法が定められた。しかし、再回文書に対しての返却が遅く、または返却されない場合もあったことから、既述したように「再回文書及完結文書引継方」において、再回文書の取扱とともに完結文書における処分完結後の借出文書にも対応できるように、主務課における杜撰な文書取扱に対して、再回文書および完結文書の引継方を徹底させたと考えられよう。

かかる規程に対して、土木局取扱の工事施行および物件の売買貸借労力供給に関する書類外一件文書の保管について、明治三七年三月四日に長尾半平土木局長心得から加藤尚志官房文書課長へ次のような照会[39]がなされる。それは、①工事の施行及び物件の専売貸借労力供給等に関する書類は会計検査院の検査報告発表まで保管すること、②工事旅費の配賦要求及び各庁に於て施行する工事の許否に関する書類は該年度決算終結まで保管すること、の二つの方法が示された。

この照会について文書課長から、その内容については了承するとし、さらに、「再回ノ手数ヲ省略シ特ニ一年間ヲ限リ貸与」することについても了知した旨の回答がなされた。だが、この土木局の文書に対する特別な処理方法は、総督府や各部局の文書取扱および文書保存において影響を与えていくことになる。それが、明治三八年の文書保存規則の改正へと繋がることになる。

土木局の照会に引き続き、明治三七年四月一五日には、竹島慶四郎殖産局長代理から加藤文書課長に対して、殖産局の生産品其他物品保管転換等会計事務に属する書類にして会計検査院に関係あるものは、普通の書類とは異なり一定の期間は同局に留置く必要があるため、「特別貸与」という方法を申し入れてきた(40)。この照会に対して「貴局主管ノ公文書取扱方ニ関シ」ては、「申越ノ書類ニ限リ特ニ一年間貸与」し、この貸与を受けた書類には欄外に「特別貸与」と記すことという回答がなされ、土木部同様に特別貸与が認められた。

さらに、四月二三日には、大島久満次総務局長代理からも、罹災救助基金及同救助費、慈恵事業に属する各財団、台湾神社費の予算、決算、収支計算および証憑に関する書類について、一年間の「特別貸与」の申請(41)がなされ、これも同様に一年間貸与という特別措置が施されることになる。

文書管轄を統一的に行うといっても、業務内容によって異なる措置を採らざるを得ないが、さらに文書や書類によっても図面を含め定型化できないものもあり、これも例外的措置を施すことになり、それも全体を踏まえた上で文書管理の方法を講じるようになる。このことは、総督府における文書管理がたびたび変更されていくのは、管轄する職務増減によるものであることから当然のことであった。特に、行政機関としての実態と連動させて一体的に文書を管理運用していくことから、文書館などにおける文書管理とは異なることを踏まえておく必要があるが、この総督府の文書管理および運用が、現在の各省庁や地方自治体等における文書管理と運用に示唆を与えるものでもあることを喚起しておきたい。

台湾総督府が設置されてから一〇年、文書により行政措置がなされてきた総督府において、府内における文書処理の問題は、府内各官衙の文書処理期限の遅延などの問題だけではなかった。かかる問題を考慮して、明治三八年八月に「文書取扱上ニ付通牒ノ件」が出された。この通牒は、

総督又ハ民政長官ノ決裁ヲ仰クヘキ回議（供閲モノモ含ム）様式ハ一定ノ文例書式ニ依ラルヘキハ勿論ノ義ニ候処近年其取扱区々ニ相成リ随テ文書ノ乱雑ヲ来タシ汚穢甚シク殆ント通読スルコト能ハサルモノモ有之不便尠カラス候条右取扱ニ就テハ三十一年六月官文第五七八号（別紙甲号）通牒ノ通取扱相成度候右回議書捺印方ニ付テハ三十五年一月官文第九号（別紙乙号）ヲ以テ御決定相成リ候通ニ掛長及主任以外ノ者ハ捺印セサルコトニ御部下一同ノ御注意置相成度特ニ一時供閲モノノ如キニ至テハ其乱雑甚シキ向有之候間捺印ハ必ス欄外ノミヲ使用セラレ候様致度此段得貴意候也(42)

というものであるが、文中の甲号の「官文第五七八号」とは、文書取扱について処務細則の規定によるもので、事務の敏活を図るための条項である。それは、明治三一年六月一四日に文書課長より各課長宛に送られたもので、その内容とは文書取扱に関して、①一時の供閲に止まるものは別に議案用紙を用いることなく欄外に供閲起案の年月日識名を記入すること、記録において綴込または断切する場合には間違いのないように注意喚起すること、②二枚以上に渉る議案には必ず二箇所に穴をあけて綴合すること、③地方長官やこの他より認可を請う場合または稟議をする公文には総督よりの指令の形式をもって行うこと、④前議の文章はなるべく簡明に記し、特に立案の本文において事由が明らかなものは前議を省くこと、⑤律令府令類で漢訳を必要とするものについては、予め漢訳の手続を

すること、⑥一つの議案を提出するにあたりこれに関連する書類はすべて一括添付を要すること、⑦至急の決裁を仰ぐもの又は府報に掲載するもので退庁時間が切迫する虞のある場合は予め文書課に伝えること、の七点であった。つまり、文書の取扱について細部にわたってその処理方が定められていたにも拘わらず、それが実際乱雑になり、汚穢が甚しく、殆ど通読することが不可能なほどに杜撰な取扱を行っていたということである。

一方、「回議用紙記載捺印方変更伺」[43]（明治三五年一月一三日決裁）では、総督又は民政長官の決裁を必要とする回議用紙の捺印の仕方について、各課でそれぞれ対処方法が違っていることから、「此際之レヲ一定スル方取扱上便宜」であるとして雛形に従って行うことが求められた。その雛形とは、①掛名を記し、掛長印を捺印し、起草者は掛長の下に捺印すること、②掛のない場合は、主任の文字を記入し、責任者が捺印し、起草者は責任者の下に捺印すること、③他の掛または其の他に合議又は回覧を要する時は、掛名を記入しないで捺印すること、といったように微細な指示を与えていた。さらに、回議用紙への捺印方についても、掛長及び主任以外の者が捺印しないように部下一同へ注意すること、特に供閲文書に至っては乱雑が甚しく捺印は必ず欄外のみを使用するようにと指導している。このようにして、総督府は、文書処理期限や文書取扱について徹底した改善を行っていかなければならないほど、総督府内における文書処理に関するルール化は不徹底であったことになろう。

「処務規程」の再回文書については、一五日以内に返却することが定められ、業務執行上文書を閲覧する必要が生じた場合においては、文書課から借り出すように定められていた。つまり、基本的に処理済案件の文書類は、原課には保管せず、すべて文書課に送られ、文書課に置いて保存管理されていたということになる。

明治三八年三月三一日に定められた貸与に関する取扱手続きとは、①特殊取扱を除く書類を借り受ける場合は、専用の伝票に要項を記入することと、その伝票は一件限りのものとして、伝票の数をみれば貸出数が分かるようにしていること、②書類要求伝票を受けた際には、貸付簿に府番号、貸出年月日、借用者名を記入し、この伝票は、官房、署、各局別に纏めて保管することと、文書の返納の際には貸付簿に返納月日を記入し伝票を返付すること、③伝票は文書課に請求し各課に備えておくこと[44]、と定められた。従来の書類の貸出は、官房各課・署・局別に貸付簿を備えて、要求があればその都度その書類の年別・府番号ならびに件名を記帳して、借用者の捺印の後に貸与していたが、貸出の簡便を図るために伝票を用いた「書類貸出手続[45]」に変更したものである。

同じ時期に、警察本署では、警察本署各課における文書主任を廃止したことに伴う「文書取扱順序[46]」を定めると同時に、三月三〇日に、警察本署長より「文書処理心得」が次のように訓達されている。

近来一般警察事務ノ進歩ヲ見ルニ至レルト共ニ当署ノ事務モ亦倍々繁雑ニ赴キ文書件数ノ増加ヲ来スハ蓋シ止ムヲ得サル義ニ有之而シテ之カ為ニ経費定員ノ増額増員セラルヘキニ非サルヲ以テ現在ノ定員ヲ以テ斯ノ繁多ナル事務ヲ処理セサルヘカス茲ニ於テカ本署員タルモノハ早出晩退一層ノ奮励ヲ以テ之ニ当ルノ覚悟ヲ要スルハ勿論警察本署処務規程ヲ励行スルノ外別紙文書処理心得ニ拠リ可成繁文ヲ去リ縟礼ヲ避ケ常ニ執務ノ順序ヲ立テ簡便敏活ニ之ヲ処理シ苟モ渋滞セサル様深ク注意セラルヘシ[47]

この訓達は、警察本署長が、警察本署内の職員に対して注意喚起を呼びかけたものであるが、それは、文書の適切な処置の仕方について一層の関心を持ちながら処理していくことなどの心構えを示したものであった。このなかで、「現在ノ定員ヲ以テ斯ノ繁多ナル事務ヲ処理セサルヘカス」といった現状を理解した上で、そのためにも「執務ノ順序ヲ立テ簡便敏活ニ之ヲ処理シ」ていかなければならないといったことを記していた。この警察本署長の訓示は、現在の公文書を軽視する傾向に対しての戒めのようにも思えるが、当時の警察本署内においては、このようにして事務の繁雑や定員の不足に対応していった姿をみることができる。

その後、三八年三月三一日に「文書保存規則」と「特殊文書取扱規則」(48)を定めることにより、記録・分類・保存の三つの規則が改正され、総督府は大量に生産されてくる文書の編綴の効率化を進めていくことになる。明治三三年の「民政部記録規則」と三八年の「文書保存規則」との大きな相違点は、章立てである。文書保存規則は、第一条から第八条までが第一章の総則であり、第九条から第一二条は第二章の分類、第一三条から第一七条は第三章の保存、第一八条から第二八条は第四章の編纂、第二八条から第三二条が第五章の貸出、第三三条が附則である。さらに、この附則により、会計年度に属する書類等は、普通文書と混同しないために特殊文書として別途分類することとした。これは、「文書ノ特別貸与ヲ廃シ、特別取扱ヲナスノ件」(49)として三月三一日に改正された。

条項の内容にも修正が見られ、文書保存規則への改正は多大な影響を齎したようである。そのため、台湾総督府の各部局内で三箇月間に亙り調整が行われていた。文書課からの稟議案が各部局に回議された際には、各課が関係する条文の上欄外または下欄外に意見もしくは希望等を記した附箋が稟議案(50)に貼付されていた。例を挙げれば、「工事ノ起工ニ関スル文書ヲ加ヘラレタシ」、『期約』ノ字意義不明　殖産局」、「出勤簿ハ両三年間保存ノ必要アルニ付本項ヨリ御除キ相成様致度　財務局」、「出張認可書　褒賞上申ハ五ケ年間保存ヲ望ム　褒賞中褒章ノ授与ハ永久保存ヲ望ム　秘書課」「鉱業ノ次ニ林業ノ欄ヲ特設シ家畜衛生ヲ畜産ト改メラレタシ　殖産局」「金融ノ一項ヲ類別中ニ御追加相成様致度　財務局」「監獄ノ次ニ免幽閉、仮出獄及監視仮免」ノ一項ヲ加ヘラレタシ　法務課」「官有財産ノ一類ヲ加ヘラレタシ　財務局」などの意見等が附箋にびっしりと書かれていた。このように、意見や希望を記した附箋を稟議書に貼付することにより門類項目の類名等が新設され、または修正された。これらの各部局が部局内において検討を重ね附箋に書き入れる作業に三箇月という期間が必要であったといえよう。

この稟議書の欄外の上下に貼付された附箋については、「民政部記録規則」第二四条の「文書中掛紙附箋等ノ将来離散シ易キモノハ余白若ハ一紙ヲ添ヘ之ヲ貼付スヘシ」の規則によるものである。この条項は、明治三八年の「文書保存規則」第二三条により「文書中掛紙、附箋等ノ将来離散シ易キモノハ本紙中罫面上部ニ貼付スヘシ」と改められている。「罫面上部」に貼るようにと貼付場所を特定したということは、「余白若ハ一紙添ヘ」て貼られていたこれまでの方法では、紙や附箋が離散することが多かったためと考えられよう。(51)

こうして、多数の貼り付けられた部局意見が採用され、議案用紙改定案は廃案となっている。この廃案文書を永久保存文書である本案件とともに一件として保存していることは、文書課としての意見を残し、次に同様のことが起こった場合に参照できるようにするための処置と考えられる。台湾総督府文書には、このように廃案文書も決裁文書とともに同案件内に綴っている。このことからも、廃案ではあっても後来に検討する可能性もあることを考えてのことでもあろうか。これについても、決裁に至るまでの文書をすべて保存し、決裁文書とともに綴じるといったことは、公文書保存の立場で考えられているといえよう。これらの点は現在の公文書管理にも生かすべきことであり、かかる問題を真剣に取り組むことが現在求められている。

このように、明治三八年一月一六日に稟申された「文書保存規則」は、各課での調整が図られ、約三箇月後の三月三〇日になって決裁されることになる。この文書保存規則においてから、「記録文書」という名称は使われなくなったという点は述べたが、この条項の中で特筆すべき点は、第一条の「凡ソ台湾総督府官房並民政部ニ於テ主管スル一切ノ文書ハ官房文書課ニ収蒐シ本則ニ依リ編纂保存又ハ廃棄スヘシ但特命ニ依ル秘密文書ハ本則ニ依ルノ限ニアラス」という条項のなかで、「編纂保存又ハ廃棄スヘシ」として廃棄について取り上げている点である。これまでは、分類規則により保存と廃棄の分別を、保存規則により保存年限を定めていたため、廃棄と保存の規則は分けられていた。この保存と廃棄の規則を纏めて定めた規則が、この「官房並民政部文書保存規則」ということになる。この明治三八年の規則では、第一四条において保存年限を改めている。第三表がその保存年限である。

第三表　保存年限表

永久	法律命令ノ制定、改廃、非常特殊ノ処分、其ノ他例規ノ基トナルヘキ文書、職員ノ進退及歴史ノ徴考トナルヘキ文書又ハ重大ナル工事ニ関スル文書等ハ永久保存スルモノトス但シ府令、訓令等ニシテ永久保存ノ必要ナキモノハ相当ノ保存期間ヲ定ムルコトヲ得
一五年	法律、命令ノ執行ニ関シ例証ヲ挙クル内訓、指令、通牒又ハ回答シタル文書及諸達、稟議、報告ノ類ニシテ六七年間参照ノ必要アリト認ムル文書ハ十五年間保存スルモノトス
五年	経費其ノ他金銭ノ出納ニ関シ決算報告ヲ了シタルモノ及処分済上申、報告、諸願届ノ類ニシテ両三年間参照ノ必要アリト認ムル文書並出勤簿ハ五年間保存スルモノトス
一年	原簿、台帳ニ登録ヲ了シタル諸申牒、報告及官吏ノ身分ニ関スル諸願届、請書又ハ製表ノ材料、効力消滅ニ帰シタル免許若ハ期約或ハ一時ノ処弁ヲ了シタル上申、往復照会ノ類ハ一年間保存スルモノトス

「文書保存規則」により作成

このほかに、第一五条において、それまでの「民政部記録規則」の第三四条で、「後来参照ノ必要ナシト認ムルモノハ文書課長限リ」廃棄することができたものが、「主務課、署、局長ニ合議シ民政長官ノ決裁ヲ経」なければ廃棄ができないとした。文書課長のみが廃棄の決定を行うという非常に重要なる決断を文書課長に与えていたことになる。さらに、第一七条の保存年限終了後の文書の取扱では、民政長官の決裁を経る前の段階において、「民政部記録規則」第三六条の「文書課長之ヲ点検シ当該課長ニ合議ノ上」を「当該官房各課、署、局長ニ合議シ」に修正している。民政部の規則から官房並民政部の規則へと改正されたため、当該課長の判断のみならず合議部署を増やし、簡単に文書を廃棄することができない規則へと改善されていったといえよう。

第三〇条の貸出期間については、それまで一週間だったものを一〇日間に増やしたが、それでも、特殊取扱文書に適用することにおいて各局からの反対があり、特殊取扱文書に至っては、一〇日間から一箇月間に改められている。この特殊取扱文書の文書特殊取扱手続が定められ、総務部・財務部・通信部・殖産部・土木部の文書のなかで、会計に関する文書がこれまでの文書取扱規程から分離されて保存されることとなる。通常の文書と異なる四月から三月という期限でもって纏めるという特殊取扱にすることは、文書を分類し保存する立場からすれば非常に難しい特殊な文書といえよう。ここに、行政の年度と会計の年度との相違が、文書管理を複雑化させていくことになる。

なお、明治三八年七月三一日には、内務大臣官房台湾課長有吉忠一より後藤民政長官に、

従来貴府ヨリ提出相成候律令案並勅令案ニ添付セラルヽ理由書ハ簡短ニシテ其大体ヲ記スルニ止マリ軽微ノ疑問ト雖𪜈主任官出京相成居候場合ノ外逐一電報又ハ書面ヲ以往復問答セサルヲ得ス斯クテハ徒ラニ時日ヲ遷延スルノミナラス双方其手数ヲ要シ不便不少候ニ付自今右律令案並勅令案提出相成候場合ハ理由書ノ外別ニ主任官ヨリ小官迄可成詳細ナル説明ヲ附シテ御送付有之候様御取計相成度此段及通牒候也(52)

とする要請をしていた。ここから、勅令律令案といった法令制定において総督府から送られている案文のなかに記される理由書が、「簡短」すぎることからその詳細を記述することが求めざるを得なかったことと、そもそも本国

と遠く離れた台湾という地理的な条件のなかで通常の法案処理方法では対処できないといった現実的課題が浮かび上がってくる。これは、まさしく外地統治という日本独特の統治方法に起因したもので、統治政策を見る上で重大な問題点であったことが分かる。同時に、台湾総督府を指揮下に置く本国政府機関が抱えている実際的な課題が何であったかが見えてくる。単純な植民地支配論では説明できない問題ではなかろうか。この問題は、帝国の外地統治の根本的な問題であった。それは、昭和二年においても、当時の監督官庁である拓務局より総督官房審議事務官にこれと同様の通知がなされているからにほかならない。その通知文とは、

勅令案及律令案ノ理由書記述方ニ関シ拓殖局ヨリ通知有之従来ハ大要ノミヲ簡単ニ記述セル処爾後詳細ニスル様今回次官会議ニ於テ決定相成候趣ニ付将来立案ノモノハ右ニ準拠スルコトニ致度尤モ其ノ程度ハ一概ニ示シ難ク候へ共二三行程ノモノヲ改メテ説明書記載ノ改正理由中ノ主要点ヲ相当記述セハ可ナル趣旨ト御了知相成度此段申進候也(53)

であった。勅令案および律令案の理由書の記述方については、改正理由は主要点を記述するようにとあることから、明治三八年に監督官庁である内務省から通牒があったにもかかわらず、昭和二年にいたってもまだ理由書の記述方についての指導を受けていたことが分かる。しかも昭和二年においては次官会議で決定されているほど勅令案および律令案の理由書が不明瞭とされていたのである。それは、通常の場合は各省の担当者が直接説明し相互理解に努めることができたが、台湾という物理的原因によってこれが容易ではなかった。このため、常時台湾総督府の関係者(責任を持つ担当者)が東京に在住することが求められていたことが分かる。外地統治という制度そのものが抱

えていた本質的問題といえよう。

このように、府内において、主務課に対する文書の取扱についての徹底した指導を文書課が行っていたと同様に、本国政府からも総督府に対して、厳しい指摘と指導がなされていたのであった。

台湾総督府の開府から一〇年間の前半期においては文書を管理するという認識がまだ十分ではなかった。しかし、総督府の行政機関としての機能が整うとともに文書が大量に作り出されるようになり、文書管理の重要さを総督府内に徹底させようとする。

明治四五（一九一二）年七月には、「総督府処務規定」が改正される。これは、文書の受授について、その取扱における責任の所在が問題となっていたためであった。同年六月二一日の「文書取扱方ノ件」によって、文書課部局間における文書受授の責任は部局長であることが定められていたが、次いで七月一六日には、三村三平文書課長名で各部局長宛にその責任者となった文書主任の氏名を通知するように求めている。では、何故、この段階になって文書の取扱に関する責任者が必要となったのであろうか。その「文書取扱方ノ件」(54)は、次の一八の項目に纏められている。ここで、重要な項目について順を追って見ていきたい。

この文書取扱方の中で、初めて部局の収発件名簿に触れており、第一項において、部局の名簿については部局長名または部局名をもって施行する文書のみを登記すべきものと定義している。しかし、「事務委任事項第四条ノ文書ト雖文書課件名簿整理上等ノ必要アルモノハ発送ノ後文書課ニ回付スルコト」とあることから、主管部局内で処理する文書においても発送後は文書課に回付することが定められた。第二項は部局長において文書課より文書の配賦を受けた時は、先ず部局長が「査閲ヲ為シ自ラ其ノ処分ヲ為スカ其処分方ヲ課長ニ指示シ課長ハ掛長主任者ヲシテ之カ処分案ヲ起案セシメ又ハ自ラ起案シ部局長ニ提出シ部局長ハ之ヲ文書課ニ回付スルコト」として、部局長が査閲し、課長（掛長または主任）へ指示し、起案文書も確認した後に自ら文書課へ回付することが定められた。第三項は急遽施行の事件は施行後に関係課員へ示すこと、第四項は他部局の合議文書取扱については二項に準じること、第五項は施行済または決裁済文書は引継期日内に部局長より直ちに文書課に回付することとして、ここでも部局長が文書課への引継の責任を負うことが定められている。第六項は各部局委任の文書は文書課長に合議せず、部局長決裁済の文書は直ちに文書課に回付し文書課に於いて件名簿に登記し浄書発送の手続をなすこと、ここでは部局長決裁の文書でも浄書発送は必ず文書課が行うことが明記されていた。

第七項は文書の捺印はなるべく主任掛長までに止めること、つまりやたらと捺印しないこと、第八項は収受文書の軽易簡単なるものは其の余白を利用して立案し、または軽易にして保存を要しない一時限りのものは照会への文書に付箋をするか余白に記入して施行すること、第九項は部局長以下の名をもって施行する照会回答は起案の際には炭酸紙（カーボン紙）で複写して浄書を省略すること、第一〇項は部局より庁に調査を命じる事項については、他の部局に関連ありと認めるときは相互報告または会議等の方法を採りなるべく庁を煩わさないこと、第一五項は特に書類を必要とする場合のほか努めて口頭または電話にて処弁すること、第一六項は立案文書中書直しなどのある場合も明瞭に読むことが可能な場合は敢えて書き直しを要しないこと、さらに、第一七項は「上申下達」（上申、内申、内訓、訓令、令達等）その他に保存上和紙を必要とするもの以外は、西洋紙ペンを用いること、もしくは石版、謄写版、炭酸紙等を使用すると定められた。これについては、保存の対象となる上申等の重要な文書は和紙を使用し、それ以外は謄写版であろうが保存を考えていないものについては紙質を問わず用いることや、写しの文書については容易に複製できるものを用いるといった実用性に重点が置かれた処置の方法が示されている。第一八項は予算に関する書類について財務局が収受しないで主務部局に配付することを定めたもので、つまり、予算に関するものであってもすべて予算決算を扱う財務局ではなく、その事業を執行する主務部局において管理することが望ましいとして、それが徹底されたといえよう。

この「総督府処務規定」から見えてくるのは、文書課がなすべきことを明確にし、各部内における起案者を徹底するなど文書を受け取ってから時間が経つことを避けるという目的が見えてくる。事業の内容から判断し、なるべく手数を少なく、無駄を省くことを基本とする事務処理の合理化と効率化を基本とした制度設計がなされていることが分かる。

しかし、「文書取扱方」は、明治三一年五月二〇日の「文書処理期限ノ儀ニ付キ訓令ノ件」と、明治三五年三月一三日の「文書検閲及回収規程」とにおいて、文書の処理期限および文書取締について定められてはいるものの、実際的には文書取扱に対する責任の所在を明確にしないと、徹底した文書管理がなされなかったことを示していよう。

その後、大正一五年に、「文書取扱ニ関スル件(55)」(大正一五年一〇月一六日決裁)と「事務委任事項改正(56)」が府議決定されているが、これにより、①「各局課長委任ノ範囲ニ属スル事項」は文書課に回付することなく主管局課限りにおいて処理し、②発送を要するものは主管局課において浄書すること、③総督または総督府名において発送するものは秘書課において鈴印を受けること、④総務長官名において発送するものについては文書課において鈴印を受けることとされ、さらに、同日付の「要合議文書取扱ニ関スル件(57)」により、合議文書については、これまで他局課間の合議ではあっても一切を文書課経由となっていたものが、主管局課および合議局課が直接送受するようになった。

さらに同日付の「軽易ナル文書ノ処理方ニ関スル件(58)」により、事務改善に関する会議の結果が記されており、これによると、処理上定例のある文書や、軽易な文書の処理方については、例文を定めこれを使用することにして統一化を図り、または欄外余白もしくは付箋を用いて処分案を具して処理し、案文については複写紙を用いて差し支えないものまたは簡単なる照会に対する回答は、別紙に限らず余白または欄外に記入することも差し支えないといった行政の簡素化が定められることとなる。

しかし、前述の「文書取扱ニ関スル件」[59]において、「各局課長委任ノ範囲ニ属スル事項」については文書課へは回付の必要がないと府議決定したものの、文書課の発受件名簿は整理上必要であることから、文書課件名簿に登載配付した文書（府番号記入）にして局課限りで処理したものについては、この改正委任事項施行以降、毎月その月分を府番号・処理月日・件名と合計件数を翌月三日限り文書課に通報することになり、さらに、「文書課経由文書ニシテ局課限リ処理サレシ場合通報ノ件」[60]として、文書課の件名簿に登載配付した文書（府番号記入）にして、局課限りにおいて処理したものも通報すること、府番号がないものであっても収受スタンプのあるものは、補助簿によるものの件数に入れ、別表の余白に追記し、通報することなどが定められた。このほかに、前述の三日限りにおいて文書課へ報告方については、府番号のないものでも収受のスタンプが押されている場合も、報告件数に入れることと、余白に「補助簿ニ依ルモノ」と追記することが重ねて定められた。

同年三月の「既済文書処理ニ関スル件」[61]により、各課長および各局長限り施行し得る事項における既済文書は、各主管局課において編纂保存および廃棄をなすことになった。

このように、大正一五年から昭和二年までに六回もの改正を行っている。これは、その都度改正することによってその場を凌ぎ、実務において継承されてきた文書の取扱が変更されるということが度重なっていたのではないかと思われる。このような実態は、機関の実務にかなりの混乱を引き起こしたと考えられることから、文書課はかかる混乱を早急に収束させる必要性からこの規程制定が急がれたのではなかろうか。

ここで取り上げた収受件名簿の補助的な役割を果たしていた補助簿については、専売局公文類纂の七一七五簿冊に、庶務課の補助簿として使用されていたと思われる「昭和八年　総督決裁文書処理簿　庶務課」と題した書類綴が現存している。[62]この補助簿は、文書番号と件名が記入され、さらに文書課への送付日・決裁日・収受日および許可通知日が記入されていた。これらの記録からは、いつ送付し、決裁され、許可通知を受け取ったのかが分かる。つまり、文書を保存するためだけではなく、後々に必要となった際にすぐさま取り出せるように、これらの作業が効率よく行うことができるための記録簿というものに対してさまざまな工夫がなされて、能率的な保存管理体制を整えていったと考えられよう。

その後、昭和二年二月には「文書取扱ニ関スル件」として、

文書ノ進行経路動モスレハ明瞭ヲ欠キ其ノ捜査等ニ手数ヲ要スルモノアルヤニ被認遺憾ノ義ニ付自今左記ノ通リ御承知ノ上遺漏ナキ様御取扱相成度右照会ス

一　各局課ヨリ合議ヲ受ケタル文書ハ処理済ノ上ハ其ノ局課長委任ノ範囲ニ属スルト否トヲ問ハス一応主管局課ニ返送シ主管局課ハ各関係ノ向ヲ了シ其ノ総督又ハ総務長官ノ決裁ヲ要スルモノハ文書課ニ送付スルコト

二　外局立案ニ係ル総督又ハ総務長官ノ決裁ヲ受クヘキ文書ニシテ各局課ニ合議ヲ要スルモノハ其ノ府外ニ在ル関係等ヨリ第一項ノ文書ト取扱ヲ異ニシ特ニ文書課ヲ経テ各局課ニ送付シ合議ニ附スルモノニ付処理済ノ上ハ直接他ノ合議局課ニ送付セス一応文書課ニ返戻スルコト[63]

とする指示が出されている。

これにより、各局課より合議を受けた文書の取扱について、処理済の上、局課長委任の範囲に関係なく主管局課に返送し、主管局課は総督または総務長官の決裁を必要とする案件の場合は、当該文書を文書課に送付すること(第一項)、外局立案に関し総督または総務長官の決裁を受ける文書にして各局課に合議を必要とするものについては、第一項の文書とは切り離した別の取扱が必要になることから、まず文書課を経て各局課に送付し、合議に附すものについては処理済の上、直接他の合議局課に送付するのではなく一旦文書課に返戻することになった。

このように、文書の取扱については簡素化と合理化・効率化を図りながらも文書課がすべてを把握し集中管理する方式が確認されため、文書課の負担が増すことになり、結果的には事務量の軽減には繫がらなかった。このため、翌三月に、各課長および各局長限り施行し得る事項における既済文書については、各主管局課において編纂保存および廃棄を行うことになる。その通牒文が「既済文書処理ニ関スル件」である。

過般改正相成候当府事務委任事項ニ依リ官房各課長又ハ各局長限リ施行シ得ル事項トシテ規定セラレタル文書ハ旧委任事項第四条ノ文書処理ノ例ニ準シ各主管局課ニ於テ編纂保存及廃棄等ノ処理可相成右通牒ス(64)

この通牒は、文書管理上重要な内容を含んでいる。それまで、文書の保存管理は基本的に文書課の専権として集中管理を行っていたが、ここにおいて台湾総督府の「事務委任事項ニ依リ官房各課長又ハ各局長限リ施行シ得ル事項」に、「既済文書」に限って「廃棄」の権限が付与されたのである。これは、文書管理の権限が原課に任されることを意味し、それが行政事務の合理化・効率化というなかで原課の権限が拡大される道筋が敷かれてきたことを示している。このことは、戦後のわが国における文書管理の問題を考えるのに大きな意味を持っているといえよう。

台湾統治三二年目にして、つまり昭和二年に改正された「文書取扱規程」[65]（以下、「文書取扱規程」という）によって台湾総督府の文書管理の規定が完結する。この規程は、それまで使用してきた保存規則と処務規程を合わせた規定であり、文書の接受・発議・決裁・施行・回付・編纂・保存という文書を取り扱うすべての行為を掌ることから、「文書取扱」という名称が使用されたといえよう。

この規程は、昭和二年六月一一日に立案され、七月一一日に決裁された後、一四日に訓令第三七号として府報に掲載されている。この決裁用紙の欄外には、「昭和拾七年六月六日受領」とあり、文書課において受領したのが昭和一七年であることから、この文書は仮綴もされないまま中華民国政府に引き渡されたと考えられる。なぜならば、この簿冊に綴じられた他の文書は全く門類ともに異なった文書が綴られているからである。

この「文書取扱規程」は、まず、伺書において、台湾総督府の文書の取扱は、「明治三十四年訓令第三百五十五号台湾総督府処務規程並明治三十八年官文第二十五号官房並民政部文書保存規則ニ拠リ」行われてきたが、これらの規則は設定以来相当年を経ているため「文書取扱ノ現状ニ省テ補加修正ヲ要スル点多ク」、そのために「規程ノ不備ヲ整ヘ根本的ニ改正ヲ施シ新ニ本府文書取扱規程別冊ノ通制定」したとある。このようにして、台湾総督府における文書の接受から保存までの過程を定めた現代の公文書管理においていう公文書のライフサイクルを取り決めたものであったといえよう。

この「文書取扱規程」の特筆すべきものは、総則において、「文書ト称スルハ発議文書及報告ノ情報其ノ他ノ供閲文書ヲ謂フ」と文書を定義していることである。それまでの規定では、まず、第一条の「凡ソ本府ニ到達スル公文書ハ文書課ニ接受シ」（明治三四年の「処務規程」）でしかなかった。しかし、このように文書の定義を条項に加えたのは、この昭和二年の「文書取扱規程」が初めてであった。文書の定義をしてから、文書を甲類と乙類に分け、甲類は、総督、総務長官の決裁を経る文書とし、その他の文書は乙類とされた（第二条）。そして、各課には主管に属する文書を取り扱うための文書主任を置き（第三条）、文書の取扱は迅速正確にするとともに、責任の所在を明らかにすること（第四条）、総務長官は随時文書課長をして官房各課、審議室および各局における文書取扱の状況を検閲すること（第六条）、などが、定められることになる。

次にの接受および配付について、総督府に到達する文書は文書課が接受し、

一　甲類文書ハ之ニ府番号ヲ附シ文書収発件名簿ニ記入ノ上受付印ヲ押捺シ之ヲ主務局課ニ配付スヘシ但シ定期報告、照会ニ対スル回答等ノ文書ハ之ヲ文書収発件名補助簿ニ記入シ受付印ヲ押捺スルニ止ムヘシ

二　乙類文書ハ直ニ主務局課ニ配付スヘシ(66)

と、甲類と乙類とで、接受した時から処理の仕方が異なり（七条）、府番号は暦年ごとに更新し官房各課の主管に属する文書には番号の上に「官」字と主務課の頭字を付し、各局の主管に属する文書には「総」字および主務局の頭字を連冠すること、但し、同一案件に関するものはその結了に至るまで同一番号を用いて細別すること（八条）、総督または総務長官宛の親展文書は親展文書配付簿に記入の上封緘のままに文書課長より提出しその指揮を受けること（第九条）、鉱業または総督の処分に対する訴願に関する文書についてはその封筒に受付印を押捺し文書添付すること（第一〇条）などが定められた。

第三章の発議および決裁について、発議には回議用紙を用いるが軽易なものについてはこの限りではなく、発議案には発議の理由、参照事項の要領などを附記し且つ必要な関係書類を添付すること（第一七条）、文書供閲の場合でその欄外に余白がない場合は回議用紙を用いること、供閲文書にして内容の複雑なものはその要領を抄録すること（第一八条）、発議案・供閲文書にして秘密、親展、書留または府報掲載など特殊の取扱を要するものはその旨を朱記し至急決議を要するものはその上端に赤紙を貼付すること（第一九条）、総督・総務長官の決裁を受ける発議については文書課に回すが、他局課に関係を有するものは主務局課がその局課との合議を了すること（第二一条）、文書の処理に関し関係局課間で意見を異にする場合はなるべく直接交渉できない場合のほかは附箋を用いること（第二二条）、文書授受の経過を明瞭にする必要のある時は文書授受経過用紙をその文書に貼付すること（第二三条）、秘密文書は取扱上特に注意し主務者自らが携行する場合を除くほかは封筒に入れて授受すること（第二四条）、文書課において発議案の回付を受けた時は府番号を附して文書収発件名簿に記入し文書課長が査閲し総督、総務長官の決裁を受けること（第二五条）、総督または総務長官において発議案の要部を変更して決裁した時は文書課長は施行前その旨を主務局課長に通知すること（第二七条）、緊急処理を要する場合において主務者は発議案を携行して関係局課に合議し上官の決裁を受けた後に文書課に回付すること（第二八条）、文書課長は局課における文書の処理遅延するものがある時は処理を促し且つその事由を徴して総務長官に報告すること（第二九条）などが定められた。

第四章の施行および回付について、決裁を了した甲類文書にして総督・総務長官または府の名をもって発送を要するものは直ちに文書課において浄書校正し文書課長の検印の上発送し府報に掲載するものは直ちに手続をすること（第三〇条）、発送文書に添付する図表、別紙などは主務局課において調製し文書課に送付すること、但し、法律、勅令及び律令についてはこの限りではない（第三一条）、文書課長は毎月総督府における文書取扱件数を調査し文書取扱件数表を作製し総務長官に供閲することなどが定められた。

第五章の編纂および保存については、完結した甲類文書は主務局課において編纂類別および保存期間を記入し関係文書と共に遅滞なく文書課に引き継ぎ、文書課は引き継いだ文書を整否・編纂類別・保存期間の当否を査閲し不備または不当と認めたものは主務局課にその完整または訂正を要求すること（第三七条）、引継を受けた文書は文書課において文書記録件名簿および文書類別簿に記入し編纂保存すること（第三八条）、文書の保存期間は次の第四表の四種とすること（第四〇条）として、

第四表　文書保存期間

一	永久	法律、命令ノ制定又ハ改廃其ノ他例規ノ基トナルヘキ文書、職員ノ進退及歴史ノ徴考トナルヘキ文書、重大ナル工事ニ関スル文書及訴願裁決其ノ他重要ナル処分ニ関スル文書ニシテ永久保存ノ必要アリト認ムルモノ
二	一五年	法律、命令ノ執行ニ関シ例証ヲ挙クル内訓、指令、通牒又ハ回答ノ文書及諸達、稟議、報告又ハ出納官吏ノ責任ニ関スル文書ニシテ五年以上保存ノ必要アリト認ムルモノ
三	五年	経費其ノ他金銭ノ出納ニ関シ決算報告ヲ了シタル文書及処分済上申、報告、諸願届ニシテ一年以上保存ノ必要アリト認ムルモノ
四	一年	原簿及台帳ニ登録ヲ了シタル諸申牒、報告ニ関スル文書、官吏ノ身分ニ関スル諸願届、効力消滅ニ帰シタル免許、一時ノ処弁ヲ了シタル上申其ノ他往復照会ノ文書ニシテ一年以上保存ノ必要ナシト認ムルモノ

「文書取扱規定」により作成

と定められた。「前項ノ保存期間ハ完結ノ翌年ヨリ之ヲ起算ス」るとあることから、一年保存年限の文書も結了後二年は必ず保存されていたことになる。

結了文書は編纂類別に従って保存期間別に府番号または引継順に仮編纂すること（第四一条）、各保存期間を通して文書総目録を調製すること（第四二条）、仮編纂の文書は適宜成冊すること、但し、五年保存及び一年保存の文書を除く（第四二条）、前項の成冊は「公文類纂」と称し各巻首に文書索引を附すこと（第四三条）、一事件にして夥多の文書のものおよび文書に付属する図表類の本文書に合綴し難きものは別冊として編纂し、別冊とする時は本冊および別冊の目録にその旨を付記すること（第四四条）、保存期間が経過した文書は文書課長が主務局課長に合議し総務長官の承認を経て廃棄すること（第四五条）、文書を廃棄する時は文書課において関係帳簿にその旨を記入し文書に廃棄の印を押捺し会計課に送付すること、但し秘密文書は文書課長が焼却すること（第四六条）、文書を借用する者は文書借用票に記入し文書課に申し込むこと、但し文書の借用期間は二〇日迄とすること（第四七条）、成冊着手中の文書および公文類纂は文書課において閲覧するほかは貸付せず、但し総督または総務長官の承認を経たる時はこの限りではない（第四八条）、文書中特に重要または秘密に係るものは特別の方法により編纂保存することもありとした編纂および保存方が定められた。このほかに、文書収発件名簿・文書収発件名補助簿・親展文書配付簿・回議用紙・文書授受経過用紙・文書使送簿・郵便物及電報発送簿・文書取扱件数表・文書記録件名簿・文書類別簿・文書総目録・文書索引及文書借用票の各様式や受付印の図式および文書の編纂類別については、別途定められることになった。

改正理由については、六つの「説明」のなかで、第三番には、「従来処務規程ト文書保存規則トハ之ヲ別ニ規定セラレタルモ此等ハ等シク文書取扱ノ手続ニ関スルモノニシテ寧ロ一体ノ規程トスルヲ便宜トセン」として「文書保存ニ関スル手続ハ之ヲ本規程ニ包括スルコトトセリ」とあり、第六番には、「事実上文書取扱ノ手続ヲ考察シ順序ヲ逐フテ之ヲ具体的ニ条文化スルコトニ努メ尚一面其ノ取扱ヲ正確且迅速ナラシムルコトニ意ヲ用ヒタリ」として、便宜のために従来の処務規程と保存規則を一体化し、事実上の文書取扱の手続を考察し順序を具体的に条文化することに努めた。このことからも、すでに実際運用において行っていることを、具体的に筋道をたてて条文化させたと考えられる。

このほかに、特筆すべき点として、第一九条の「至急決裁ヲ要スルモノハ其ノ上端ニ赤紙ヲ貼附スヘシ」という文言を条項に取り入れた点である。これに関しては、地方組織の県庁が早く、明治二九年の「台南県庁処務規程」(67)第三五条において定められている。しかし、本府でも至急による赤紙貼付は早い段階で使用しており、本著で取り上げた文書にも添付されているものが見受けられる。このことからは、規則としては付記していないが、実際運用としては実践されていたことが分かる。

また、保存年限において明治三八年の「文書保存規則」と比較して異なる点は、一五年保存において、明治三八年は「報告ノ類ニシテ六七年間参照ノ必要アリト認ムル文書」とあるが、昭和二年では「報告又ハ出納官吏ノ責任ニ関スル文書ニシテ五年以上保存ノ必要アリト認ムルモノ」とあることから、「六七年間」が「五年以上」に改められ、五年保存において、明治三八年は「上申、報告、諸願届ノ類ニシテ両三年間参照ノ必要アリト認ムルモノ」から「決算報告ヲ了シタル文書及処分済上申、報告、諸願届ニシテ一年以上保存ノ必要アリト認ムルモノ」と、「両三年間」が「一年以上」に改められた(括弧内の傍点は筆者による)。さらに、「参照」の必要から「保存」の必要への文言の変容は、「保存」という文言には、参照するために保存するといった意味を包含していると思われるため、敢えて「参照」という言葉を入れずに、「保存」の必要に修正したのではなかろうか。

さらに、台湾総督府文書の名称であるが、法令上は昭和二年六月一四日訓令第三七号「台湾総督府文書取扱規程」において明確に規定されている。それは、同規程第四三条で「前項ノ成冊ハ之ヲ公文類纂ト称シ」とあるからで、これによると台湾総督府では通常の業務及び現用の文書については単に「文書」「書類」といったように呼ばれていたが、これが綴られ簿冊となった文書綴の名称を「公文類纂」と称するとされていたからである。つまり、「公文類纂」とは、あくまでも簿冊として一つに纏まった文書束を指すもので、台湾総督府の文書全体やそのものを指す名称ではない。もっとも、この考え方は古くからあったもので、明治三八年の「文書保存規則」第二七条では「編纂完了ノ文書ハ之ヲ公文類纂ト称ス」とある。このことから、台湾総督府の文書全体又は一部を表現するために「公文類纂」の名称を用いる事例が散見されるが、これは誤りで、厳密には台湾総督府の文書の中においては、成冊となった簿冊と成冊されていなかった文書とは区別すべきであろう。なぜなら、成冊された「公文類纂」は昭和九年までであり、それ以降の簿冊化されていない仮綴の状態に置かれている昭和九年以降の文書は「公文類纂」とは称さない。これらを含めて「公文類纂」といってしまうと混乱が生じるからにほかならない。実際に現存している五年保存文書を見ると、文書索引が付されていない。保存年限が経過すれば廃棄するという前提で保管されていたことから、その保管は仮綴のままに置かれていたものと思われる。

このほかに特筆すべき点として、これまでの文書規則は内規であるため、府報内の彙報として掲載されていたものが、この「文書取扱規程」は、「処務規程」が内包されていることから、訓令として定められている。

三　戦時期の文書管理体制

「文書取扱規程」により、台湾総督府の文書管理の法令が完結することは述べたが、その後の台湾を取り巻く状況、つまり、長引く日中戦争、そして太平洋戦争突入という時勢の変化、軍国主義が台頭し、日本の帝国主義下にある植民地台湾も戦時体制へと組み込まれていくなかで、総督府内の機構編成および文書管理規則等の改正が余儀なくされていく。昭和一七年と昭和一八年の官制改正では、次のように各局部の名称が変わり、昭和一七年一一月一日の訓令第一一一号[68]においては、『府報』が『台湾総督府官報』と称されるようになった。

「文書取扱規程」の改正内容は、文書に物品、金券、郵便切手又は収入印紙その他の添付がある時は、「甲類文書ニ在リテハ欄外ニ其ノ種類、員数ヲ記入ノ上之ヲ主務局課ニ配付シ受領印ヲ徴スヘシ」と、ただ受領印を徴すのみの規程を、「欄外ニ其ノ種類及員数ヲ記入スルノ外」は「受付印ヲ押捺シ文書収発件名補助簿ニ記入」の上、これを主務局部課に配付して受領印を徴すことが義務づけられた。この条項により、添付されてきた物品などの受付方を怠りなく処理できるように改め、添付物の紛失を防ぐこと、受付印を押捺し、補助簿に書き入れることによって添付物の所在と責任の所在が明確化されたことになる。翻って、当時においては添付物の紛失などが頻繁に起こっていたことが窺われるが、戦時体制下にあっては、物品、金券、郵便切手などの物資をさらに貴重に扱わなければならなかったともいえよう。

その後、昭和一八年一二月一日の訓令第二一一号[69]において、「昭和二年訓令第三十七号台湾総督府文書取扱規程中左ノ通改正ス」として、総務局を審議室に改めている。この審議室の官員は、敗戦後、総督府内において法務部

文書等の引継のために徴用され、残務処理を行っていた部局である。(70)

台湾総督府の文書管理体制として完成した「文書取扱規程」は、細部の改正が加えられながら、昭和一九（一九四四）年三月一二日には、最後の改正が行われることとなる。(71)実はこの改正は、文書の保存管理について現代にも関わるような重大な影響を齎す大改正であった。そこで、第四〇条・第四五条・第四六条の三箇条を見ていく。まず、最も大きな変更は、文書の保存年限を永久と一年の二種類に分けるという制度の根幹に関わる改正である。保存するか廃棄するかとの二者択一の選択業務は、非常に重い任務であったに相違ないが、檜山氏がいうように、(72)永久に保存すべき文書の内容を見ると、それまでの永久保存の「法律、命令ノ制定又ハ改廃其ノ他例規ノ基トナルヘキ文書、職員ノ進退及歴史ノ徴考トナルヘキ文書、重大ナル工事ニ関スル文書及訴願裁決其ノ他重要ナル処分ニ関スル文書ニシテ永久保存ノ必要アリト認ムル」文書であることと、一五年保存の「法律、命令ノ執行ニ関シ例証ヲ挙クル内訓、指令、通牒又ハ回答ノ文書及諸達、稟議、報告又ハ出納官吏ノ責任ニ関スル文書ニシテ五年以上保存ノ必要アリト認ムル」文書であることを合わせた内容と思われる。纏めると、第五表（次頁）のようになる。(73)

内容を見ると、第四〇条の改正内容は、改正前の一五年保存である「法律、命令ノ執行ニ関シ例証ヲ挙クル内訓、指令、通牒」を永久保存に追加しており、「五年以上保存ノ必要アリ」と認める文書である「回答ノ文書諸達、稟議、報告又ハ出納官吏ノ責任ニ関スル」文書については、「其ノ他永久保存ノ必要アリ」という文書に改めている点は、改正が行われた昭和一九年という時勢を考慮したのではないかと考えられる。太平洋戦争という戦時体制が敷かれた台湾においてて、これまでに例のない文書が必要となった場合を想定した内容に見直したのではなかろうか。

だが、第四五条に至っては、廃棄を目的とした条項に改正されているように見受けられる。なぜなら、「永久保

第五表　「台湾総督府文書取扱規程」永久保存に関する新旧対照表

台湾総督府文書取扱規程改正	台湾総督府文書取扱規程改正前
永久保存	
法律又ハ命令ノ制定又ハ改廃ニ関スル文書、例規ノ基トナルヘキ文書 法律又ハ命令ノ執行ニ関シ例証ヲ挙クル訓令、内訓、指令、通牒等ニ関スル文書、 職員ノ進退及歴史ノ徴考ト為ルヘキ文書 重大ナル工事ニ関スル文書 訴願裁決ニ関スル文書並ニ重要ナル処分ニ関スル文書	法律、命令ノ制定又ハ改廃其ノ他例規ノ基トナルヘキ文書（永久保存） 法律、命令ノ執行ニ関シ例証ヲ挙クル内訓、指令、通牒（二五年保存） 職員ノ進退及歴史ノ徴考トナルヘキ文書（永久保存） 重大ナル工事ニ関スル文書及訴願裁決其ノ他重要ナル処分ニ関スル文書ニシテ永久保存ノ必要アリト認ムルモノ（永久保存）
其ノ他永久保存ノ必要アリト認ムルモノ	回答ノ文書及諸達、稟議、報告又ハ出納官吏ノ責任ニ関スル文書ニシテ五年以上保存ノ必要アリト認ムル（一五年保存）

存ノ文書ト雖モ文書課長ニ於テ保存ノ必要ナキモノト認メタルトキハ文書課長ハ主務局部課長ニ合議ノ上総務長官ノ承認ヲ経テ之ヲ廃棄スベシ」とあることから、通常ならば、改正によりそれまで一五年保存としていた文書を永久保存の範囲に含めたことから、永久に保存する必要のない文書も出てくるに違いない。確かに、「文書課長ニ於テ保存ノ必要ナキモノト認メタルトキ」は主務局部課長に合議し、総務長官の承認を経て廃棄するという二段階の承認は経るものの文書課長が必要のない文書を判断することから、その文書課長においては文書内容を相当熟知したものが判断する必要があろう。ただ、現存する台湾総督府文書で十分な検証ができないのは、これまでにも既述

したが、永久保存文書は昭和九年までしか残っていないからである。

さらに、次の改正前の第四六条には、「文書ヲ廃棄スルトキハ文書課ニ於テ関係帳簿ニ其ノ旨記入ノ上文書ニ廃棄ノ印ヲ押捺シ之ヲ会計課ニ送付スヘシ但シ秘密文書ハ文書課長之ヲ焼却スヘシ」と、文書を廃棄する際には、関係帳簿に記入をして廃棄の押印を行ってから会計課へと送るが、秘密文書は文書課長が焼却するものと定めていた。しかし、昭和一九年の改正では、文書課長は秘密文書を焼却するのではなく、「特別ノ措置ヲ講ス」として廃棄の方法について規定を除いている。特別の措置を講じるとしたのみで、焼却以外の措置の可能性を示唆するにとどまっていた。これは、文書課長自らが焼却するのではなく命令することも可能となったと解することもできよう。したがって、秘密文書の処分は文書課長に委ねられる。つまり、文書課長の裁量に任せるということになり、これは、文書課長の権限は拡大し、文書廃棄に関するハードルが引き下げられたことを意味していよう。これが、この規程改正から僅か一年有余後に起こった帝国の崩壊と敗戦直後に行われた大量の公文書廃棄、並びに戦後日本において度々起こった公文書廃棄の環境に大きく影響したのではなかろうか。

ではなぜ、このような改正をしたのかは、国立公文書館が所蔵する「昭和六年二月　文書保存年限ニ関スル件」[74]という一件文書の中に、「昭和一九、二、二八　次官会議決定」として「官庁ノ文書物品等ノ整理並ニ其ノ積極的活用供出ニ関スル件」が綴られている。

内容は、「決戦非常措置要綱ニ基キ官庁ハ左記ニ依リ文書及物品ノ整理並ニ其ノ積極的活用供出ヲ行フコト」として、「官庁ノ保存文書ニ徹底的ニ再検討ヲ加ヘ真ニ必要ナルモノ以外ハ総テ之ヲ廃棄スルコト」「官庁ノ文書保存ニ関スル規程等ハ必要ニ応ジ速ニ改正スルコト」「廃棄文書ハ之ヲ印刷局ニ廻付シ再生紙ノ原料トスルコト」「官庁ノ不要文書及物品ノ活用ニ関シテハ内閣及軍需省ニ於テ速ニ具体的方法ヲ定メ官庁ハ之ニ基キ実施スルコト」とした決定がなされていた。この文書の一にあるように、「官庁ノ保存文書ニ徹底的ニ再検討ヲ加ヘ真ニ必要ナルモノ以外ハ総テ之ヲ廃棄スル」こととし、「官庁ノ文書保存ニ関スル規程等ハ必要ニ応ジ速ニ改正スル」こと、さらに、「廃棄文書ハ之ヲ印刷局ニ廻付シ再生紙ノ原料トスル」ことが、台湾総督府の文書取扱規程の改正に影響を与えたといえよう。

これらの徹底的に再検討を行い、真に必要なもの以外は棄てるというアーキビストが存在しない時代においても、日本は極めて文書というものを簡単に捉えすぎていたのではなかろうか。台湾総督府は、永久保存といえども必要と認められない文書は廃棄すること、その廃棄方法は、焼却ではなく再生紙の原料とすること等を視野に入れながら、廃棄については文書課長が決定できるように改正を行ったのではないかと考えられよう。

最後に本節において見てきた規則のなかで、重要な規則の一つと考えられる保存年限規則についてさらに特筆しておきたい。永久保存と指定された文書とは、例規の基となる文書や歴史の徴考となるべき文書、そして重大な工事に関する文書などで、これらはすべて後世において参考にすべき文書として重要な文書であった。ここで注目すべき点は、平成二三年に制定された現行の公文書管理法における公文書の定義についてである。当該管理法では、後世に残すべき文書を「歴史的公文書」と定義しているが、その考えはここで見てきたように、すでに明治期の文書保存規則で規定されていたもので決して新しいものではない。したがって、戦後の日本で問題になっている公文書の廃棄を防ぐための規則上の解決法に「歴史的公文書」という用語概念を用いたことは、法制度論的に見ると何等の解決法にはなっていないということになろう。

さらに注目しておかなければならないのは、一五年保存文書の存在である。台湾総督府は、統治五〇年を経た段階で、一度も一五年保存文書は廃棄できないでいた。一五年保存文書として選別された後に、永久保存へと変更された文書、その反対に永久保存に分類されていた文書が一五年保存に変更された文書もあったという事実が、廃棄対象として起案することができなかったとも考えられる。また、同様の内容の文書であっても、永久と一五年とに分けられて綴じられていたという文書もあったことからも廃棄するにはさらに時間を必要としたのかもしれない。(75)この事実は、現在の文書保存を考える上で我々に大きな示唆を与えているのではなかろうか。

おわりに

本稿では、台湾総督府の文書管理制度と実際上の運用を併せて見るために、発信受信文書を詳細に分析することで台湾総督府における文書管理の実態を明らかにしていった。台湾総督官房文書課は、文書管理体制の実状に応じて可能な限り文書をもって注意喚起を促すとともに、その事実を残そうとした。しかし、各部局に徹底させるには通達や通牒だけでは不十分であったことから、規程を制定することで明文化し、制度化させること、さらに、文書保存管理のための各部局での文書取扱についての責任の所在を明確するための施策までも設けていた。文書課の権限を、もっとも強化しようとした施策が「文書取締規程」である。これは、総督府官吏の職務怠慢により、決裁文書が再回した後に返戻されない、文書課に返戻されなければ整理し綴じることもできない、先例文書を参考にするなど必要に迫られた際には文書を捜索することから始めなければならないといったことからも、極めて不効率であった。しかし、起案した主務部局からすれば文書を手元に置きたいということもあろう。そのため、この規程の決裁には通常以上に時間がかかることとなった。しかも、決裁された案件ではあったが、その後も同様の問題は起こっていたことになる。

台湾総督府の文書管理体制を整理すると、大きくは三つに区分される。まず、第一期は、「民政局処務規程」、「二九年民政局記録規則」、「二九年民政局記録分類規則」および「民政局文書保存規則」の四つの規則により、台湾総督府における文書管理システム構築が始められた時期であり、草創期における文書管理体制とした。第二期は、完成期における文書管理体制としたが、そのなかでも三つに分類した。第一は、「処務規程」と「民政部記録規則」により行われていた文書管理システムであり、明治三四年から昭和二年まで運用された「処務規程」が基盤となって実施された展開期の文書管理体制である。第二は、この基盤となった「処務規程」と、明治三八年にそれまでの記録・分類・保存の三つの規則が改正された「文書保存規則」により、文書管理システムが完成に近づいた時期であり、安定期の文書管理体制である。第三は、昭和二年に、文書の取扱を行うための「処務規程」と明治三八年の文書の保存管理を行うための「文書保存規則」とを合わせた「文書取扱規程」により運用された完成期の文書管理体制である。これは、それまでの規則をさらに理解しやすくするために、「総則」・「接受及配付」・「発議及決裁」・「施行及回付」・「編纂及保存」・「雑則」の六章に分け、且つ、文書の取扱を行うための処務規程と文書の保存管理を行うための「文書保存規則」とを合わせた「文書取扱規程」という一つの規程に纏め上げた。このように改正を経ながら、台湾統治三〇年を経て文書管理システムが完成した。

このようにして、台湾総督府の文書管理体制は、草創期から展開期、安定期を経て完成期を迎えるが、戦時体制下における改正により台湾総督府文書管理体制は崩壊へと向かう。昭和一九年まで運用されてきた完成した文書管理システムは、太平洋戦争下の昭和一九年三月一二日に、戦時体制に合わせた極端な規程に改正され、この日から台湾統治の終焉まで運用された時期を第三期とし、戦時期における文書管理体制とした。

日本から遠く離れた台湾において、四九年もの月日をかけて文書管理システムを構築していったものの、戦時体制のなかで、突如として極端な文書管理体制を作ってしまう。戦争とは、それまで営んできたすべての体制を崩壊させてしまうものであり、それまで規則を遵守し、後世に残そうと永久に保存せんがために実施してきた文書行政の形を、戦時体制に適応した一つの法令によってがらりと変えてしまうことが可能なものであった。戦争・敗戦という突発的な出来事がなければ、台湾総督府においていえば、領台当初から文書課による集中型の一元的文書管理を目指していたことから、文書管理システムは安定した状態で、さらに一局集中型文書管理体制は推進され、徹底した厳格なる集中管理がなされていたかもしれない。

しかし、この崩壊した戦時下での体制は、図らずも現在にまで影響を与え続けてきたともいえよう。なぜならば、現在における公文書廃棄という問題は、戦争末期から戦後直後の公文書の大量廃棄に端を発しているといえるからである。

本稿では、台湾総督府の文書管理規程の変遷を中心に、文書管理制度と文書管理の実態との乖離を見てきたが、この乖離の問題点は、組織の改編、制度の変遷、文書分類の処理方の問題等のほかに、文書管理を担当する文書課と業務を行うために文書を作成し決裁に基づき施行する担当部局、所謂管理する側と管理される側との間の確執ともいえよう。業務を遂行する側にとっては、煩わしい手続や文書を分類して保存管理するといった文書保管業務には疎遠であることから、文書の延滞や紛失を繰り返してしまう。このため文書課は、その都度、文書の保存管理に関する取締を強化し、さらに、執行までの文書行政の効率化を図るための規則を定めていく。

ここでは、昭和二年までの文書管理制度とともに文書処理方に関する文書を見てきたが、現存の台湾総督府文書は、簿冊として残っているものは昭和九年までであり、昭和一〇年以降の文書については、纏まった形で現存していないため、すべての文書を取り扱っているわけではない。しかし、台湾総督府における文書管理システムが、草創期から発展を遂げながら完成期を迎え、戦時体制により崩壊していったという当該システムの構築から崩壊までの一連の変遷が見て取れるのは、日本統治時代の台湾における統治機関であった台湾総督府の文書が、日本から遠く離れた台湾に戦利品として接収されたために、現存しているからこそであろう。さらに、この台湾総督府文書が、日本近代公文書のなかで唯一纏まった形で残されてきた文書群であること、そのために、本国政府である日本の近代公文書の文書管理システムについても、台湾総督府文書を見ることで考察できるという皮肉な面さえある。本稿では、台湾総督府による文書行政において、草創期から、展開期を経て完成期、そして戦時期による崩壊までを、文書管理の法制度と実態とを合わせて考察し、システム構築から完成、そして崩壊へと向かう台湾総督府の文書管理を明らかにしてきた。台湾総督府の文書管理の特徴は、文書管理担当部局の文書課が一貫して一局集中型の管理体制を敷き、保管から運用までを一元的に管理する方法を実施してきたことである。この体制は、戦時期の体制を除けば、現在の我が国における文書管理制度を考える重要な視座となるのではなかろうか。

註

（1）「民政局分課規程」（『明治二八年台湾総督府公文類纂甲種永久第三巻』、第一六文書、簿冊番号〇〇〇〇三）。
（2）「台湾総督府民政局記録規則」（『自開府至軍組織中台湾総督府公文類纂甲種永久第五巻』第五文書、簿冊番号〇〇〇〇五）。
（3）「台湾総督府民政局記録分類規則」、前註（2）同。
（4）「民政局処務規程」（『明治二九年台湾総督府公文類纂永久甲種第二巻』第五文書、簿冊番号〇〇〇五六）。
（5）「台湾総督府民政局記録規則」（『明治二九年台湾総督府公文類纂永久甲種第五巻』第二六文書、簿冊番号〇〇〇六〇）。

(6)「台湾総督府民政局記録分類規則」、前註(5)同。
(7)「記録規則制定ノ件」、前註(5)同。
(8)拙稿「草創期における台湾総督府の文書管理」(『社会科学研究』第三八巻第一号、中京大学社会科学研究所・二〇一七年、五一頁~一〇五頁)を参照。
(9)「民政局処務規程」、前註(4)同。
(10)「記録規則制定ノ件」、前註(5)同。
(11)「台湾総督府処務規程」訓令第三五五号(『台湾総督府報』第一〇五四号、明治三四年一一月一一日、二五頁~二六頁)。
(12)「民政部記録規則改正ノ件」(『明治三三年台湾総督府公文類纂第三巻』第三六文書、簿冊番号〇〇四七四)。
(13)「官房並民政部文書保存規則ノ件」(『明治三八年台湾総督府公文類纂第九巻』第一〇文書、簿冊番号〇一〇五九)。
(14)「文書取扱規程制定ノ件伺　訓令第三七号」(『昭和二年台湾総督府公文類纂索引永久保存』第五文書、簿冊番号一〇三四三)。訓令第三七号(『台湾総督府報』第一五一号、昭和二年七月一四日、四三頁~四五頁)。
(15)前註(8)同。
(16)「公文書の廃棄厳格化案」(『朝日新聞』朝刊、二〇一七年二月九日、一頁)。
(17)「台湾総督府官制改正」(勅令第一〇六号、『台湾総督府報』第三一七号、明治三一年六月一八日、八七頁~八八頁)。
(18)「文書課長点検書類廃止ノ件」(『明治三四年台湾総督府公文類纂乙種永久第二巻』第一文書、簿冊番号〇〇六〇〇)。
(19)「台湾総督府民政部処務規程制定ノ件」(『明治三二年台湾総督府公文類纂永久甲種第二巻』第一六文書、簿冊番号〇〇二四一)。
(20)「文書処理期限ノ儀ニ付キ訓令ノ件」(『明治三一年台湾総督府公文類纂永久甲種第七巻』第一九文書、簿冊番号〇〇二四五)。
(21)「各官衙提出文書返戻之件」同上、第一七文書。

(22)「文書発送方ニ付通牒ノ件」(『明治三四年台湾総督府公文類纂乙種永久第一〇巻』第三文書、簿冊番号〇〇六〇八)。
(23)「台湾総督府官制中改正ノ件」(勅令第二〇一号、『台湾総督府報』第一〇五九号、明治三四年一一月一九日、四九頁〜五〇頁)。
(24)「台湾総督府地方官官制改正ノ件」(勅令第二〇二号、同上、五〇頁〜五一頁)。
(25) 拙稿「台湾総督府文書の目録記述論について」(『台湾の近代と日本』中京大学社会科学研究所・二〇〇三年、四三四頁〜四三五頁)を参照。
(26) 同上、四四九頁〜四五一頁。
(27) 前註(8)同、七六頁〜七九頁を参照。
(28)「公文発送ノ際封皮ニ符号表記方ノ件」第五文書、前註(22)同。
(29)「各県庁ヨリ内地官衙ニ往復スル書類ハ総督府経由ヲ要スルノ件」第一三文書、前註(21)同。
(30) 同上。
(31) 前註(25)同、四五一頁〜四六一頁を参照。
(32)「文書検閲及回収規程制定ノ件」(『明治三五年台湾総督府公文類纂永久甲種第三巻』第四六文書、簿冊番号〇〇七一〇)。
(33)「参事官ノ審議ニ付スヘキ事項」(『明治三二年台湾総督府公文類纂永久保存第五巻』第二一文書、簿冊番号〇〇三五二)。
(34)(『台湾総督府警察沿革誌』(第三編警務事績篇・台湾総督府警務局、昭和九年、一五五頁)。
(35) 前註(33)同。
(36)「文書取扱ニ付民政長官ヨリ諭達ノ件」(『明治三八年台湾総督府公文類纂永久保存第二巻』第一〇二文書、簿冊番号〇〇八八一、前註(34)同、一五四〜一五五頁)。
(37)「未済文書並再回文書取扱方に就て」(前註(34)同)。

(38)「再回文書及完結文書引継方」(前註(34)同、一〇五頁)。
(39)「土木局取扱ニ係ル文書中工事施行物件ノ売買貸借労力供給等ニ関スル書類一年間ヲ限リ仝局へ貸与ノ件」(『明治三七年台湾総督府公文類纂永久保存第一五巻』第五文書、簿冊番号〇〇九四二)。
(40)「殖産局取扱ニ係ル公文書中一ヶ年間限リ特ニ貸与ノ件」、同上、第一一文書。
(41)「総務局取扱公文書中一ヶ年間限リ特ニ貸与ノ件」、同上、第一二文書。
(42)「文書取扱上ニ関シ各局署課へ注意通牒ノ件」、同上、第一九文書。(明治三八年八月二日立案・三日決裁)。
(43)同上。
(44)「書類貸出手続変更ノ件」(前註(13)同、第一三文書)。
(45)同上。
(46)「警察本署課の文書主任を廃し文書取扱方を定む」(前註(34)同、一五七頁~一六一頁)。
(47)「事務整理に関する警察本署長の訓達」同上、一六二頁。
(48)「文書特殊取扱手続ノ件」(『明治三八年台湾総督府公文類纂第九巻』第一二文書、簿冊番号〇一〇五九)。
(49)同上。
(50)同上。
(51)事実、附箋や紙が原本より剥がれてしまったものが多く、それを元の位置に戻す修復作業も中京大学社会科学研究所による「台湾総督府文書目録」の編纂過程において実践している。
(52)「律令案並勅令案ニ詳細ナル説明ヲ添附方台湾課長ヨリ通牒ノ件」(前註(13)同、第九巻、第二〇文書)。
(53)「勅令及律令案の理由は詳述すべし」(『台湾総督府警察沿革誌』前註(34)同、一九一頁)。
(54)「処務規程中第三十条ヲ改正シ文書取扱方通達」(『明治四五年台湾総督府公文類纂第九巻』第七文書、簿冊番号一九一九)。
(55)「文書取扱ニ関スル件」(前註(34)同、一八九頁~一九〇頁)。

(56) 同上。
(57) 「要合議文書取扱ニ関スル件」、同上、一九〇頁。
(58) 「軽易ナル文書ノ処理方ニ関スル」、同上。
(59) 「文書取扱ニ関スル件」(同上、一八九頁～一九〇頁)。
(60) 「文書課経由文書ニシテ局課限リ処理サレシ場合通報ノ件」、同上。
(61) 「既済文書処理ニ関スル件」、同上、一九一頁。
(62) 台湾総督府専売局における文書管理については、別稿を用意している。
(63) 「文書取扱ニ関スル件」(前註(34)同、一九一頁)。
(64) 「既済文書処理ニ関スル件」同上。
(65) 「文書取扱規程制定ノ件伺」(前註(14)同)。
(66) 同上。
(67) 「台南県処務規程認可ノ件」(『明治二九年台湾総督府公文類纂永久甲種』第一四文書、簿冊番号〇〇〇五六)。
(68) 『台湾総督府官報』号外、昭和一七年一一月一日、一三頁。
(69) 『台湾総督府官報』第四九九号、昭和一八年一二月一日、一〇頁。
(70) 拙稿「台湾総督府の文書管理と文書取扱に関する一考察」(『現代の公文書史料学への視座』、中京大学社会科学研究所・二〇〇六年、二一〇頁～二三九頁)を参照。
(71) 『台湾総督府官報』第五八三号、昭和一九年三月一二日、六二頁。
(72) 檜山幸夫「日本の公文書管理制度について」(『地方公共団体における公文書管理制度の形成』、中京大学社会科学研究所・二〇一七年、三頁～六五頁)を参照。
(73) 拙稿「日本統治期台湾の文書保存と官僚」(『中京法学』第五一巻第二・三号、中京大学法学部・二〇一七年、〈一〇九〉二六七頁～〈一二三〉二八一頁)を参照。

(74)「昭和六年二月　文書保存年限ニ関スル件」(H—0903、939、六七〇頁)。
(75) 前註(72)同。

本稿は、文部科学省平成二二年度科学研究費補助金交付(平成二二年〜平成二四年)基盤研究C研究課題「台湾総督府文書の史料学的研究」と平成二五年度科学研究費補助金交付(平成二五年〜平成二七年)基盤研究C研究課題「台湾総督府地方行政機関の文書史料学的研究」による研究成果の一部である。

執筆者紹介（掲載順）

檜山 幸夫（ひやま ゆきお）
　中京大学法学部教授

大友 昌子（おおとも まさこ）
　中京大学社会科学研究所名誉研究員

酒井恵美子（さかい えみこ）
　中京大学国際教養学部教授

東山 京子（ひがしやま きょうこ）
　中京大学社会科学研究所研究員

台湾総督府文書の史料論

2018年3月31日発行　初版第1刷発行
編　者　中京大学社会科学研究所台湾史研究センター
発行者　橋本哲也
発　行　創泉堂出版
〒162-0808　東京都新宿区天神町64番
電　話・03-5225-0162
印刷・製本　創栄図書印刷株式会社
©2018 中京大学

本書の内容の一部あるいは全部を無断で複写（コピー）することは、法律で認められた場合を除き、著作者および出版社の権利の侵害となりますので、その場合にはあらかじめ小社あて許諾を求めて下さい。乱丁・落丁本はお取替え致します。

ISBN978-4-902416-40-4 C3021 Printed in Japan